# 《金瓶梅》的藝術世界

曹 煒・寧宗一著

文史哲學集成
文史哲出版社印行

國家圖書館出版品預行編目資料

《金瓶梅》的藝術世界 ：/ 曹煒,寧宗一著. -- 初版
. -- 臺北市：文史哲, 民 91
　　面； 公分. -- (文史哲學集成 ；470)
參考書目：面
ISBN 957-549-487-3 (平裝)


1.金瓶梅 – 作品評論


857.48　　　　　　　　　　　　91022746

文 史 哲 學 集 成 ⑩

# 《金瓶梅》的藝術世界

著　　者：曹　　煒·寧　宗　一
出 版 者：文 史 哲 出 版 社
http://www.lapen.com.tw
登記證字號：行政院新聞局版臺業字五三三七號
發 行 人：彭　　　正　　　雄
發 行 所：文 史 哲 出 版 社
印 刷 者：文 史 哲 出 版 社
臺北市羅斯福路一段七十二巷四號
郵政劃撥帳號：一六一八〇一七五
電話886-2-23511028·傳真 886-2-23965656

實價新臺幣 三八〇元

中華民國九十一年(2002) 十二月初版

# 《金瓶梅》的藝術世界

# 目　　次

# 前　言

　　關於《金瓶梅》，過去的時代如何看法，我們暫且撂在一邊不去管它，在今天，我們還是看到了。《金瓶梅》無論在社會上、人的心目中，乃至研究者中間，它似乎仍然是一部最容易被人誤解的書，而且我們自己就發現，在一個時期內，我們雖然曾殫精竭慮、聲嘶力竭地爲之辯護，原來我們竟也是它的誤讀者之一。因爲我們在翻看自己的舊稿時，就看到了自己的內心的矛盾和評估它的價值的矛盾。這其實也反映了批評界和研究界的一種值得玩味的現象。我們已感覺到了，中國的批評界和讀者看問題的差異，其中一個重大差別就是研究者比普通讀者虛僞。首先因爲讀者意見是口頭的，而研究者的意見是書面的，文語本身就比口語多一層僞飾，而且口語容易個性化，文語則容易模式化——把話說成套話，套話就不真實；同時研究者大多有一種“文化代表”和“社會代表”的自我期待，而一個人總想著代表社會公論，他就必然要掩飾自己的某些東西。在這方面，普通讀者就沒有面具，往往想怎麼說就怎麼說，怎麼想就怎麼說，比如對《金瓶梅》其實不少研究者未必沒有普通讀者的閱讀感受，但他們寫成文章就冠冕堂皇了。儘管我們分明地感到一些評論文字的作假，一看題目就見出了那種做作出來的義正而辭嚴，可是這種做作本身就說明了那種觀念真實而強大的存在。它逼得人們必須如此做作。且做作久了就有一種自欺的效果，真假就難說了。《金瓶梅》竟然成了一塊真假心態的試金石，這也夠可笑的了。就拿《金瓶梅》最惹眼的性行爲的描寫來說，必須承認，在我們過去的研究文章中就有僞飾。現在再讀《金瓶梅》時似經過了一次輪迴，才坦然地說出了自己心底的話：我們既不能苟同以性爲低級趣味之佐料，也無法同意談性色變之國粹，當然我們對佛洛依德的性本能說持有許多保留意見。現在，也許經過一番現代化開導，我們真的認識到，性行為所揭示的人類生存狀態，往往是極其深刻的。因為，在人類社會裏，性已是一種文化現象，它可以提高到更高的精神境界，得到美的昇華，絕不僅僅是一種動物性的本能。所以，我們認為《金瓶梅》可以、應該、必須寫性(題材、內容這樣要求)，但是由於作者筆觸過於直露，因此時常為人們所詬病。但是，我們更喜歡偉大喜劇演員 W·C·菲爾茲的一句有意味的話："有些東西也許比性更好，有些東西也許比性更糟，但沒有任何東西是與之完全相似的。"

　　至於對作為接受主體的讀者來說，我們同意阿米斯在他的《小說美學》中所說的意見：

> 人們擺脫了動物狀態，既能變成魔鬼，也能變成天使。最壞的惡和最好的善都屬於心靈，而這二者都在文學中得到了最完整的再現。因此，對那些學會了閱讀的人來說，他們的靈魂是染於蒼還是染于黃都難以掌握。

基於此，再回到過去的時代，我們非常欣賞清人張竹坡所寫《批評第一奇書金瓶梅讀法》中所說的大實話：

> 《金瓶梅》不可零星看，如零星便只看其淫處也。固必盡數日之間，一氣看完，方知作者起伏層次，貫通氣脈，為一線穿下來也。凡人謂《金瓶梅》是淫書者，想必伊只知看其淫處也。若我看此書，純是一部史公文字。

在我們看來，這位張竹坡先生的意見比國粹派、談性色變者以及偽善者更懂得如何讀《金瓶梅》，包括如何看待此書的性描寫。

　　在《金瓶梅》這樣的小說裏，我們既看到了裙袂飄飄，也看到了佩劍閃亮。這場關於情欲的奇異之旅在語言的糾纏裏達到了最充分的展現。西門慶對潘金蓮、李瓶兒和王六兒等的性愛是瘋狂的更是毀滅性的。也許這正暗含了不朽之經典的所能具備的原素。

　　這就證明了"性"是一把美好和邪惡的雙刃劍。而將"性"淪為卑下抑或上升至崇高，既取決於作家也取決於讀者的審美與德性。

　　以上所言，實際上涉及到《金瓶梅》的整個"閱讀行為"，即讀者群和評論者如何首先拓寬閱讀空間和調整閱讀心態這樣一個極普通又極需解決的理論和實踐的問題。面對小說《金瓶梅》，評論者是否高級讀者可以不論，但他首先是一個讀者，他的評論始於閱讀，甚至與閱讀同步，因此有什麼樣的閱讀心態，就會有什麼樣的閱讀空間。在一個開放的、多層次的閱讀空間中，有多種並行的或者相悖的閱讀方式和評論方式，讀者可以擇善百從，也可兼收並蓄，甚至可以因時因地而分別取用。但任何封閉的、教條的、被動的、甚至破壞性的心態都可以導致閱讀的失敗。對於《金瓶梅》這樣驚世駭俗的奇書，面對這早熟而又逸出常軌的小說巨構，必須進行主動的、參與的、創造的閱讀，從而才有可能產生出一種開放的、建設的、創造的研究與批評。

　　進一步說，對於一個讀者來說，面對一部小說，首先要尊重、承認它的作者審視生活的角度和審美判斷的獨立性，我們無權也不可能干預一位古代小說家對生活的時代採取的是歌頌還是暴露的態度。事實是，歌頌其生活的時代，其作品未必偉大，暴露其生活的時代，其作品未必渺小。《金瓶梅》的作者構築的藝術世界之所以經常為人所誤解(誤讀)，就在於他違背了大多數人一種不成文的審美心理定勢，違背了人們眼中看貫了的藝術世界，違背了常人的美學信念。而我們越來越感到，笑笑生之所以偉大，正在於他根本沒有用通用的目光、通用的感覺感知生活。《金瓶梅》的藝術世界之所以別具一格，就在於笑笑生為自己找到了一個不同於一般的審視生活和反思生活以及呈現生活的視點和敘事方式。是的，笑笑生深入到了人類的罪惡中去，到那盛開著"惡之花"的地方去探險。那地方不是別處，正是人的靈魂深處。他遠離了美與善，而對醜與罪惡發生興趣，他以有力而冷靜的筆觸描繪了一具身首異處的"女屍"，創造出一種充滿變態心理的觸目驚心的氛圍。笑笑生在罪惡之國漫遊，得到的是絕望、死亡，其中也包括他對沉淪的厭惡。總之，笑笑生的世界是一個陰暗的世界，一個充滿著靈魂搏鬥的世界，他的惡之花園是一個慘澹的花園，一個豺狼虎豹出沒其間的花園。小說家面對理想中的美卻無力達到，那是因爲他身在地獄，心在天堂，悲憤憂鬱之中，有理想在呼喚。然而在那殘酷的社會裏，詩意是沒有立足之地的。這一切才是《金瓶梅》獨特的小說美學色素，它無法被人代替，它也無法與人混淆。

我們讀《金瓶梅》，願意把它看作是一個有許多視窗的房間。從不同視窗望去，看到的是不同的天地，有不同的人物在其中活動。這些小天地有道路相遇，而這道路是由金錢和肉體鋪就的，於是在我們面前出現了一個完整的世界——封建晚期的時代社會。

從一個視窗望去，我們看到了一個破落戶出身的西門慶發跡變泰的歷史，看到了他佔有女人、佔有金錢、佔有權勢的全過程，看到了一個市井惡棍怎樣從暴發到縱欲身亡的全過程。

從這個視窗，我們看到西門慶家族日常生活，妻妾的爭風吃醋，幫閒的吃喝玩樂，看到了一幅市井社會的風俗畫。換一個視窗，我們看到了賣官鬻爵、貪贓枉法的當朝太師蔡京等市儈化了的官僚群的種種醜態。

再換一個視窗，我們看到了……不，在所有的窗戶外面，我們幾乎都看到了潘金蓮的身影。她是《金瓶梅》的特殊人物：一方面，她完全充當了作者的眼睛，邁動一雙三寸金蓮奔波於幾個小天地之間，用她的觀察、分析、體驗，將其連接成一個真實的世界。她又是一個發展中的人物，開頭她被西門慶佔有，而後西門慶的生命終點又是她製造的。因此，潘金蓮這個形象在一定意義上又比西門慶更顯突出。

總之，《金瓶梅》的許多視窗是朝著這些"醜惡"敞開著，讀者置身其中，各種污穢、卑鄙、殘忍、悲劇、慘劇、鬧劇，無不歷歷在目，盡收眼底。這是我們從文本背後一次次發現的精神意蘊。

於是我們從整體上把握了這樣一部小說的內涵：《金瓶梅》是一部人物輻湊、場面開闊、佈局繁雜的巨幅寫真，腕底春秋，展示出明代社會的橫斷面和縱剖面。《金瓶梅》不像它以前的《三國演義》、《水滸傳》那樣，以歷史人物、傳奇英雄爲表現物件，而是以一個帶有濃厚的市井色彩、從而同傳統的官僚地主有別的惡霸豪紳西門慶一家的興衰榮枯的罪惡史爲主軸，借宋之名寫明之實，直斥時事，真實地暴露了明代後期中上層社會的黑暗、腐朽和不可救藥。笑笑生勇於把生活中的否定性人物作爲主人公，直接把醜惡的事物細細剖析來給人看，展示出嚴肅而冷竣的真實。《金瓶梅》正是以這種敏銳的捕捉力及時地反映出明末現實生活中的新矛盾、新鬥爭，從而體現出小說新觀念覺醒的徵兆。

笑笑生發展了傳統的小說學。他把現實的醜引進了小說世界，從而引發了小說觀念的又一次變革。

時間是敵人也是朋友，這印證了《金瓶梅》自“淫書”走向經典之作的無限可能性。

直到現在，我們還是這樣認識《金瓶梅》。

# 第一章 走進《金瓶梅》的世界

　　《金瓶梅》在我國小說史上是一部里程碑式的作品，它的誕生標誌著我國古代長篇小說藝術發展到一個新的階段。

## 一、尚未破譯的作者之謎

　　關於《金瓶梅》的作者問題，從這部奇書橫空出世，震驚文壇之時一直到今天，仍然是一個尚未破譯的謎。現知最早論及《金瓶梅》作者的是屠本畯，他在萬曆三十五年(1607)時寫到："相傳嘉靖時，有人爲陸都督炳誣奏，朝廷籍其家，其人沉冤，托之《金瓶梅》。"(《山林經濟籍》)萬曆四十二年(1614)，袁中道則說："舊時京師，有一西門千戶，延一紹興老儒於家。老儒無事，逐日記其家淫蕩風月之事，以西門慶影其主人，以余影其諸姬。"(《游居柿錄》卷九)到了萬曆四十四年(1616)謝肇制又說："相傳永陵(嘉靖)中，有金吾戚裏，憑怙奢汰，淫縱無度，而其門客病之，采摭日逐行事，彙以成編，而托之西門慶也。"(《小草齋文集》卷 24《金瓶梅跋》)但是他們都沒有確切地說出小說作者的真實姓名，而且所用大多均爲"相傳"。《金瓶梅詞話》刊刻面世後，論及它的作者的有兩家影響最大，一是沈德符，他在萬曆四十七年至四十八年（1619-1620）時說："聞此爲嘉靖間大名士手筆，指斥時事"(《萬曆野獲編》卷 25)；二是晚出的欣欣子《新刻金瓶梅詞話序》："竊謂蘭陵笑笑生，作《金瓶梅》，寄意于時俗，蓋有謂也。"於是，從明末清初始，人們都以此兩點爲據，去探解《金瓶梅》的作者之謎，提出了眾多作者名單，如王世貞、徐渭、盧楠、薛應旂、李卓吾、趙南星、李漁等。其中王世貞說最爲盛行，直至二十世紀 30 年代吳晗先生著文詳論其不可靠，王世貞一說才根本動搖。

關於《金瓶梅》的作者，近年又有不少研究者，在驗證前人諸說上，提出了不少新說，如李開先說、賈三近說、屠隆說、湯顯祖說、馮夢龍說等等，形成了舊說猶存、新說迭起的熱烈局面。迄今，提出《金瓶梅》作者的主名者已達二十餘人之多。

根據目前掌握的材料，想對《金瓶梅》作者的真實姓名作出確切的判斷還爲時尚早。倒是《金瓶梅》本身大致向我們證明了它的作者的身份、閱歷和學養。比如說，《金瓶梅》寫了大量的人物，其中塑造得最出色的主要是市井人物，商人、夥計、蕩婦、幫閒諸色人等，有許多都達到了傳神的境界。而上層人物，如宰相、太尉、巡按、狀元等大都寫得比較單薄和平板，至於描寫生活場面和事件，也是販賣經營、妻妾鬥氣、幫閒湊趣等場景寫得活靈活現，而對朝見皇帝、謁見宰相等禮儀顯得生疏。因此，僅就人們的直觀感覺來看，寫作《金瓶梅》的人固然有豐富的生活閱歷，卻不可能是身居高位的大官僚。如果再從全書中穿插的各種時令小曲、雜劇、傳奇、寶卷及話本等材料看，作者對此十分熟稔，然而作品中作者自己寫的詩詞大多不合規範。因此他不大可能是正統詩文功底深厚的“大名士”。僅就小說本身加以觀照，他很可能是一位沉淪計程車子，或以幫閒謀生的下層文人，也說不定竟是一位“書會才人”。

在這裏我們附帶談談這部小說的版本問題。《金瓶梅》的版本也較複雜。在這部小說刊本問世之前，社會上已有各種抄本在不同地區流傳。據文獻記載，當時擁有抄本的有徐階、王世貞、劉承禧、王肯堂、王稚登、董其昌、袁宏道、袁中道、丘志充、謝肇制、沈德符、文在茲等人。這些抄本都未能傳世。《金瓶梅》初刻於萬曆四十五年（1617），但初刻本不傳。現存世最早的刊本《新刻金瓶梅詞話》一百回系初刻之翻印本。其正文前順序列欣欣子《金瓶梅詞話序》、甘公《跋》和東吳弄珠客《金瓶梅序》。東吳弄珠客序署"萬曆丁巳季冬,東吳弄珠客漫書于金閶道中"。此後,約刻於崇禎年間（1628-1644）的《新刻繡批評金瓶梅》,一百回,有圖一百零一幅,首東吳弄珠客序。此本據《金瓶梅》初刻本從回目到內容作了大量刪削、增飾和修改工作。如刪去了原書約三分之二的詞曲韻文,砍去了一些枝蔓,對原書明顯的破綻之處作了修補,加工了一些文字。另外,結構上也作了調整,如《新刻金瓶梅詞話》第一回是"景陽岡武松打虎",此本改爲"西門慶熱結十兄弟"。此本傳世有數種,北京圖書館藏有初刻本。其中值得注意的是此本有題詞半頁,署"回道人題",明末清初戲曲小說家李漁所著小說《十二樓》刻本有"回道人評",《合錦回文傳》傳奇又有回道人題贊,故回道人或可能與李漁有關,有論者認爲李漁即回道人,也就是本書的寫定者和作評者。另外還有一部清初通行本,即《皋鶴堂批評第一奇書金瓶梅》一百回,也就是彭城張竹坡評本。本書初刻於康熙乙亥年（1695）,首有序,署"康熙歲次乙亥清明中浣秦中覺天者謝頤題於皋鶴堂"。正文前有《竹坡閒話》、《金瓶梅寓意說》、《苦孝說》、《批評第一奇書金瓶梅讀法》、《冷熱金針》等總評文字。正文內有眉批、旁批、行內夾批,每回前又有回評,均出自張竹坡之手。繼李漁、張竹坡之後,《金瓶梅》的第二個重要的評點者是文龍。他於光緒五年開始作評點,光緒六年作補評,光緒八年再評。有回評、眉評、旁批約六萬言。其回評極富特色,對全書的思想、藝術有較深入的分析。清乾隆以後出現了各種低劣的《金瓶梅》印本,且大都標榜"古本"、"真本",然而均係據《第一奇書》大刪大改之本,完全失去《金瓶梅》原貌,可稱爲僞本。

## 二、宏觀《金瓶梅》的藝術世界

《金瓶梅》是一部人物輻湊、場景開闊、佈局繁雜的巨幅寫真,腕底春秋,展示出明代社會的橫斷面。它以巨大的藝術力量,描繪了封建社會的市井生活。它那樣色彩眩目,又那樣明晰;那樣眾多的人物面貌和靈魂,那樣多方面的封建社會制度和風習,都栩栩如生地再現在我們眼前,我們每讀一遍,都可以發現一些以前沒有察覺到的內容和意義。

蘭陵笑笑生是我國小說史上最傑出的市民小說家之一。他所創造的"金瓶梅世界"經由對市民社會(而且是富於中國特點、富於地方特殊性的市民社會)的生動描繪,展現了一個幾乎包羅市民階層生活各個重要方面的藝術天地,顯示出他對這一階層的百科全書式的知識。從而使經濟的、政治的、宗教的、社會的、歷史的、心理的、生理的、婚姻的、民俗的、藝術的知識等等,都在"金瓶梅世界"中得到鮮明的顯現。應該承認,在中國小說史上,特別是明代說部中,笑笑生提供的百科全書式的知識的豐富性和生動性方面,幾乎在文壇上還找不到另一位作家與之匹敵。因此,從"金瓶梅世界"中,人們雖未必能夠得到多少可以考證的歷史事實,但是,《金瓶梅》所展示的五光十色的社會圖景和豐富多樣的人物形象,卻有助於我們認識當時社會生活的一些本質方面,具有一般歷史著作和經濟著作不能代替的作用,特別是更具有巴爾扎克所極力推崇的而又被許多歷史學家所忘記寫的民族文化的風俗史的作用。

《金瓶梅》不像它以前及同時的《三國演義》、《水滸傳》和《西遊記》那樣以歷史人物、傳奇英雄或神魔為表現物件,而是以一個帶有濃厚的市井色彩從而同傳統的官僚地主有別的惡霸豪紳西門慶一家的興衰榮枯的罪惡史為主軸,借宋之名寫明之實,直斥時事,真實地暴露了明代後期中上層社會的黑暗、腐朽。

人不是單色的,這是《金瓶梅》作者對人生觀察的一個極為重要的心得。小說中並沒有把西門慶、潘金蓮、李瓶兒、寵春梅寫成單一色調的醜和惡,當然也沒有把美醜因素隨意加在他們身上,而是把這些人物放在他們所產生的時代背景、社會條件、具體處境和特定氛圍乃至特有的文化語境中，按其性格邏輯，寫出他們性格的多重性和多色素。可以這樣說，《金瓶梅》的幾個不朽的典型獲得美學價值的關鍵，就在於讓他們按照自己的性格邏輯走完自己的路。從小說藝術發展史的角度來審視《金瓶梅》，不能不承認，它的作者對於小說藝術如何反映時代和當代人物確實進行了大膽的、有益的探索，他打破了或擺脫了舊的觀念和舊的創作模式的羈絆，總之，它的敘事策略是值得我們重視的。因為這種新的探索既是小說史賦予的使命，也是現實本身提出的新課題，這意味著《金瓶梅》作者已經不再是簡單地用黑白兩種色彩觀察世界和反映世界了，而是力圖從眾多側面去觀察反映多姿多彩的生活和人物了。小說藝術史上，那種不費力地把他們觀察到的各種各樣的人物硬塞進"正面"或"反面"人物框子裏去的初級階段的塑造性格的方法，已經受到了有力的挑戰。多色彩、多色素地去描寫他筆下人物的觀念，已隨著色彩紛繁的生活的要求和作家觀察生活的能力提高而提到了小說革新的日程上來了。

　　《金瓶梅》善於細膩地觀察事物，在寫作過程中追求客觀的效果，追求藝術的真實。這絕不是自然主義。事實上，我們在《金瓶梅》中不難看到，作者用廣角鏡頭攝取了這個家庭的全部罪惡史。作者以冷峻而又灰暗的色調勾勒出一群醉生夢死之徒如何步步走向他們的墳墓。因此，《金瓶梅》具有歷史實感的魅力。他用冷靜而犀利的目光，觀察著身邊形形色色的人，但細看之下，在這些篇章、段落以及字裏行間，無處不滲透著他對生活的精闢見解和入木三分的觀察，他寫的是"別人的故事"，卻溢滿自己的濃烈的感情，而這感情又是潛藏於畫屏後面的作者的愛憎。所以，小說《金瓶梅》的色調雖然是灰暗的，缺乏所謂的"詩的光輝"，然而一部作品的色彩是和它的題材、意旨以及作家的風格聯繫在一起的。《金瓶梅》的作者為了和他所選取的題材相協調、相和諧，同時也為了突出他的寫作要旨，增加作品的說服力，而採用了這種色彩、調子，又是能夠理解的。

從人物關係上來看，《金瓶梅》的總體結構屬於立體網狀式。小說將線性結構進行了一次新的開拓性的試驗。一方面，小說通過主人公西門慶從暴發到毀滅這條貫穿線，展示了當時業已腐朽的封建社會的必然衰亡；另一方面，小說又沒有局限於僅僅圍繞西門慶一個人的命運，直線式地發展情節，而是以此為貫穿線，串起了一系列當時社會生活的生動場面和片段，如李瓶兒與花子虛、蔣竹山、王六兒與韓道國兄弟，宋蕙蓮與來旺等各種糾葛，從而多方面地展示了市民社會的生活面貌和風習。就西門慶的命運這條線來說，小說各部分、各段落之間具有明顯的線性因果關係。而就當時市民生活的各種場面和片斷來說，各部分和段落之間則是作為同一主題的不同變奏部出現的。這些具有相對獨立性的變奏部不僅使小說的題旨含義更加豐富，也使整部小說充滿了鮮明的時代感和濃郁的生活氣息。而從整個小說的結構來看，則無論是具有線性因果關係的段落，還是具有主題變奏關係的段落，最後都有機地融合在一起，形成了一種立體交叉式的格局，儘管這個格局還不夠嚴密完整。

在藝術形態學上被列入史詩類的小說，都是用文字來描寫生活，描寫人物的，而長篇小說這一被魯迅稱之為"時代精神所居的大宮闕"更長於表現複雜而廣闊的社會生活。"金瓶梅世界"正是充分發揮了小說這一形式的性能和優勢，它把生活細節和大事件都描寫得十分真實、十分生動，從而再現了典型環境和眾多的性格鮮明的人物。也正如魯迅先生所說，《金瓶梅》"作者之于世情，蓋誠極洞達，凡所形容，或條暢，或曲折，或刻露而盡相，或幽伏而含譏，或一時而並寫兩面，使之相形，變幻之情，隨在顯見，同時說部，無以上之。"（《中國小說史略》）這是相當深刻的評價。

事實正是如此，當我們把《金瓶梅》擺在中國小說藝術發展的長河中去考察，當我們把它和同時文壇說部中幾部大書進行比較時，方顯出它獨特的美學價值和思想光彩，從而進一步認知它在中國以至世界小說史上的不朽地位。它別樹一幟，又不同凡響。它和中國傳統小說色澤太不一樣了。因此，長期以來，往往不爲人所理解，即使在毀譽參半中，毀也多於譽，這種歷史的不公正，直到今天才開始有了轉機，出現了恢復它的名譽和地位的氛圍。

《金瓶梅》在小說上不容置疑的地位，歸結一句話，就是它突破了過去的小說一般敍事模式和寫作風格，綻露出近代小說的胚芽，它影響了兩三個世紀幾代人的小說創作，它預告著近代小說的誕生。

# 第二章　時代呼喚小說觀念的變革

　　要想解讀《金瓶梅》並把握其文本之精髓，我們認為，首先不妨從小說觀念這一根本問題入手。

　　什麼是小說觀念？[1]我們認為它的內涵有以下四點：㈠小說觀是小說家對小說作為一種藝術形式的總體看法，包括小說家的哲學、美學思想、對小說社會功能的認識，所恪守的藝術方法、創作原則等等許多複雜內容；㈡小說觀是小說家和讀者（聽眾）審美思想交互作用的結果，它在創作中無所不在，滲透在作品的思想、形式、風格之中；㈢小說觀具有鮮明的時代色彩，各個歷史時代都具有其代表性的小說觀，小說家們的各種小說觀之間存在著沿革關係；㈣小說觀像一切藝術觀念的變革一樣，一般說都是迂迴的、緩慢的，有時甚至出現了巨大的反復。因此，縱觀小說藝術發展史，不難發現它的軌跡是波浪式前進和螺旋式上升的形式。

　　我國古代白話小說在近千年的發展過程中，就小說觀念更新的速度來考察，應當說並非過分遲滯。事實是，從宋元話本小說和《三國演義》、《水滸傳》奠定了穩定的長、短篇小說格局，就給說部帶來過欣喜和活躍。這是小說機體內部和外部的一切動因同願望所使然。小說歷史在不斷演進，這是客觀存在的事實；小說觀念必變，這是藝術發展的必然規律，而我國古代小說發展變化的突破口，是小說視野的拓寬。視野作為小說內在的一種氣度的表現，作為小說自身潛能的表現，是逐漸被認識的。這表現在小說觀察、認識、反

---

[1] 中國文言小說和白話小說分屬兩個系統，小說觀念也同中有異。這裏所論及的是指白話小說系統的小說觀念。

映的領域的拓展和開墾等方面。

## 一、"醜"的發現拓寬了小說藝術的空間

在對我國古代小說觀念更新進行宏觀描述前，簡略地談談宋元"說話"藝術體現的小說觀念是很必要的。

我們認爲，宋元話本小說在生活和藝術的審美關係上帶有強烈"紀實性"小說的品格。

首先，宋元話本小說尊重生活的完整性，盡力選取那種本來就含有較多典型的真人真事作爲原型，然後對客觀存在進行有限度的藝術加工，由此構成形象、組織情節、編織故事、謀篇佈局的。因此，用特定術語來說，宋元話本小說寧願"移植"生活而不願"重組"生活。在敍事方式上，追求著一種紀實性風格，雖有誇張、怪誕（如鬼魂的出現），但力求體現出一種逼真的、自然的生活場面感。《錯斬崔寧》、《碾玉觀音》、《簡帖和尙》、《鬧樊樓多情周勝仙》、《志誠張主管》等是其代表。它們不同於唐傳奇小說的是：唐代傳奇小說重視人工美(藝術美)，認爲藝術雖來源於生活，但生活現象本身的表現力不夠，必須經過一番藝術加工，加以提煉、凝縮、集中、強化，才能成爲藝術形象。而話本小說這種紀實性，卻更重視自然美，認爲經過選擇而找到的原型本身已有較強的表現力和服務力，藝術加工是次要的。即使不可避免的"虛構"，話本藝人也善於隱藏其虛構的痕跡，使聽眾相信這是真人真事，或者雖聽(看)出這是虛構，但相信它十分切近真人真事。話本小說的紀實性美學也容許一定的藝術技巧，但同樣是設法隱藏，彷彿是"純"紀錄事實，沒有用什麼技巧似的，其秘訣是在符合事物的自然形態和自然關係上下功夫。總之，它力求自然地反映日常生活中的衝突，或用非衝突的形式反映衝突性的內容，技巧力求樸實。

可以看出，宋元話本小說這種帶有強烈紀實性的小說的根本精

神，在於相信真實生活本身的表現力，在於盡力從生活本身中去發掘典型化所需的衝突、情節、人物等藝術元素。灌園耐得翁在《都城紀勝》"瓦舍眾伎"條中言："最畏小說人，蓋小說者能以一朝一代故事，頃刻間提破。"這句話除有讚美小說家藝術概括手法高超之外，還說明話本小說家的直面現實和迅速反映現實的精神。

總之，宋元話本小說是對實際生活的增刪隱顯中實現藝術真實性上的超越，即對日常現象的集中概括中實現藝術創造性上的超越。所以話本小說的作者的小說觀念是在對現實生活的隱跡立形、搜妙創真中向著藝術真實的目標突進。

然而，宋元話本小說還沒有發展為多元化的紀實性，它較少多線結構，也不具有多層次、多側面和多義性。實際生活中多系統交叉的藝術反映，在宋元話本小說中還沒有得到充分的實現。正由於此，話本小說不善於處理浩大的複雜的史詩性題材，不善於反映一個時代的重大問題；同時，過分強調質樸性，而忽視了風格樣式的多樣性。

歷史期待小說觀念的突破和更新，它同時也呼喚文壇說部的巨擘早日誕生。

時代和天才同時發出了回聲！

元末明初以降，中國古代小說經歷了三次小說觀念的重大更新：《三國演義》、《水滸傳》是第一次；《金瓶梅》是第二次；《儒林外史》、《紅樓夢》是第三次。我國古代小說藝術發展史已經證明：每一次小說觀念的更新，都對小說發展起著極大的推動作用。

作為我國長篇白話小說的經典性巨著《三國演義》、《水滸傳》是在這樣一個社會背景下誕生的：一個千瘡百孔的元王朝倒塌了，廢墟上另一個嶄新的、統一的、生氣勃勃的明王朝的崛起。許許多多的傑出人物，曾為摧毀腐朽的元王朝做出過史詩般的貢獻。這是一個沒有人能否認的英雄如雲的時代。借用魯迅的話就是"蓋當時多英雄，武勇智術，瑰偉動人。"因此，活躍在政治軍事舞臺上的人物的事蹟吸引著人們。於是，小說家很自然地產生了一種富有時代感的小說觀念。即有效地塑造和歌頌自己階級的英雄形象，以表達對以往歷盡艱辛、壯美偉麗的鬥爭生活的深摯懷念。他們要從戰爭的"史"裏找到詩。而"史"裏確實有詩。英雄歷史決定了小說的英雄和豪邁的詩情。我們說，明代初年橫空出世的兩部傑作——《三國演義》和《水滸傳》，標誌著一種時代的風尚；這是一種洋溢著巨大的勝利喜悅和堅定信念的英雄風尚。這種英雄文學最有價值的魅力就在於它的傳奇性。他們選擇的題材和人物本身，通常就是富於傳奇色彩的。我們誰能忘卻劉備、關羽、張飛、趙雲、馬超、黃忠和李逵、武松、魯智深、林沖這些叱吒風雲的傳奇英雄人物？我們所看到的是一個剛毅、蠻勇、有力量、有血性的世界。這些主人公當然不是文化上的巨人。但他們是性格上的巨人。這些剛毅果敢的人，富於個性、敏於行動，無論為善還是作惡，都是無所顧忌，勇往直前，至死方休。在這些傳奇演義的故事裏，人物多是不怕流血、蔑視死亡、有非凡的自制，甚至犯罪的勇氣和殘忍的行動都成了力的表現。他們幾乎都是氣勢磅礴、恢宏雄健，給人以力的感召。這表現了作家們的一種氣度，即對力的崇拜，對勇的追求，對激情的禮贊。它使你看到的是剛性的雄風，是男性的嚴峻的美。這美，就是意志、熱情和不斷追求。

　　《三國演義》、《水滸傳》反映了時代的風貌，也鑄造了獨特的藝術風格。它們線條粗獷，不事雕琢，甚至略有倉促，但讓人讀後心在跳、血在流，透出一股迫人的熱氣：這就是它們共同具有的豪放美、粗獷美。這些作品沒有絲毫脂粉氣、綺靡氣，而獨具有雄偉勁直的陽剛之美和氣勢。作者手中的筆如一把鑿子，他們的小說是鑿出來的石刻：明快而雄勁。它們美的形態的共同特點是氣勢。這種美的形態是從宏偉的力量、崇高的精神顯現出來的。它引起人們十分強烈的情感：或能促人奮發昂揚，或能迫人扼腕悲憤，或能令人仰天長嘯、慷慨悲歌，或能教人剛毅沈鬱、壯懷激烈。在西方美學論述中，與美相並列的崇高和偉大，同我們表述的氣勢有相似之處："靜觀偉大之時，我們所感到的或是畏懼，或是驚歎，或是對自己的力量和人的尊嚴的自豪感，或是肅然拜倒於偉大之前，承認自己的渺小和脆弱。"[2] 不同之處是，我們是將氣勢置於美的範疇之中。《三國演義》、《水滸傳》的氣勢美，就在於它們顯現了人類精神面貌的氣勢，而小說作者所以表達了這種氣勢美，正是由於他們對生活中的氣勢美有獨到的領略能力，並能將它變形爲小說的氣勢美。

　　然而，隨著這種美學特色而來的，是《三國演義》、《水滸傳》又都體現了當時的一種小說絕對觀念，即在現實所能想像的程度上，把人物性格的某一方面——如崇高或卑鄙——完滿化、完型化、極端化。就其實質而言，這不是把現實的人的各種複雜因素和層次考慮在內的思維方式，而是一種理想的、主觀的浪漫態度。這種浪漫的態度和氣質的突出標誌，就是它的經過誇飾了的英雄主義氣概。

　　可是，在這種氣勢磅礴、摧枯拉朽的英雄主義的力量的背後，卻又不似當時作者想像的那麼單純。因爲構成這個時代的背景——即現實的深層結構——並非如此浪漫。於是，隨著人們在經濟、政治以及意識形態的其他領域的實踐向縱深發展時，這種小說觀念就出現了極大的矛盾：小說觀念需要更新已經提到日程上來了。

　　明代中後期，長篇白話小說又有了重大進展，其表現特徵之一是小說觀念的加強，或者說是小說意識又出現了一次新的覺醒。小說的潛能被進一步發掘出來。這就是以《金瓶梅》爲代表的世情小說的出現。《金瓶梅》的出現，在最深刻的意義上是對《三國演義》和《水滸傳》所體現的理想主義和浪漫洪流的反動。它的出現也就攔腰截斷了浪漫的精神傳統和英雄主義的風尚。然而，《金瓶梅》

---

[2] 引自車爾尼雪夫斯基：《美學論文選》第98頁。

的作者卻又萌生了小說的新觀念，具體表現在：小說進一步開拓新
的題材領域，趨於像生活本身那樣開闊和絢麗多姿，而且更加切近
現實生活。小說再不是按類型化的配方演繹形象，而是在性格上豐
富了多色素，打破了單一色彩，出現了多色調的人物形象。在藝術
上也更加考究新穎，比較符合生活的本來面貌，從而更加貼近讀者
的真情實感。更為重要的是他們以清醒的冷峻的審美態度直面現
實，在理性審視的背後是無情的暴露和批判。

　　《金瓶梅》不像它以前的《三國演義》、《水滸傳》那樣以歷史
人物、傳奇英雄為表現物件，而是以一個帶有濃厚的市井色彩、從
而同傳統的官僚地主別的惡霸豪紳西門慶一家的興衰榮枯的罪
惡史為主軸，借宋之名寫明之實，直斥時事，真實地暴露了明代後
期中上層社會的黑暗、腐朽和它的不可救藥。作者勇於把生活中的
否定性人物作為主人公，直接把醜惡的事物細細剖析來給人看，展
示出嚴肅而冷峻的真實。《金瓶梅》正是以這種敏銳的捕捉力及時
地反映出明末現實生活中的新矛盾、新鬥爭，從而體現出小說新觀
念覺醒的徵兆。

　　蘭陵笑笑生拋棄了傳統的小說學。他把現實的“醜”引進了小
說世界，從而引發了小說觀念的又一次變革。小說藝術的空間，因
“醜”的發現被大大拓寬了。晚出於笑笑生三百年的偉大的法國雕
塑家羅丹才自覺地悟到：

> 在藝術裏人們必須克服某一點。人須有勇氣，“醜”的也須
> 創造，因沒有這一勇氣，人們仍然停留在牆的這一邊。只有
> 少數越過牆，到另一邊去。[3]

羅丹破除了古希臘那條“不准表現醜”的清規戒律，所以他的藝術
傾向才發生了質變。而笑笑生也因推倒了那堵人為地壘在美與醜之
間的牆壁，才大大開拓了自己的藝術視野。他從現實出發，開掘出

---

3 引自《文藝論叢》第 10 輯第 404 頁，《羅丹在談話和信札中》。

現實中全部的醜，並通過對醜的無情暴露，讓醜自我呈現，自我否定，從而使人們在心理上獲得一種昇華，一種對美的渴望和追求。於是一種新的美學原則隨之誕生。

## 二、中國獨一無二的“黑色小說”

笑笑生敏銳的審醜力是獨一無二的。如果說《三國演義》和《水滸傳》的藝術傾向已經不是一元的、單向度的、唯美的，而是美醜並舉、善惡相對、哀樂共生的，那麼《金瓶梅》的作者，則在小說觀上又有了一次巨大發現，即“醜”的主體意識越來越強，它清楚地表明，自己並非是美的一種陪襯，因而同樣可以獨立地吸引藝術的注意力。在《金瓶梅》的藝術世界裏，沒有理想的閃光，沒有美的存在，更沒有一切美文學中的和諧和詩意。它讓人看到的是一個醜的世界，一個人欲橫流的世界，一個令人絕望的世界。它集中寫黑暗，古今中外也是獨具風姿的。筆者認爲小說中的人物多是雜色的，而《金瓶梅》的主色調是黑色的，然而黑得美，黑得好，黑得深刻，在中國稱得上是獨一無二的“黑色小說”。總之，在《金瓶梅》中，我們沒有發現任何虛幻的理想美，更沒有通常小說中的美醜對照。因爲作者沒有用假定的美來反襯現實的醜。這是一個嶄新的視點，也是小說創作在傳統基礎上升騰到一個新的美學層次。因爲所謂哲學思考的關鍵，就在於尋找一個獨特的視角去看人生、看世界、看藝術，這個視角越獨特，那麼它的藝術越富有屬於他個人的、別人難以重複的特質。笑笑生發現了“這一個”世界，而又對這一世界做了一次獨一無二的巡禮和展現。

對於一個作家特有的對生活的體認、藝術感覺和藝術個性，丹納在他的《藝術哲學》中說過一段很有啓示性的話：

> 一個生而有才的人的感受力，至少是某一類的感受力，必然迅速而又細緻……這個鮮明的爲個人所獨有的感受不是靜

> 止的，影響所及，全部思想和機能都受到震動，最初那個強
> 烈的刺激使藝術家活躍的頭腦把事物重新思索過，改造過，
> 或是明亮事物，擴大事物，或是把事物向一個方向歪曲。

笑笑生所創造的《金瓶梅》的藝術世界之所以經常爲人所誤解，就在於違背了大多數人們一種不成文的審美心理定勢，違背了人們眼中看慣了的藝術世界，違背了常人的美學信念。而我們認爲笑笑生之所以偉大，也正在於他沒有以通用的目光、通用的感覺去感知生活。

主觀的藝術感覺與客觀的物件世界的對話和交流的結果是：他所要描述的不是屬於常態的世界，他所塑造的是一群變了形也逸出了社會規範的人們。因此我們才說，笑笑生不是無力發現美，也不是他缺乏傳播美的膽識，而是這個世界沒有美。所以他的美學信念才異於常人。他孤獨地、執拗地不願寫出人們已寫出了那樣眾多的樂觀主義的詩。他不愧爲小說界的一條耿直的漢子。他沒有流於唱讚歌的幫閒文人的行列。試想，彼時彼地，而且又是一個“生而有才的人”，只要寫出了樂觀主義的詩，就意味著他加入了現實中醜的行列。那麼，《金瓶梅》就再也不屬於他所有，而說部也就會抹掉了這位“笑笑生”的光輝名字。正因他不願趨於流俗，在《金瓶梅》的藝術世界裏才體現出蘭陵笑笑生創作個性和經由他的藝術感覺放大和改變了的一個獨立王國。所以我認爲，在中國古代小說觀念更新的歷程中，屬於高層次的藝術感覺問題被蘭陵笑笑生無意中提到了小說學的議事日程上來了。

《金瓶梅》的藝術世界之所以別具一格，還在於笑笑生爲自己找到了一個不同一般的審視生活和反思生活以及呈現生活的視點與敘事方式。對於明代社會，他戴上了看待世間一切事物的醜的濾色鏡。有了這種滿眼皆醜的目光，他怎能不把整個人生及生存環境看得如此陰森、畸形、血腥、混亂、嘈雜、變態、骯髒、扭曲、怪誕和無聊呢?因爲對於一個失去價值支點而越來越趨於解體的文明

系統來說，這種"瘋狂"的描寫，完全是正常的。然而，《金瓶梅》中的幾個主要人物的性格塑造畢竟是極具有時代特徵而又真實可信的。對於這一點，至今尚無人提出疑義。

愛‧摩‧福斯特曾說："如果小說家用不同的方法看待自己，必將以不同的方法看待他的人物。這樣，一種嶄新的光輝燦爛的小說體系才會呈現。"[4]

西門慶"這一個"人物就是笑笑生的重大發現，也是這部特異的小說所取得的成就的主要標誌。如果我們確切地把握西門慶這一藝術形象所對應的時代大座標，我們會更敬佩笑笑生的這一重大發現。西門慶的時代，正是中國封建社會由興盛走向衰亡的轉折的時期，"資本主義經濟萌芽"，在如磐的夜氣中萌發，笑笑生對新思潮有特殊的敏感，他不知不覺地對八面來風的新鮮資訊已有吸收，他觀照當代意識極強，所以他既把握住了西門慶性格中凝聚著的那個時代統治集團心態中積澱的最要不得的貪欲和權勢欲，同時又在西門慶身上發現了市民階層的佔有欲——佔有金錢，佔有女人(即"好貨好色"，這種對金錢與肉欲的享受與追求畢竟帶有中國中世紀市民階層的特色)。所以西門慶性格正是對應著新舊交替時代提出的新命題所建構的思想座標，此時此地，他應運而生了。

藝術形象總是在縱橫比較中，才能顯現其獨特的美學價值和思想光彩。給我們帶來難題和困惑的是，從縱向上考察西門慶性格在形象塑造發展鏈條上的位置和突破極其困難。因為在西門慶形象誕生之前，還沒有發現西門慶式的人物(這是因為時代使然，同時也與作者的視點不同有關)。往前追溯，張文成的《遊仙窟》只是自敘奉使河源，在積石山神仙窟中遇十娘、五嫂，宴飲歡笑，以詩相調謔、止宿而去。小說寫的是遊仙，實際上反映了封建文人狎妓醉酒的腐朽生活。蔣防的《霍小玉傳》中的李益是墮落了的士大夫的典型，

---

[4]　《小說面面觀》。

他對霍小玉實行的是一個嫖客對妓女的不負責任的欺騙,小說點染出了進士階層玩弄女性的冷酷虛僞的靈魂。只有傳奇小說《任氏傳》中鄭六的妻弟韋崟是個好色之徒、無恥的惡棍,有一點點西門慶的影子。至於話本小說《金主亮荒淫》中的完顏亮,如剝掉其華袞,則是一個典型的淫棍,這一點頗類似西門慶。然而他們都沒有也不可能具有西門慶形象所包蘊的豐富的社會生活內容。無論是張文成、李益、韋崟,還是完顏亮,他們的性格內蘊,主要止於展示形成這種性格和行爲的外在因素,即小說家觀照人物性格及其行爲的視角,僅止是一種社會的、政治的、道德的視角。這樣的視角當然是重要的,作爲中國古代小說初步成熟期看,做到這一點已屬不易,但僅止於此又是不夠的。因爲形成人物性格即心理現實的基因,除外在的社會政治因素之外,還有更爲深層的內在的文化心靈因素。《金瓶梅》中的西門慶已經呈現了笑笑生觀照人物命運的視角有了新的拓展,不僅注意了對形成其性格的外在基因的開掘,也開始著意于對形成其性格的內在基因的發展。西門慶性格塑造之高於以上諸作中好色之徒和流氓惡棍性格塑造處,就在於西門慶具有深刻的歷史真實。而就其藝術造詣言,他具有更鮮明的個性真實,更可貴的是,在這種歷史真實與個性真實之中,滲融著豐富的社會內涵和人的哲學真實。正是在這點上,應當充分估價西門慶性格的典型意義——他是前無古人的。

從橫向上相比,我們很容易就想到明代擬話本《蔣興哥重會珍珠衫》中的陳商和《賣油郎獨佔花魁》中的吳八公子,同時也可以把《金瓶梅》中的陳經濟與西門慶相比。陳商不過是個登徒子,具有明代商人特有的“好貨好色”的情調,而吳八公子則是個具有惡棍作風的紈絝子弟,兩個人相加也僅有一點點西門慶的性格。至於陳經濟至多是個偷香竊玉的無恥之徒。他們沒有一個人可以和西門慶相“媲美”,他們完全缺乏西門慶的“創造精神”,同樣,他們都缺乏西門慶形象所包蘊的社會生活與時代精神的豐富蘊涵,因此，他們都稱不上是典型人物。

西門慶性格的典型塑造始終是圍繞著他的性生活而展開的。這是笑笑生爲了揭示西門慶的性格蘊涵最本質的特徵而作出的獨特的選擇。

本來，愛情的最初動力，是男女間的性欲，是蕃衍生命的本能，是人的生物本質。在任何社會裏的人都回避不了性行爲，因此在文藝作品中，尤其在小說藝術中出現的性描寫，完全不必採取宗教式的詛咒。不是麼?早在一百多年前像奧爾格·維爾特那樣耽于“表現自然的、健康的肉感和肉欲”的詩人就被恩格斯所首肯。笑笑生的同時代人馮夢龍所編著的“三言”，和稍後一點的凌濛初所編著的“二拍”，就主要表現了兩性關係中封建意識的褪色。“三言”、“二拍”裏也有露骨的性愛描寫，對偷情姑娘、外遇妻子大膽行爲的肯定。這無疑是封建道德意識剝落的外部標記。而更爲深層的內涵在於，馮夢龍、凌濛初以他們塑造的杜十娘、花魁等一系列文學女性向社會表明：婦女是能夠以自己的人格、以平等的態度和純潔的心靈去擊敗附著在封建婚姻上的地位、金錢和門閥觀念，從而獲得真正的愛情的。

因此，作爲人類生存意識的生命行爲的一部分，性應該在藝術殿堂裏占一席之地。

而《金瓶梅》則是通過西門慶的性生活的描寫展示了性的異化。應當看到，笑笑生並沒有把西門慶的性意識、性行爲作爲一種脫離人的其他社會行爲的靜態的生存意識和生命行爲，有意誇大出來。在作者的筆下，人的動物性的生理性要求也沒被抬高到壓倒一切的位置，成爲生活的唯一的內容。恰恰相反，西門慶對女人的佔有欲是同佔有權勢、佔有金錢緊緊結合在一起的，並且達到了三位一體的“境界”。笑笑生通過西門慶床第之私的描寫，不僅有人們所指出的那種性虐待和性迫害的內容，而且更有著豐富的社會內涵——通過“性”的手段達到攫取權勢和金錢的目的。所以，作者寫出了西門的床第之私，實際上也就是寫出了這個時代的一切黑暗，揭開了一個專門製造西門慶時代的社會面。

說《金瓶梅》通過西門慶的性生活的描寫展示了性的異化，還在於它沒有使人覺醒、找到人的自我(如《查泰萊夫人的情人》中所描寫的那樣)，而是把人導入邪惡和墮落，小說中李瓶兒的悲劇就是一個最典型的例子。

另外，無庸否認，作者確有性崇拜的一面。作者有不少地方把性看作是萬物之軸、萬事之核心，也當作了人物性格發展的內驅力，並且特別注重其中性感官的享樂內容。所謂"潘驢鄧小閑"的"驢"不僅被表現為西門慶"人"格有無的衡器，也是支配家庭糾葛、掀起人物思想波瀾、推動作品情節展開的槓桿。人們對此往往持有異議，認為這是誇大了性的作用。不錯，在兩性關係中，區別於動物的人的標誌，是精神成分。換言之，性吸引力，是男女愛情的低級聯繫，精神吸引力是男女愛情的高級聯繫。如果用"精神吸引力"去衡之以西門慶的"愛情"，那就太荒唐了。在笑笑生筆下的西門慶是個潑皮流氓，是個政治上、經濟上的暴發戶，也是個佔有狂，理所當然地從他身上看不到絲毫的"精神吸引力"，也不存在具有"精神吸引力"的真正愛情。道理是如此簡單，西門慶與他的妻妾之間和情婦之間，連起碼的忠貞也沒有。從古至今，專一的感情，才使愛情的追求、選擇具有嚴肅性，西門慶是不具備這一品格的。如果他具備了這一品格，他就喪失了他性格的本質蘊涵。進一步說，《金瓶梅》也從來不是一部談情說愛的"愛情"小說，也不是它以後出現的"才子佳人"小說。如果說它是"穢書"，那就是因為笑笑生從未打算寫一部"乾淨"的愛情小說，他可不是寫愛情故事的聖手。所以他也不可能像真正的愛情小說那樣，在性的描寫、肉的展示中有靈的支持，也就不存在本能的表現必須在審美的光照下完成。所以它只能處於形而下而不可能向形而上提升。因為他承擔的使命只是宣判西門慶的罪行，所以他才寫出了一個代表黑暗時代精神的佔有狂的毀滅史。他要喚醒人們的是人性應該代替獸性。人畢竟是人。在笑笑生內心深處翻騰的可能是這樣一個歷史哲學命題：在人性消失的時代，如何使人性復歸！於是《金瓶梅》破天荒地誕生在培育它成長的土壤之中。借用巴爾扎克的一句名言，他的"人物是他們的時代的五臟六腑中孕育出來的。"

## 三、現實中的小人物走進了神聖的藝術殿堂

　　小說觀念的變革，一般來說總是迂迴的，有時甚至出現了巨大的反復和回流。因此，縱觀小說藝術發展史，不難發現它的軌跡是波浪式前進、螺旋式上升的形態。《金瓶梅》小說觀念的突破，沒有使小說盡情直逐地發展下去，事實卻是大批效顰之作蜂起，才子佳人模式化小說的出現，以及等而下之的"穢書"的猖獗；而正是《儒林外史》和《紅樓夢》的出現，才在作者如椽巨筆之下，總結前輩的藝術經驗和教訓以後，又把小說創作推到了一個新的階段，又一次使小說觀念有了進一步的覺醒。

　　有的研究者對小說文體演進的歷史曾作過輪廓式的描述，認為：如果對小說發展的歷史整體直觀，我們就會發現，無論中國還是世界，小說發展都經歷了三大階段：㈠、生活故事化的展示階段；㈡、人物性格化的展示階段；㈢、以人物內心世界審美化為主要特徵的多元的展示階段。作為一種輪廓式的概括，對此我們沒有異議；然而，若作為一種理論框架，企望把一切小說納入進去，則使人難於苟同。"三階段"之間的關係是什麼呢？三者能夠完全割裂和對立起來嗎？且不說最早的平話、傳奇故事是不是也寫了人物的性格和命運，也不說"性格"和"命運"是不是須以"情節"為發展史，只就審美化的心理歷程而言，就可以發現，中國長篇白話小說發展到《儒林外史》、《紅樓夢》時期，就已經得到了較為充分的發展，不好說它們還停留在第二階段的小說形態上。

　　事實是，《儒林外史》、《紅樓夢》已經從對現實客觀世界的描述，逐漸轉入了對人物內心世界的刻劃，而且這種刻劃具有了多元的色素。只是中國小說的內心世界的審美化的展示，有其固有的民族特色而已。《儒林外史》和《紅樓夢》一樣，都是一經出現就打破了傳統的思想和方法，從而把小說這種文類推進到一個嶄新階段。

　　《儒林外史》像《紅樓夢》一樣，它已經從功利的、政治文化的外顯層次，發展到宏觀的、民族文化的深隱的層次。從小說觀念的更新的角度看，吳敬梓注意到了因社會的演進和轉變而牽動的知識份子的心理、倫理、風習等多種生活層次的文化衝突，並以此透視出知識份子的悲喜劇，實質上是做了一次哲學巡禮。他的《儒林外史》的小說美學特色，不是粗獷的美、豪放的美，更不是英雄主義的交響詩。你看：他的小說從不寫激烈，但我們卻能察覺到一種激烈。這是蘊藏在知識份子心底的激烈，因此也傳遞給了能夠感受到它的讀者。因此，《儒林外史》的小說美學品格，有一種耐人咀嚼的深沉的意蘊。這表現為小說中有兩個相互交錯的聲部：科舉制度和八股制藝對於知識份子來說，無論貧富、無論其他生活和政治生涯如何，它總是正劇性的——這是第一聲部，作者把這一聲部處理成原位和絃；作者將科舉以外的內容，即周進、范進、馬二先生等人的悲歌，作為第二聲部，把它處理為變和絃，具有諷刺喜劇旋律。變和絃在這裏常有創作者的主觀色彩。作者在把握人物時，並不強調性格色彩的多變，而是深入地揭示更多層次的情感區域，研究那種處在非常性的、不和理的、不和邏輯的，甚至是變態的心理。人的情感在最深摯時常常呈現出上面諸種反常，人的感情發展或感情積累，也往往不是直線上升，而是表現為無規則的、彎彎曲曲的、甚至有繞回的現象。吳敬梓對科舉制的批判，正是通過這種對人性的開拓、對人的內在深層次世界的開拓達到其目的。

　　還應看到，在你讀《儒林外史》、《紅樓夢》時，總有一種難於言傳的味道。我想，這是吳敬梓和曹雪芹對小說美學的另一貢獻，即他們在寫實的嚴謹與寫意的空靈交織成的優美文字裏，隱匿著一種深厚的意蘊：一種並無實體，卻又無處不在、無時不有、貫注著人物性格故事情節、挈領著整體的美學風格並形成其基本格調的意蘊。那該是沉入藝術境界之中的哲學意識，是作者熔人生的豐富經驗、對社會的自覺責任感與對未來美好的期望於一爐，鍛煉而成的整體觀念，以及由此產生的審美態度。你看，他們能"貼著"自己的人物，逼真地刻劃出他們的性格心理，又始終與他們保持著根本的審美距離。細緻的觀察與冷靜的描述以及含蓄的語氣，都體現著傳統美學中"靜觀"的審美態度。

對於藝術情感的表達，席勒說過這樣的話："一個新手就會把驚心動魄的雷電，一撒手，全部朝人們心裏扔去，結果毫無所獲。而藝術家則不斷放出小型的霹靂，一步一步向目的走去，正好這樣完全穿透到別人的靈魂。只有逐步打進、層層加深，才能感動別人的靈魂。"吳敬梓寫《儒林外史》和曹雪芹寫《紅樓夢》正是採用這種不斷放出小霹靂、逐步打進、層層加深的藝術手法，通過形象的並列和延續，逐漸增強感情的力度和衝擊力。

你看，一幅幅平和的、不帶任何編織痕跡的畫面，給我們留下了一個個深刻印象：它恬淡，同時也有苦澀、艱辛、愚昧。一個個日常生活中最常見和最微小的元素，被自由地安排在一切可以想像地生活軌跡中。這些元素的聚合體，對我們產生了強烈的、甚至是主要的影響。它使我們笑、使我們憂、使我們思考、使我們久久不能平靜：這就是吳敬梓在《儒林外史》和曹雪芹在《紅樓夢》這兩部小說中為我們創造的意境。這裏顯現出一個小說美學的規律——孤立的生活元素可能是毫無意義的，但是系列的元素所產生的聚合體被用來解釋生活，便產生了認識價值。《儒林外史》和《紅樓夢》正是通過這種生活元素的聚合體過程，使我們認識了周進、范進，認識了牛布衣、匡超人，認識了杜少卿；認識了寶玉、黛玉、賈政、王熙鳳……認識了生活中註定要發生的那些事情,也認識了那些悲喜劇產生的原因。對於《儒林外史》和《紅樓夢》這樣近四十萬字和近百萬字的長篇小說,這樣的一部部沒有多少戲劇衝突的,近似乎速寫和生活紀實的小說,就是全憑作者獨特的視角,借助於生活的內蘊,而顯現出它的不朽魅力的。

從我國小說史中經典性作品《三國演義》和《水滸傳》發展到《儒林外史》和《紅樓夢》時期,我們可以明顯地發現小說觀念的變動和更新。往日的激情逐漸變爲冷雋,浪漫的熱情變爲現實的理性,形成了一股與以往全然不同的小說藝術的新潮流。當然,有不少作家繼續沿著塑造英雄、歌頌英雄主義的道路走下去,但是我們不難發現,他們所塑造的英雄人物,已經沒有英雄時代那種質樸、單純和童話般的天真。因爲社會生活的多樣化和複雜化,已經悄悄地滲入了藝術創作的心理之中。社會生活本身的那種實在性,使後期長篇小說的普通人物形象,一開始就具有了世俗化的心理、性格,人性被扭曲的痛苦以及要求獲得解脫的渴望。這裏,小說的藝術哲學中的一個重要範疇——悲劇——的涵義,也發生了具有實質意義的改變:傳統中,只有那種英雄人物才有可能成爲悲劇人物;而到後來,一切小人物都有可能成爲真正的悲劇人物。

小說藝術的發展歷史,也往往有驚人的相似之處。當代一位作家曾說:“文學上的英雄主義發展到頂點的時候就需要一種補充。要求表現平凡,表現非常普通、非常不起眼的人……”這就是說,當代小說有一個從英雄到普通人的文學觀念的轉變。而我國古典白話長篇小說也有一個從英雄到普通人的小說觀念的轉變。事實是,在我國,小說經歷了漫長的發展過程,而在最後,即小說創作高峰期,出現了《儒林外史》和《紅樓夢》這種具有總體傾向的巨著。它們開始的、自覺地對人的心靈世界的探索、對人的靈魂奧秘的揭示、對人的意識和潛意識的表現,把小說的視野拓展到內宇宙。當然這種對內在世界的表現基本上還是在故事情節發展過程中,在人物形象塑造中，加強心理描寫的。這當然不是像某些現代小說那樣，基本沒有完整情節，對內心世界的揭示突破了情節的框架。但是，內心世界的探求、描寫和表現不僅在內容上給小說帶來了新的認識物件，給人物形象的塑造帶來了深層性的材料，而且對小說藝術形式本身，也發生了極大的影響。這就是我國古代小說從低級形態發展到高級形態的真實軌跡。而在這條明晰的軌跡上鮮明地刻印著笑笑生和他的《金瓶梅》的名字。他和他的書是同《三國演義》、《水滸傳》、《儒林外史》、《紅樓夢》並駕齊驅的。

　　以上是我們對中國古代小說觀念發展和演變的匆匆巡禮，目的是把《金瓶梅》這部輝煌的中國獨一無二的"黑色"小說，擺在這條小說藝術發展的長河中去考察，只有這樣方顯出它獨特的美學價值和思想光彩，以及在中國乃至世界小說史上的不朽地位。

　　此外，研究《金瓶梅》的重要意義，還在於在笑笑生身上和《金瓶梅》的文本中就有中國古代小說史的一半；在於《水滸傳》、《三國演義》、《儒林外史》、《紅樓夢》等偉大作品的存在，離不開同《金瓶梅》相依存、相矛盾的關係；在於笑笑生及其《金瓶梅》代表的中國文化傳統的一個方面，以及它與中國古代知識份子的歷史性格、文化性格有甚深的聯繫。因此，我們才毫無遲疑地明確表示，研究《金瓶梅》就包涵了研究中國小說史和中國小說文化的一半。因為在開創性上，任何作品無可替代，在古代小說創作上，笑笑生及其《金瓶梅》是第一流的。只有理解生活辯證法，深刻地參透歷史生活如何反映在笑笑生的作品中，以及歷史和藝術的微妙關係，才是研究《金瓶梅》和古代小說的要旨所在。

　　歌德說："一件藝術作品是由自由大膽精神創造出來的，我們也應該盡可能用自由大膽的精神去觀照和欣賞。"對於笑笑生勇敢大膽創造《金瓶梅》和我們研究《金瓶梅》都應持有這種精神，具備這種勇氣。

# 第三章　《金瓶梅》：一部處於文體轉型期的小說

　　在中國古代小說研究領域，科學地把握小說文體的審美特徵這一問題，還沒有受到應有的重視，因此，中國古代小說類型的區分，長期處在模糊狀態。人們往往停留在語言載體的文言與白話之分，或滿足於題材層面上的所謂歷史演義、英雄傳奇、神魔小說和世情小說等等的界定。於是在中國古代小說研究中經常出現一種"類型性錯誤"。所謂"類型性錯誤"，就是主體在研究觀念和方法上混淆了不同範疇的小說類型，從而在研究過程中使用了不屬於該範疇的標準。這種評價標準上的錯位就像用排球裁判規則裁決橄欖球比賽一樣，即所謂張冠李戴，此類現象屢屢發生。在價值取向上，諸多的著名小說中，《金瓶梅》的命運是最不幸的，它遭到不公正的評價，原因之一就是批評上的"類型性錯誤"所致。因此，以小說類型理論確立《金瓶梅》在小說文體演變史上的地位，從而進一步把握它的審美特徵即成為《金瓶梅》研究中亟待解決的問題。在前面，我們按照歷史時間的順序，對中國古代小說觀念的三次重大更新進行了考察，從而確立了對《金瓶梅》在小說藝術發展史上的地位及其變革意義的認識，是為順向考察；這裏我們則是試圖從與歷史時間順序相反的方向，對小說類型的演變進行考察，即從《金瓶梅》以後的小說發展形態來考察《金瓶梅》的小說類型的歸屬，從而確立對《金瓶梅》在小說藝術發展史上的地位及其審美特徵的理解，是爲逆向考察。[1]

　　從故事小說歷史看，它來自於市井階層，是順應亞文化群的小說類型。而至清代，隨著更多學者和知識份子的參與小說創作，小說地位被重新確認，准文化群開始產生影響。它要求小說包含更深刻的內容，具有更複雜的結構，以與自己和時代水平相適應。在這種形勢下，故事小說發生變異，向性格小說、心理小說發展，而且負載了更深沉的社會內容和作者個人的心理脈搏。清代橫空出世的兩部傑作——《儒林外史》和《紅樓夢》都是一經出現就打破了傳統的思想和手法，從而把長篇小說這種文體推進到一個嶄新的階段。前面我們已經論及到兩部小說共同之處，現在我們把它們概括爲四點：隨著封建社會的逐漸走向解體和進入末世，小說的基本主題開始由功利的政治文化的外顯層次發展到宏觀的民族文化的深隱層次。兩位作家都或多或少地意識到，由於經濟生活方式的轉變而牽動的社會心理、社會倫理、社會風習等多種社會層次的文化衝突，並且自覺地把民俗風情引進作品，以此透視出人們的心靈軌跡，傳導出時代演變的動律。這就不僅增添了小說的美學色素，而且使作品反映出歷史變動的部分風貌；其次，兩部小說的美學特色都不是粗獷的美，豪放的美，更不是英雄主義的交響詩。他們的小說從不寫激烈，但我們卻能覺察到一種激烈，這是蘊藏在作者心底的激烈，因而也傳達給了能夠感受到它的讀者；第三，它們都有一種耐人咀嚼，難以言傳的味道，即他們在寫實的嚴謹與寫意的空靈交織成的優美的文字中，隱匿著一種深厚的意蘊，一種並無實體，卻又無處不在，無時不有，貫穿於人物性格故事情節、挈領著整體的美學風格並形成其基本格調的意蘊。它們都逼真地刻劃出人物的性格心理，又始終與他們保持著根本的審美距離，細緻的觀察與冷

---

[1] 歷史學家丁偉志先生在 1984 年 7 月 25 日《光明日報》上發表了《論歷史研究中的逆向考察》一文，提出了逆向考察的歷史研究方法論，這裏是受其啓示而提出了小說歷史研究的逆向考察的問題。

靜的描述以及含蓄的語氣，都體現著傳統美學中“靜觀”的審美態度。第四，兩部小說展示的一幅幅平和的、不帶任何編織痕跡的畫面，它恬淡，同時也有苦澀。一個個日常生活中最常見和最微小的元素，被自由地安排在一切可以想像的生活軌跡中，這些元素的聚合體，對我們產生了強烈的共振效應，它使人們笑，使人們憂，也使人們思考，使人們久久不能平靜。這就是兩部小說給我們創造的相似的意境。

然而，兩位元小說家和兩部小說作品有同更有異，這不僅是由於他們生活經歷不同，文化素養不同，而且情感類型也有很大差異。吳敬梓更帶有思想家的氣質，而曹雪芹更富有詩人的氣質。[2]

## 一、《儒林外史》：思想家的小說

研究吳敬梓的人都會有一種感覺，他是一位最富有思想的作家。他那種極靈敏地感應時代的變化、傾聽生活最細微的聲息的才能，使他的小說中的藝術世界，像內層深邃穩定而水面時時旋轉的思想的大海。當然，這是由有形有色有光有聲的生活的活水匯聚成的大海。當他張開藝術概括的巨翅時，在巨大的時空跨度中擁抱歷史和時代時，我們聽到了他的小說中思想的瀑布訇然而落的聲音，而當他伸出藝術感覺觸角，在細微的心靈波流中探尋生活的脈息時，我們也能聽到他的小說中思想的電火在金屬尖端畢剝的微響。這種深邃的思想以及他的小說的厚度曾使魯迅先生喟然而歎：偉大也要人懂！

吳敬梓的《儒林外史》傳奇色彩很少，思考是他作品的重要特色。我們初讀他的小說，常為他近乎淡泊的筆調所驚異，像世態炎

---

[2] 何滿子先生在《吳敬梓是對時代和對他自己的戰勝者》一文中已提出過“曹雪芹更屬於藝術家的氣質；而吳敬梓，相對說來，更帶有思想家的氣質。”見《文學呈臆編》，三聯書店 1985 年 7 月第 1 版第 201 頁。

涼冷暖、個人感情的重創、人格的屈辱、親人的生死離散，似都以極平靜的語氣道出，那巨大的悲痛，都在悠悠的文字間釋然。然而這意蘊的產生正是來源於吳敬梓親自感知，即家庭中落、窮困潦倒的生活所引發的深沉的人生況味的體驗和對人的精義的思索。

作者因久閱文壇，對文人心態自然非常熟稔，一旦發為諷刺，不但窮形盡相，往往還剔骨見髓，使有疾者霍然出汗。他觀察點的特色是：一個人物，一種衝突。周進、范進都是在八股制藝取士的舞臺上扮演著悲喜劇的角色，馬二先生是一個具有雙重性悲劇的人物，匡超人人性的異化則是"聖人"之徒戕害的結果。實際上吳敬梓是對形形色色的知識份子進行了一次哲學巡禮。

《儒林外史》在一定程度上可以看成特定歷史時期內我們民族的精神現象史。作者始終在沉思一個巨大的哲學命題：即他要喚起民族的一種注意，要人們認識自己身上的愚昧性，因為當人們還處於這樣一種愚昧狀態時，我們是不能獲得民族的根本變化的。他想到的不僅僅是知識份子的命運，而是借助於他所熟悉的知識份子群體來考慮民族精神和民族性格的素質。他以自己親身感知的科舉制度和舉業至上主義為軸心，開始以一種深刻的歷史哲學去思考去觀察自己的先輩和同輩們的民族文化——心理結構和政治生涯。所以吳敬梓在小說中提出的范進、周進、牛布衣、馬二先生、匡超人、杜少卿的命運，並非個別人的問題，而是他看到了歷史的凝滯，而他正是借助於對科舉有著深刻的內心體驗，所以他才極為容易地道破舉業至上主義和八股制藝的各種病態形式。作者所寫的社會俗相不僅是作為一種文化心理的思考，同時更多的是作了宏觀性的哲學思辨，是靈魂站立起來之後對還未站立起來的靈魂的調侃，由此我們也看到了吳敬梓的小說的一個癥結：思想大於性格。

黑格爾曾說：本質的否定性即是反思。吳敬梓在小說中對舉業至上主義和八股制藝的批判如同剝筍一樣，剝一層就是一次否定，也就是一次理性認識的飛躍，從而也就是向本質的一次深入。吳敬梓創作《儒林外史》的總體構想就是對中國封建科舉制度和舉業至上主義的反思，因此該書的重要審美特色是它的反思性。而恰恰是這反思性使得《儒林外史》具有了思想家的小說的美學品格。

## 二、《紅樓夢》：詩人的小說

如果說吳敬梓是一位特別富於思想的小說家的話，那麼曹雪芹就是一位特別敏於直覺的小說家。從作家氣質來看，吳敬梓是偏重於思考型的小說家，而曹雪芹確實是偏重於感覺型的小說家，甚至可以說曹雪芹作為小說家的主要魅力，非常清晰地表明他是憑藉對活潑潑地流動的生活的驚人準確絕妙的藝術感覺進行寫作的，或者說，曹雪芹小說中的思想的精靈，是在他靈動的藝術感覺中，在生活的激流中，作急速眩目的旋轉的。紅樓夢中讓你看到的是幽光狂慧，看到天縱之神思，看到機鋒、頓悟、妙諦，感到如飛瀑、如電光般的情緒的速度，而且這情緒一旦迸發就有水銀瀉地，泥丸走板，駿馬駐坡之勢。可以這麼說，出於一種天性和氣質，從審美選擇開始，曹雪芹就自覺偏重於對美的發現和表現，他願意更含詩意地看待生活，這就開始形成了他自己的特色和優勢。而就小說的主調來說，《紅樓夢》既是一支絢麗的燃燒著理想的青春浪漫曲，又是充滿悲涼慷慨之音的挽詩。《紅樓夢》寫的婉約含蓄，瀰漫著一種多指向的詩意朦朧，這裏面有那麼多的困惑。那種既愛又恨的心理情感輻射，確實常使人陷入兩難的茫然迷霧，但小說同時又有那麼一股潛流，對於美好的人性和生活方式的如泣如訴的憧憬，激蕩著突破覆蓋著它的人生水平面。其中執著於對美的人性和人情的追求，特別是對那些不含雜質的少女的人性美感中所煥發著和昇華了的詩意，正是作者要表達的詩化的美文學。從《詩經》中的《黍離》之怨，屈騷中的澤畔悲吟，一直到《紅樓夢》中"遍被華林"的"悲涼之霧"，從此鑄成了中國文學的典型意緒。

　　理想使痛苦發光，痛苦卻催人成熟。從這種由於痛苦的磨擦而生長的蒼勁中，我們從《紅樓夢》中窺見了生活的變態和殘忍。曹雪芹能夠把特殊的生瘓愁遇所給予的心靈投影，表現得相當的獨特。當他被痛苦喚醒，超脫了個人的痛苦而向他人　又伸出了同情之手時，他已經不是一般的憐憫，而是同情人生的普遍苦難，但又不止一般的感慨，這一切都是屬於詩人的氣質特徵。正因為如此，我們把《紅樓夢》稱之為詩小說或小說詩。

　　在具體的描繪上，正如許多紅學家研究所得，曹雪芹往往把環境的描寫緊緊地融合在人物的性格的刻畫裏，使人物的個性生命能顯示一種獨特的境界。環境不僅起著映照性格的作用，而且還具有強烈的感染力。作者善於把人物的個性特點、行動、心理活動和環境的色彩、聲音融合在一起，構成一個個情景交融的活動著的整體。而最突出的當然是環繞林黛玉的 “境” 與 “物” 的個性化的創造。可以說，中國古典小說的民族美學風格，發展到《紅樓夢》，已經呈現為鮮明的個性、內在的意蘊與外部的環境相互融合滲透為同一色調的藝術境界。總之，在這裏是 “情與意會，意與象通” ，具有了 “象外之象” 和 “味外之旨” ，這是主客觀結合、虛與實結合的一種詩化的藝術聯想和藝術境界。所以筆者認為，得以滋養曹雪芹的文化母體，是中國傳統豐富的古典文化，對他影響最深的不僅是文學的、美學的、哲學的，首先是詩的。《紅樓夢》是詩人的小說，這是當之無愧的。

　　《儒林外史》和《紅樓夢》是小說宇宙的兩顆最耀眼的星，倘若借用世界小說中的現成概念闡釋這類小說的品格，那就不妨稱之為 “作家小說” ，而用中國當前小說家品格來加以衡量，可以稱之為 “學者型小說” 。吳敬梓和曹雪芹都堪稱當時的精英階層，他們都具備較高層次的文化修養和造詣精深的藝術素質。他們思想敏銳，意志堅定，熱情充溢，進取不息，對人生有著超乎常人的藝術感受力和表現力。同時，作為普通人，他們又時常流露諸如脫俗、

孤傲、憂鬱、敏感、疑慮等人格特徵,有時甚至還具有難於被人所
理解的種種怪僻。他們的命運,正是那個時代命運的縮影,他們的
喜怒哀樂,也緊緊地維繫於他們那個社會的感情神經。因此,這種
小說與前出各種小說最大的不同是他們的創作態度大多嚴肅,構思
縝密精細,章法有條不紊,語言字斟句酌,很少有嘩眾取寵的噱頭。
他們不以敘述一個故事並作出道德判斷為滿足,甚至不十分考慮他
的讀者,他們真正注意的是表現自我。大凡對題材的選擇往往在一
定程度上取決於作者的生活經歷和藝術旨趣,而《紅樓夢》與《儒
林外史》恰恰都是作者經歷了人生的困境和內心的孤獨後的生命感
歎。他們不再注重人生的社會意義和是非善惡的簡單評判,而是更
加傾心於人生的生命況味的執著品嘗。他們在作品中傾心於展示的
是他們的主人公和各色人等坎坷的人生道路行進中的種種甜酸苦
辣的感受和體驗。我們研究者千萬不要忽視和小看了這個視角和視
位元的重新把握和精彩的選擇的價值。從寫歷史、寫社會、寫人生、
寫風俗到執意品嘗人生的況味,這應在更寬廣、更深邃的意義上表
現了人性和人的心靈。

　　用生命咀嚼出的人生況味,不再要求作者隨時隨地居高臨下地
裁決生活,而是要求作者以一種真誠、一顆心靈去體察人們生活中
的甜酸苦辣,去聆聽人們心靈中的悸動、顫慄和歎息。這就需要作
者有一種開放性的精神狀態,而不是一種封閉性的精神攻擊和防禦
狀態。後一種精神狀態就是《儒林外史》前出諸作的特點,在這些
作品中,作者時不時地跳將出來對小說中的人物和事件表示一番愛
恨分明或勸善懲惡的說教。同樣是反映人生的情感困惑和這種困惑
給人生帶來的複合況味,《儒林外史》和《紅樓夢》都是懷著真誠
的眼光和濕潤的情感,極寫人生無可回避的苦澀和炎涼冷暖的滋
味,讓讀者品嘗了人生一種整體性的況味。值得重視的是,他們沒
有像他們的前輩那樣在作品中開設"道德法庭",義正詞嚴地對這
些人與事進行道德審判,而是細緻地體察並體現人們處於情感漩渦

中的種種心態，從而超越了特定的道德意義，而具有生命意味。

從文藝史來觀照，體驗並體現人生況味的，是藝術的魅力所在，也是藝術和人們對話最易溝通、最具有廣泛性的話題。讀者面對人生的乖戾與悖論，承受著由人及己的震動。這種心靈的顫慄和震動，無疑是藝術所追求的最佳效應。因為對於廣大讀者來說，他們之所以要窺視不屬於自己的生活流程和生命體驗，不只是出於要學習一種榜樣，而更重要的是通過與書中的世界各種殊異的心靈相識，品嘗人生的諸種況味。儘管讀者不一定都會有吳敬梓、曹雪芹獨特的境遇和小說人物的獨特或不獨特的際遇，但小說中的人物的人生歷程中所經歷的痛苦的失敗、艱辛的世態、苦澀的追求都會激起人們一種況味相似的共鳴與共振。所以說，從小說發展史角度來看，小說從寫歷史、寫人生到寫人生的況味，決不意味著小說價值的失落，而是增強了它的價值的普泛性。一種擺脫了狹隘的功利性而具有人類性的小說，即使在今天仍有巨大的生命意義和魅力，這就是兩部小說迥異於它們以前小說的地方。

後來的發展了的歷史，為充分認識前代歷史提供了鑰匙。現在我們的任務該是"從發展過程的完成的結果開始"逆方向地做溯源之考察了。而《金瓶梅》也就在這種比較中顯示其價值。

## 三、《金瓶梅》：小說家的小說

正如魯迅所說，長篇小說是"時代精神所居的大宮闕"，是衡量一個國家藝術水平的標誌，因此研究它的本體當是題中之義。

小說文體是小說家運用語言的某種統一的方式、習慣和風格，不是小說語言本身。因此對小說語言的文體描述就不能僅僅是對小說語言的單向描述，而必須配合以小說家創作所涉及到的影響文體形成的語言之外的諸種因素，如時代、社會、流派、題材、主題、觀念等等因素的研究。這些影響小說文體形成的語言以外的因素就是"文體義域"。[3] 文體是特定的藝術把握生活的方式，按照黑爾的觀點，人們藝術感知的方式，同時也是藝術傳達的方式，而藝術的內容與藝術形式又將相互轉化。這裏說的藝術內容當然不僅限於生活事件，也包括主體精神、意識及人格。這種從美學—哲學高度對文體的把握——主體精神物件化的認識，是我們所說的文體的最深層次。文體的變化和發展與藝術的追求和自覺緊密相關。它是主體精神新的發展的標誌，當然又是主體與新的物件交互作用、結合的產物。因此，小說文體的研究和批評便不可能是語言修辭的、技巧的、純形式的批評，必然要求包括主體與客體，即作品的生活內容與作家的情感特徵、語言及其意蘊兩個方面。但是，令人非常遺憾的是、我們的古代小說的研究與批評，往往忽視小說文體特別是長篇小說文體的特徵，而是往往用一般文學的批評方法或一般的小說的批評方法評價長篇小說。結果總有張冠李戴之嫌，令人難以認同。

對《金瓶梅》批評得最嚴厲、要求最苛刻的當屬美國學者夏志清先生。他在《中國古典小說論》[4] 一書第 5 章中評論到《金瓶梅》時幾乎從思想到藝術都對《金瓶梅》給予了否定性的評價。在提到作者時，這位研究者懷疑"以徐渭的怪傑之才是否可能寫出這樣一部修養如此低劣，思想如此平庸的書來？"從整體評價來看，它認爲《金瓶梅》"是至今爲止我們所討論的小說中最令人失望的一部"。從作爲結構藝術的長篇小說來看，他認爲《金瓶梅》的結構是"如此凌亂"，至於具體的藝術描寫和藝術處理，那《金瓶梅》也是最無章法可言的，比如"明顯的粗心大意"、"喜歡使用嘲諷、誇張的衝動"、"大抄特抄詞曲的嗜好"，其中"莫過於他那種以對情節劇式事件的匆匆敍述來代替對可信、具有戲劇性的情節的入微刻劃的'浪漫'衝動。"凡此種種都可以使人看到夏志清先

---

[3] 參見《小說評論》1988 年第 6 期，第 87 頁。
[4] 胡益民等譯，安徽文藝出版社 1989 年 9 月第 1 版。

生的審美標準和藝術態度。對此我們曾陸續寫過幾篇文章，就夏志清先生的觀點進行商榷，其中《說不盡的“金瓶梅”》[5]一文還就《金瓶梅》的結構藝術發表了我們的一些不成熟的意見。然而現在看來這些商榷文章並未能把握夏文的要害。夏文的真正失誤，正像開頭所說的，這是研究者在研究觀念和方法上混淆了不同範疇的小說類型，從而在研究活動中使用了不屬於該範疇的標準。具體地說，夏文完全忽視了中國古代小說的不同類型，結果錯誤地用一般批評小說的標準或用作家型學者型的小說去衡之以小說家的小說《金瓶梅》，這就必然導致《金瓶梅》批評上的錯位和重大失誤。

所謂小說家的小說，純屬我們的“杜撰”。如果讀者看到了我們在前一節的敍述，則會理解這裏的小說家的小說是同屬於作家型或學者型的思想家小說與詩人小說比較而言的。這個稱謂的賦予，也是淵源有自。因爲宋人說話四家中就有“小說”一家，就小說的內在本質而言，或從古代小說本色來觀照，作爲小說家的小說《金瓶梅》確實同說話技藝中的小說家的創作精神一脈相通，而後者當時是專指短篇小說而言的。

爲了更好地說明問題，我們有必要從歷史的和美學的角度來考察小說的文體特徵及其演變規律。概而言之，在中國，小說的前身是故事和寓言，並且由此分別開創了兩種不同的小說觀念的發展道路：一種重客觀事件的描述，一種重主觀意識的外化。當小說重在客觀事件的描述時，它是發揚故事的傳統，小說成爲再現社會生活的藝術化了的歷史；當小說重在主觀意識的外化時，它是發揚寓言的傳統，小說成爲表現人們的感情和願望的散文體的詩。小說就在詩與歷史之間徘徊，構成螺旋上升的曲線。於是我們從探索小說文體發展歷史軌跡中找到了古代寓言與志怪小說、傳奇小說相通之處，又找到了故事與宋元話本小說的相通之處。

---

[5] 見《金瓶梅學刊》試刊號。

據南宋耐得翁《都城紀勝》和吳自牧《夢粱錄》載，當時說話四家中，小說家的藝術技巧最為成熟，而且說話的其他幾家"最畏小說人，蓋小說者，能以一朝一代故事，頃刻間提破"。據宋末元初人羅燁《醉翁談錄》中"舌耕敘引‧小說開闢"條記載，當時說話人大多博覽群書，學識淵博，具有豐富知識積累，所謂"幼習太平廣記，長攻歷代史書"，"《夷堅志》無有不覽，《琇瑩集》所載皆通"，"論才詞有歐、蘇、黃、陳佳句，說古詩是李、杜、韓、柳篇章"，所謂"談論古今，如水之流"。[6] 可以說，前代的文學藝術財富在藝術上哺育了整整一代說話人的藝術創造力。

比較而言，文人作家創作的文學作品不是以謀生為目的，而是為了抒寫性情，因此無需或不堪考慮它的讀者的要求；可是，說話人在完全職業化以後，他們以賣藝為生，他們創造的小說不僅是精神產品，而且直接具有商品的性質。他們首先考慮的是他們生產對象的消費者，他們必須善於招徠買主，即吸引他們的聽眾，這樣，他們不僅要使故事首尾畢具、脈絡清晰，而且還要一波三折、娓娓動聽，以便引人入勝。總之，他們必須有為大眾解悶、消遣、娛樂的功能。而說話人力求平易通暢，使"老嫗能解"，"膾炙於田夫野老之口"，或如《馮玉梅團圓》中所談，"話需通俗方傳遠"。這就是將作品社會功能的實現，十分明智地放在尊重讀者審美欣賞的心態上。

作為小說家的小說，也許應該稱為市民小說。在中國小說藝術發展史上，嚴格意義上的通俗小說，正是因為市民階層的勃興才逐漸形成，現代意義上理解的市民階層已經遠遠超越了古代的涵義，它泛指一切具有閒暇文化背景的城市與鄉鎮居民。因此，市民小說便與人們閒暇生活有一定關係，它首先滿足的便是人們在閒暇中的消費需要。閒暇文化造成市民小說消遣與娛樂功能，在藝術上它與

---

6 吳自牧：《夢粱錄》卷二十。

純文學正好相反。如果純文學要求真正的閱讀(思考)在整個閱讀過程結束之後，那麼市民小說則要求在閱讀過程之中，過程結束，閱讀也就結束。這就要求它具備“手不釋卷”的閱讀效果。相對來說，市民文化不要求純粹抽象的精神活動，他們更爲關心自己身邊的“生活瑣事”，因此家庭背景的小說便風行一時。閒暇生活常常需要一種感官刺激，以此達到平衡神經官能的作用，因此市民小說常常會有暴力和性的內容。正由於此，市民小說常常在無意中迎合讀者消遣需要，庸俗的、粗糙的東西摻雜其間是普通現象。

　　如果進一步從小說本體來考察和自審，小說家的小說或市民小說的敍事結構往往是程式化的，當然，它不是同一程式。比如三段論式在它的結構體系中就是極爲突出的特徵。通常在起始部，明確時間、地點，表明主人公的善惡本質，交待衝突雙方矛盾起因；發展部，把人物矛盾衝突的態勢加以強化，情節推進到“九曲十八彎”的崖上；結束部，歷盡艱險，善才戰勝惡，或是惡摧殘了善，主人公被圓滿、完整地送到幸福或悲慘的彼岸。

　　再有，小說家的小說一般在他們講述的故事中多具有培養聽眾道德感的功能。這種道德感不管是在“歷史演義”裏探幽思古，還是在“英雄傳奇”中憧憬理想，在“勘案豪俠”中消磨時光，都有不同的寄寓，然而這寄寓又往往是“概念化”的，懲惡揚善是說書人或小說家涵括了道德感的主題。所謂“只憑三寸舌，褒貶是否”（《醉翁談錄》），所謂“語必關風始動人”（《京本通俗小說》），都是致力於宣揚、讚美真善美，反對、鄙視假惡醜。所以許多小說家的小說往往均以惡人作惡開頭、善人懲惡獲勝告終。依據這個倫理道德尺度，它必然有自己的愛憎和宣揚什麼反對什麼的依附。這種道德標準，這樣方式的教化規勸，一向是市民和一般百姓輕而易舉地認識社會、認識人生，接受善良人性、寬宏大量、疾惡如仇、忠貞不渝、富有犧牲精神和注重靈魂美等信念的一座橋樑。

　　小說家小說的這一切特色都在《三國演義》《水滸傳》《封神演

義》等直接和話本有承襲關係的作品中打上了深深的烙印。而作爲個人獨創的小說《金瓶梅》也毫無例外地刻印著小說家小說的標記。究其原因，就在於從宋元話本小說發展而來的小說整體格局已積漸而成了一種審美定勢和審美習慣。因此上述諸作如從小說本體意義上來考察都是小說家的小說。在某種意義上講，整個明代，從小說演進軌跡和體現的特色，它還是一個小說家小說的時代，只是到了清代，由於吳敬梓和曹雪芹這樣的文化巨人和小說大家的出現，小說家的小說才開始發生了裂變，成爲精英文化的一部分，當然還並沒有改變小說從根本特點上是通俗文藝的性質。

明乎此，那麼《金瓶梅》的小說品格及其類型歸屬庶幾可以得到較爲理想的解釋。

夏志清先生在評論《金瓶梅》時所列舉的使它失望的地方，我們認爲與其說是它的缺點，不如說是它的特點。要而言之，所謂"明顯的粗心大意"，"喜歡使用嘲諷、誇張的衝動"，"大抄特抄詞曲的嗜好"是該書的缺點，但也恰恰是這些缺點標誌著《金瓶梅》作爲小說家小說的特點。我們已經提到，由於文化性格不同，思想家的小說在創作態度上比較嚴肅，構思上比較精心、縝密，注意全書章法的有條不紊，而在語言上往往千錘百煉，對讀者大多也無嘩眾取寵之意。然而《金瓶梅》則表現了很大的隨意性。如夏文所舉潘金蓮的陰毛敍述部分和詩贊的矛盾，雖然意義不大，但確實可見《金瓶梅》創作上的隨意性。至於小說中第 55 回寫西門慶送給蔡京的生日禮物也確實有誇大其詞之處，如與《紅樓夢》寫烏進孝交租等情節相比，其隨意性在話本和《水滸傳》等書中可以說比比皆是，絕非《金瓶梅》所獨有。

至於喜歡使用嘲諷、誇張等也恰恰是通俗小說的普遍特點。前文已經指出，這是因爲閒暇文化造成了市民小說的消遣與娛樂功能，所以它在藝術上與作家型形式正好相反，它必須滿足人們在閒暇中的消費需要。由此而產生的是小說家的小說大多帶有強烈的俳諧色彩，這是更加重要的特色。中國傳統詩學中講究和提倡"詩莊"，俳諧主體體現在戲曲小說中。金人元好問在《論詩三十首》中說："曲學虛荒形式欺，俳諧怒罵豈詩宜"，就是這個意思。元好問輕視小說戲曲是明顯的，但這兩句詩卻說明瞭中國古代的戲曲小說較之詩歌具有更多的俳諧色彩。俳諧，意思與幽默、滑稽相近。《史記索隱》引隋代姚察的話："滑稽，猶俳諧也"。而劉勰《文心雕龍》"諧隱"篇中在解釋"諧"字時說："諧之言皆也，辭淺會俗，皆悅笑也。"這就說明俳諧的重要特點之一是具有逗人笑樂的喜劇性效果。說書和小說家的小說都必須富有娛樂功能才能獲得自身生命力和虜人神色的魅力，因此，滑稽的、可笑的、調侃的、揶揄的、諷刺的都是須臾不可或缺的。近讀《桃花庵鼓詞》寫妙姑與張才偷情做愛，都被糊塗的老道姑所親見，其中插科打諢之處甚多，如果鼓詞中沒有這個"傻帽"穿插其間反而顯得枯燥，有了她卻極易出"效果"，具有文學"粘人"的力量，但以"情理"衡之，則又極易挑剔出諸多不合理之處。進一步說，俳諧色彩確爲小說家小說本色派的標誌。被夏文著重批評的在李瓶兒病危時，趙太醫的出現，那一段自報家門的極不嚴肅的文字，如在《紅樓夢》中秦可卿之死和黛玉之死中是絕對不會見到的。我們不認爲學者型的小說就沒有喜劇性的、滑稽的、可笑的乃至插科打諢的筆墨，相反，通俗小說中這類筆墨都是不可避免的，然而這些筆墨的使用大多爲性格塑造服務。《紅樓夢》中寫薛蟠，那些喜劇性的筆墨是何等傳神，然而小說家小說的筆墨則帶有俳諧色彩，爲了插科打諢竟同人物性格及規定情景相遊移了。這種娛人和自娛的特色在眾多的小說家的小說中反覆出現。因爲歸根結蒂，在他們看來，小說本來就是爲了消遣的。

　　作家或學者型的小說的基本藝術精神是反對模仿，反對"千部一腔，千人一面"，他們的小說往往是對前人的發展，並創造性地給藝術增添新的面貌，而小說家的小說往往有兩重性，他們既重創造性，同時又樂意跟著前人規定下來的模式走。雖然傳統的經典的敘事構型如完整、鎖閉的線性情節鏈、流暢的敘事語言、個性鮮明的人物、爐火純青的對話，是中國古代著名小說的共同特色，但小說家的小說似更願意沿襲、照搬一些讀者們熟悉的敘事方式、熟知的詩詞曲、熟悉的小故事以及熟透了的表達語言的路數，這可能就包括夏志清先生所說的他們有一種"大抄特抄詩詞的嗜好"。其實，這種"嗜好"決非自《金瓶梅》始。在話本小說中，在眾多的小說家的小說中乃至一些著名小說中很容易找到例證。比如《碾玉觀音》開篇入話就是大抄特抄了好幾首詩詞，其中包括王荊公的詩，而這些詩詞本來和正文故事不一定有什麼聯繫，說話人卻總想辦法把它們連接起來。《西山一窟鬼》開頭引了沈文述的一首詞加以分析之後，接著便說："沈文述是一個士人，自家今日也說一士人……"。《張古老種瓜娶文女》開頭引了幾首詠雪的詞，最後說，"且說一個官人，因雪中走了匹白馬，變成一件蹊蹺神仙的事……"，前後的關聯只在"士人"和"雪"兩個詞上，這都可以證明《醉翁談錄》所說，說話人都是"白得詞，念得詩"的。作為說話人引以為自豪的就是他們的"吐談萬捲曲和詩"(同上)。這種略嫌淺薄的炫耀，不僅是一個優秀說書人的喜歡賣弄學識，同時確也有為聽眾讀者開擴眼界，提供知識的意思。至於這種炫耀和賣弄有時離開書情，當然也就成了不可避免的毛病。

另外還有一種情況，即不少詩詞曲往往在不同小說裏反覆出現，這更應看作小說家常用的熟套(就如同說話人的套話一樣)。如《西山一窟鬼》和《陳巡檢梅嶺失妻記》都有一首詠風詩："無形無影透人懷，二月桃花被綽開；就地撮將黃葉去，入山推出白雲來。"這首詠風詩在《錢塘夢》和《洛陽三怪記》裏也都引用了，只是個別字句有所不同而已。又比如《西湖三塔記》開頭有一大篇描寫西湖的詞語，在《錢塘夢》和《水滸傳》第一百一十五回都有大體相同的文字。至於寫男女做愛，一般都是這四句話："二八佳人體似酥，腰間仗劍斬凡夫，雖然不見人頭落，暗裏催人骨髓枯。"說書人或小說家這種順手拈來或由固定套數加以規範的特色是非常明顯的。

從以上的各類情況(即隨意性、俳諧色彩和熟套)可以看出，《金瓶梅》雖然已經過渡到個人獨創的階段，但它仍未完全擺脫話本小說以及前出諸作的格局。被夏志清先生重點批評的各點，恰恰說明《金瓶梅》帶有通俗小說中小說家小說的固有特色。

由此可見，小說家的小說《金瓶梅》，作爲一種敍事文體，實際上充分體現出藝術產品標準化的規範，它還沒有完全躍進到更高層次的小說類型中去，這雖然是它的局限，然而這並沒有掩蓋住它的異彩。

夏文失之於苛刻的批評主要是忽視了中國古代小說文體的特點和規律以及昧於小說類型的明顯區別。假若夏文換一個角度，不過分強求小說的嚴肅的藝術品性，而把它當作一部通俗讀物，一種"娛樂片"，那就會對《金瓶梅》作另一種解釋和評價。因此，對中國古代小說決不能固守一種小說觀念進行批評。事實上，在中國古代小說研究者中間，常常被一種意識形態上的幻覺自我蒙蔽，認爲本小說就一定應該是這樣而不能是那樣。其實小說本身就不是一種絕對的文體，它在各方面各範疇始終都是處在一個變動的過程，在這個過程中，如果我們固守一種觀念，固守一些舊的衡量標準，那麼就很容易在思維上造成錯位。必須看到國內外中國古代小說研究者太習慣用一把尺規來衡量古代小說，太缺乏健全的真正的類型意識。因此，在這裏引發我們思考的是如何全面公允地評價中國古代小說的標準問題。事實是，我們通常衡量古代小說文體的標準是一種脫離小說本體、小說文體特性的標準。由這種標準的錯誤驅使，小說家小說自從成爲藝術便陷入了藝術與消費的二律背反的怪圈中，如果沒有勇氣承認這一點，我們對於像《金瓶梅》這樣的小說是不可能有較爲公允的評價的，也難以達到讀者與批評者的真正認同。

通過以上的分析和比較，我們認為從小說文體角度，大致可以劃分小說家的小說與非小說家的小說的幾個基本的界限，從而確立《金瓶梅》的小說類型特點。

首先，小說家的小說比較注意人物的奇特、故事的曲折，而且涉及社會生活的各個角落，鋪陳著流行於民間的各種習俗、風情，同樣關注現實生活中重大的社會矛盾和歷史內容，較少心理歷程精微的描繪，引起人回味和思索的深刻意蘊少，而非小說家的小說(即作家型小說)雖也有深淺不同，但大多立足於觀照社會矛盾同人們命運歷程和心理衍變的關聯，都著力於探索人生的意蘊和人心的奧秘，作者個性化藝術特徵極強，理性思辨意味較濃。

其次，小說家的小說商品屬性較強，而知識精英的小說則以抒寫性靈為主，反思性亦強。前者更加注意小說文法學、讀者心理學、市場學，其對應的智力水準也淺顯低俗一些，它對智慧要求不高，使它具有吸收更多層面的讀者的普泛性，融會雅俗可賞的可能性；而作家型小說絕大部分不是出於謀生的需要，在他們，抒寫性情才是第一位的，他們很少或不甚考慮讀者的需要，他們的小說頭緒紛繁，容許較多暗示，容許刪略生活過程和移植事件的先後，以待讀者自己用想像去捕捉、去推演、去清理頭緒。

第三，小說家的小說在人物安排上也有一套格式：人物性格一次完成，貫穿始終，這些人物身上往往集中著十分明確的善與惡，人物外形分明，絕少模糊或是互相滲透。這是一種二元對立的價值系統，在這裏，真假、美醜、善惡不僅涇渭分明，而且相互對立，相互分裂，相互衝突。所以善惡分明、人物性格相對單一清晰是小說家小說類型引誘聽眾讀者移情認同的保證。《金瓶梅》大體體現了這一類型小說的特點。而人物性格的複雜、多面、變化、發展則是作家型小說的追求目標。《紅樓夢》和《儒林外史》就刻劃了不少既招人恨又招人愛、招人憐的完整人，而不是只招人恨或只招人愛的人。在這些小說中經常有一些集虎氣與猴氣於一身的談不上是好人還是壞人，不知該讓人愛，還是遭人恨的“這一個”。忽視了這一點勢必造成不同類型小說認同困難和認同混亂。

第四，在小說家的小說中，人物的安排既是這樣的格式，那麼在這種黑白澄明、人妖可辨的“神話”王國裏，正義永遠要戰勝邪惡，光明永遠要驅散黑暗，英雄永遠要所向披靡，信女永遠要如花似玉，奸臣終將送上絞架，惡霸必將被置於死地。它的因果邏輯是，因爲是惡人，所以必然要做惡，又終要遭惡報，因爲是好人，所以必將要行善，又終要得善報。而作家型小說很少在作品中概念化地開設“道德法庭”，很少簡單地義正詞嚴地對人與事進行道德審判，而是善於細緻地體察並體現人們處於特定情感旋渦中的種種心態，從而超越了特定的道德意義，而具有生命意味。

總之，一切成功的小說幾乎都注入了作家的靈魂。小說家小說決不是粗製濫造、聳動視聽、獵奇炫異、向壁胡編、質量低劣的同義語，也並非原始低級、脂粉逗樂、專找噱頭、格調廉價的代名詞。在作家型學者型小說與小說家型的小說中間並沒有一道不可逾越的鴻溝，也絕對不存在誰“雅”誰“俗”的界限。小說家小說《金瓶梅》已成爲小說寶庫中的珍品，而一些賣弄學問的掉書袋者小說，如《野叟曝言》《鏡花緣》很難進入一流作品行列，等而下之的一些小說也完全可能掉入連俗文學也不如的被貶斥的浪縠聲中。類似的例子，在國外也屢見不鮮，像薄迦丘的那一百個“俗到家”了的故事集《十日談》，像大仲馬的《基度山恩仇記》和雨果的“犯罪”小說《悲慘世界》不也在小說家的小說領域裏矗立起和其他文藝傑作同樣光彩耀眼的豐碑嗎？

還應當著重指出，從話本小說到《金瓶梅》，說明小說家的小說是一種應變能力極強的小說，它的形態可以多姿多彩，它的內涵可以常變常新，它的發展更不易被理論所固化。對小說家的小說的研究，對《金瓶梅》的研究將是一個長期的生動的廣泛的課題。

# 第四章　笑笑生對中國小說美學的貢獻

　　藝術是一條歷史長河，小說觀總是隨著時代和藝術的發展而不斷更新。中國小說於漢魏六朝時期盛行"志怪"，以內容的神異炫人；唐興"傳奇"，從敘錄鬼怪轉到描繪人事，向前跨進了一大步，而故事離合無常，情意反覆，在宛轉中仍然有許多生發，立足於"奇"。至宋，以情節豐富和生動見長的"說話"藝術爲我們描繪了一幅"五光十色的平民社會"。"說收拾尋常有百萬套，談話頭動輒是數千回。"[1] 這是說話人以掌握豐富的情節和情節描繪的自豪之語，亦見其善於編織故事的技巧。元末明初，中國古典小說史上歷史演義小說《三國志通俗演義》、英雄傳奇小說《水滸傳》及其後來之神魔小說《西遊記》等橫空出世，震動了文壇說部，小說創作逐漸脫離說書藝術，但仍然以曲折的故事，委婉的情節引人入勝。這就是我們通常所說的小說中必須有"戲"，有"戲"的情節結構所特具的曲折變化，這也是小說欣賞者的審美要求，因此，如果截止到《西遊記》，把我國的古典小說的傳統觀念，表現技法的"傳奇性"來和歐美各國古典小說相比，人們不難發現小說觀念之不同。他們的小說是以寫人爲主，人中見事，擅長於追魂攝魄地刻劃人物心靈變化的辯證法；而我們的小說則側重於記事，事中見人，善於聲情並茂地展示事件發展過程的辯證法。

　　前面我們已談到，明代中後期，小說又有了重大進展，其表現特徵之一是小說觀念的加強或者說小說意識又出現了一次新的覺

---

[1] 羅燁《醉翁談錄·舌耕敘引·小說開闢》。

醒。小說的潛能被進一步發掘出來，這就是以《金瓶梅》爲代表的世情小說的出現。《金瓶梅》的作者努力探索了小說的新概念，具體表現在：小說進一步開拓新的題材領域，趨向於像生活本身那樣開闊和絢麗多姿，而且更加切近現實生活；小說再不是按類型化的配方演繹形象，性格上豐富了多色素，打破了單一色彩，出現了多色調的人物形象；在藝術上更加考究、新穎，比較符合生活的本來面貌，從而更加貼近讀者的真情實感。

　　這裏就以《金瓶梅》這一承前啓後之作爲軸心，探索小說美學的這些現象。

## 一、化醜爲美的一流高手

　　蘭陵笑笑生創作構思的基點是暴露，無情的暴露。他取材無所抄襲依傍，書中所寫，無論生活，無論人心，都是昏暗一團，至於偶爾透露出一點一絲的理想的微光，也照亮不了這個沒有美的世界。社會、人生、心理、道德的病態，都逃不出作者那犀利敏銳的目光。在那支魔杖似的筆下，長卷般地展出了活龍活現的人物畫像。它以官僚、惡霸、富商三位一體的西門慶的罪惡家庭爲中心，上聯朝廷、官府，下結鹽監稅吏、大戶豪紳、地痞流氓。於是在長幅中使人看到的是濟濟蹌蹌的各色人物，他們或被剝掉了高貴的華袞，或抉剔出他們骨髓中的墮落、空虛和糜爛。皮裏陽秋，都包藏著可恨、可鄙、可恥的內核。《金瓶梅》正是以這種敏銳的捕捉和及時地反映出明末現實生活中的新矛盾、新鬥爭而體現出小說新觀念覺醒的徵兆，或者說它是以小說的新觀念衝擊傳統的小說觀念。正因爲如此，對於它的評價也不是一個任何現成美學公式足以解釋的。正如馬克思所說：“在歷史科學中，專靠一些公式是辦不了什麼事的。"[2] 按照一般的美學概念，藝術應當發現美和傳播美。《金瓶梅》的作者，在我看來，不是他無力發現美，也不是他缺乏傳播美的膽識，而是這個世界沒有美。所以他的筆觸在於深刻地暴露這個不可救藥的社會的罪惡和黑暗，預示了當時業已腐朽的封建社會崩潰的前景。魯迅先生說得極為深刻："至謂此書之作，專以寫市井間淫夫蕩婦，則於本文殊不符，緣西門慶故稱世家，為縉紳，不惟交通權貴，即士類亦與周旋，著此一家，即罵盡諸色。"[3] 魯迅的這些論斷是符合小說史實際的，也是對《金瓶梅》的科學的評價。

　　《金瓶梅》是藝術，而藝術創作又是人的一種道德活動，所以它需要真善美。複雜的是，世界藝術史(其中當然包括小說史)不斷揭示這樣的事實，即：描繪美的事物的藝術未必都是美的，而描繪醜的事物的藝術卻也可能是美的。這是文藝美學中經常要碰到的事實。因此，不言自明，生活和自然中的醜的事物是可以進入文藝領域的。

　　問題的真正複雜還在於，當醜進入文藝領域時，如何使它變成美，變成最準確意義上的藝術美。《金瓶梅》幾乎描繪的都是醜。正如席勒所說："正因為罪惡的對照，美德才愈加明顯。所以，誰要是抱著摧毀罪惡的目的……那麼，就必須把罪惡的一切醜態在光天化日之下暴露出來，並且把罪惡的巨大形象展示在人類的眼前。"[4] 試看，《金瓶梅》展示的西門慶家族中那些人面獸類：西門慶、潘金蓮、陳經濟以及幫閒應伯爵之輩，醜態百出，令人作嘔。但是，正如上面所說，《金瓶梅》畢竟是藝術。它在描繪醜時，不是為醜而醜，更不是像一些論著所說《金瓶梅》作者是以醜為美。不！他是從美的觀念、美的情感、美的理想上來評價醜，否定醜。《金瓶梅》表現了對醜的否定，又間接肯定了美，描繪了醜，卻創造了藝術美。這樣，人們就很容易提出一個問題：即《金瓶梅》是怎樣

---

[2] 《哲學的貧困》，《馬克思恩格斯選集》第 1 卷 130 頁。
[3] 《小國小說史略》。
[4] 《強盜》第 1 版序言。

來打開人們的心扉，使之領悟到自己所處的環境的呢?回答是：否
定這個時代，否定這個社會。蘭陵笑笑生對他筆下所有主人公們都
是以其毀滅告終的。他把他的人物置於徹底失敗、毀滅的境地，這
是這個可詛咒的社會的罪惡象徵。因爲一連串個人的毀滅的總和就
是這個社會的毀滅。讀者透過人物看見了作者的思想。笑笑生就是
以他那新穎獨特的文筆，深刻地反映了社會的真面目。嶄新的文筆
和嶄新的作品思想相結合，這就是《金瓶梅》!這就是作爲藝術品的
《金瓶梅》!這就是笑笑生以一位洞察社會的作家的膽識向小說舊觀
念的第一次有力的挑戰。

　　偉大的藝術家羅丹曾說：一位偉大的藝術家，或作家，取得了
這個"醜"或那個"醜"，能當時使它變形……只要用魔杖觸一
下，"醜"便化成美了……。一位真正藝術家的功力就表現在這一
"化"上。一般地說，文藝家把生活中的醜昇華爲藝術美，除了靠
美的情感，完美的形式，可信的真實性來完成這個藝術上的昇華，
最根本的還是要根據美學規律的要求，通過藝術典型化的途徑，對
醜惡的事物進行深刻的揭露，有力的批判，使人們樹立起戰勝它的
信念，在審美情感上得到滿足與鼓舞。這就是盧那察爾斯基所說的
對生活中的醜，要"通過昇華去同它作鬥爭，即是在美學上戰勝
它，從而把這個夢魘化爲藝術珍品。"[5]

　　《金瓶梅》中的西門慶是一個否定性人物，這是毫無異議的。
但是，他的美學涵義，卻應該是真正"典型"的。否定性人物如同
肯定性人物一樣，它作爲"某一類人的典範"(巴爾扎克語)集中了
同他類似的人們的思想、性格和心理特徵，從而給讀者提供了認識
社會生活的形象和畫面，這就是作爲否定性人物的西門慶的美學價
值。《金瓶梅》所塑造、刻劃的一系列人物，都達到了"真實的外
界的描寫和內心世界的忠實的表達"(別林斯基語)，力求做到人物

---

[5] 《安巴契訶夫對我們能有什麼意義》，見《論文學》第 243 頁。

典型化，從而給否定性人物以生命。羅丹說："當莎士比亞描寫亞果或理查三世時，當拉辛描寫奈羅和納爾西斯時，被這樣清晰、透徹的頭腦所表現出來的精神上的醜，卻變成極好的美的題材。"[6] 所以，"在自然中一般人所謂'醜'，在藝術中能變成非常的'美'。"[7] 顯然，笑笑生在表現生活醜時，是用"魔杖"觸了一下，因而醜便化成美了。

由此可證明：藝術上一切化醜爲美的成功之作都是遵照美的規律創作的，都是從反面體現了某種價值標準的。

化醜爲美是有條件的。作家內心必須有自己的崇高的生活理想和審美理想之光。只有憑藉這審美理想的光照，他才能使自己筆下的醜具有社會意義，具有對生活中的醜的實際批判的能力，具有反襯美的效果。如果是對醜持欣賞、展覽的態度，那麼醜不但不能昇華爲藝術美，反而成爲藝術中最惡劣的東西。

生活裏有美便有醜。美和醜永遠是一對孿生的兄弟。所以表現醜的藝術也永遠相應的有它的存在的價值。但是這裏有一個分寸感，一個藝術節制的問題。《金瓶梅》的審美力量在於，它揭露陰暗面和醜惡時，具有一定的道德、思想的譴責力量，這就是爲什麼《金瓶梅》中均是醜惡的"壞東西"形象，連一個嚴格的肯定性人物都沒有，卻能引起人們美感的原因。而另一方面，這位笑笑生的敗筆也許在於他在揭露腐朽、罪惡和昏暗時缺乏了節制。忠實於生活，不等於"展覽"生活，而應是更多地思考生活。《金瓶梅》缺乏的正是這種必要的藝術提煉和深刻的思考。

馬克思主義經典作家不止一次地指出過："歷史的發展是曲折的，迂迴的。"[8] "歷史常常是跳躍式地和曲折地前進的。"[9] 所以

---

6　《羅丹藝術論》第 25 頁。
7　同上書，第 23 頁。
8　列寧：《當前的主要任務》，《列寧全集》第 27 卷第 149 頁。
9　馬克思：《政治經濟學批判》，人民出版社 1976 年版，第 176 頁。

列寧在揭示歷史規律時極為強調："把世界歷史設想成一帆風順地向前發展，不會有時向後作巨大的跳躍，那是不辯證的，不科學的，在理論上是不正確的。"[10] 中國小說發展的迂迴曲折道路，又一次證明了這一條歷史規律：明末清初小說的發展也是有高潮、有低潮，它是波浪起伏的。

《金瓶梅》的敗筆、失誤，卻不幸地被它的後繼者所發揮。他們沿著描繪封建階級的色情趣味的道路惡性地發展下去，而且蔓延得極為廣泛，這就是充斥於明末清初出版物裏眾多的以勸戒為名而專寫情欲的所謂"穢書"，以及世情小說中那俯拾即是的展覽動物性的醜行的描繪。在這些書中既無人物性格的生動描繪，主人公又大抵是色情狂。也沒有真正起伏迭宕、引人入勝的情節，更沒有愛恨分明的理想的熱力和現實主義的詩的生命。魯迅說得極好："《金瓶梅》作者能文，故雖間雜猥詞，而其佳處自在，至於末流，則著意所寫，專在性交，又越常情，如有狂疾。"[11] 正是指出了這類所謂小說的要害。這些寫淫亂的世情小說的大量出現，不能不看作是藝術墮落的表現，是封建社會肌體進一步腐朽的反映。總之，化醜為美的藝術規律不見了，相反的是醜惡生活的大展覽、大暴露。一句話，這些作品沒有遵照美的法則進行創作。因此，它們無力從反面體現某種價值標準。在最準確意義上說，它們是《金瓶梅》已經開拓了的新的小說觀的反動。小說史研究工作者的任務正在於科學地對這種現象進行分析，找出何以在一種新的小說觀萌發以後，又來了一次大的倒退，一次不應有的令人遺憾的反覆。

## 二、人原本就是"雜色"的

別林斯基說："描寫了人，也就是描寫了社會。"這就說明了

---

[10]　《論尤尼烏斯的小冊子》，《列寧選集》第 2 卷 851 頁。
[11]　《中國小說史略》。

一個藝術真理：只有描寫各種各樣的人才能全面地反映社會風貌。我國現代著名作家老舍先生在總結他的一生創作和縱觀了世界文學史以後得出這樣的結論：

> 空給世界增加了幾個不朽的人物，如武松、黛玉等，才叫做創造。因此，小說的成敗，是以人物為準，不仗著事實。世事萬千，都轉眼即逝，一時新穎，不久即歸陳腐；只有人物足垂不朽。此所以十讀《施公案》，反不如一個武松的價值也。"[12]

如果說《金瓶梅》的成就也是給世界小說史上增加了幾個不朽的人物，我想也是不過分的。如西門慶、潘金蓮、李瓶兒、應伯爵等，堪稱典型環境中的典型人物。但是，如果進一步地說：《金瓶梅》筆下誕生了幾個不朽的人物，首先是它寫人物不拘一格，它打破了以前小說(包括《三國演義》《水滸傳》這樣的名著)那種好就好到底，壞就壞到底的寫法，可能更能說明《金瓶梅》作者在小說觀上的新覺醒。

在社會生活中，人，是"帶著自己心理底整個複雜性的人"，"人是雜色的，沒有純粹黑色的，也沒有純粹白色的。在人的身上摻合著好和壞的東西——這一點應該認識和懂得"(高爾基語)。因此，美者無一不美，惡者無一不惡，寫好人完全是好，寫壞人完全是壞，這是不符合多樣統一的辯證法的。在我國小說的童年時代，這種毛病可以說是很普遍的。《金瓶梅》小說觀上的突破就在於它所塑造的否定性形象，不是膚淺地從"好人"、"壞人"的概念中去衍化人物的感情和性格行為，而是善於將深藏在否定性人物各種變態多姿的聲容笑貌裏，甚至是隱藏在本質特徵裏相互矛盾的心理性格特徵揭示出來，從而將否定性人物塑造成活生生的有血有肉的人物，因此《金瓶梅》中的人物不是簡單的人性和獸性的相加，也

---

[12] 《老牛破車》。

不是某些相反因素的偶然堆砌，而是性格上的有機統一。

　　過去在研究《金瓶梅》的不少論著裏有這樣一種理論，即將人物關係的階級性、社會性絕對化、簡單化，只強調社會性對否定性人物思想性格、心理的制約，而忽視了他自身的心理和性格邏輯。於是，要求於否定性人物的就是"無往而不惡"。從思想感情到行爲語言，應無一不表現爲赤裸裸的醜態。反乎此，就被認爲人物失去了典型性和真實性。有人就認爲"作者在前半部書本來是襲用了《水滸》的章節，把他(指西門慶——引者)作爲一個專門陷害別人的慳吝、狠毒的人物來刻劃的。後來又'讚歎'起他的仗義疏材，求人貧困'……這種變化並沒有性格發展上的充分根據，……這種對於人物前後矛盾的態度，使作者經常陷入不斷的混亂裏。"[13]

　　另外，在中國社會科學院文學研究所編寫組編寫的《中國文學史》中，在談到李瓶兒的性格塑造時也認爲不真實，他們說："李瓶兒對待花子虛和蔣竹山是兇悍而狠毒的，但是在做了西門慶的第六妾之後卻變得善良和懦弱起來，性格前後判若兩人，而又絲毫看不出她的性格發展變化的軌跡。"在談到春梅形象時，也認爲"龐春梅在西門慶家裏和潘金蓮是狼狽爲奸的，她刁鑽精靈，媚上而驕下，是一個奴才氣十足的形象；然而在她被賣給守備周秀爲第三妾，又因生子金歌扶正爲夫人之後，她在氣質上的改變竟恂恂若當時封建貴族婦女，也是很不真實，缺乏邏輯和必然過程的。"

　　對《金瓶梅》人物塑造的簡單化的批評已有一些學者作了有力的駁難。[14] 我們是同意他們的意見的，這裏不去贅述。但從理論上來說，以上的一些說法，實際上是否定人物身上的多色素，而追求單一的色調。事實上，小說並沒有把西門慶寫成單一色調的惡，也不是把美醜因素隨意加在他身上，而是把他放在他所產生的時代背

---

[13]　李希凡先生《〈水滸〉和〈金瓶梅〉在我國古典小說發展中的地位》。

[14]　參見徐朔方先生的《論〈金瓶梅〉》，《浙江學刊》1981 年第 1 期，第 108 頁。

景、社會條件、具體處境上，按其性格邏輯，寫出了他性格的多面性。在中國小說史上有不少作品不乏對人物性格簡單化處理的毛病，比如醜化否定性人物的現象，往往是出於作者主觀臆想去代替否定性人物的自身性格邏輯的結果。這種藝術上的可悲的教訓，不能不記取。我們不妨聽聽契訶夫的寫作體會：為了在七百行文字裏描寫偷馬賊，我得隨時按他們的方式說話和思索，按他們的心理來感覺，要不然，如果我加進主觀成分，形象就會模糊。契訶夫說得多好啊!要求否定性人物的性格的真實性，不能憑主觀臆斷，只能通過作者描寫在特定環境中所呈現出的個性、靈魂和思想感情。可以這樣說，獲得否定性人物的美學價值的關鍵，就在於讓他按照自己的性格邏輯走完自己的路。

從小說藝術自身發展來說，應當承認，《金瓶梅》打破了或擺脫了舊的小說觀念和舊模式的羈絆，這是值得我們重視的。這意味著《金瓶梅》的作者已經不再是簡單地用黑白兩種色彩觀察世界和反映世界了，而是力圖尋求一種更為高級、更為複雜的方式去塑造活生生的雜色的人。應當說，這就是《金瓶梅》以它自身的審美力揭示出的小說觀——小說的潛能被進一步開掘出來，他又昭示給我們，他的“人物是他們的時代的五臟六腑中孕育出來的”(巴爾扎克語)

然而，中國小說發展史上卻總是打上這樣的印記，即在一部傑出的或具有突破性的小說產生以後，總是模仿者蜂起，續貂之作迭出。它們以此為模式，以此為框架，結果一部部公式化、模式化的作品一湧而出，填充著當時的整個說部，把小說的藝術水平又從已達到的水平上強拉下來。這種現象一直要等到另一位有膽有識的小說家以其傑出的作品對抗這一逆流，並站穩腳跟以後，才能結束那不光彩的一頁。此種情況往往循環往復，於是構成了中國小說的發展軌跡始終不是直線上升的形式，而是走著螺旋式上升的發展道路。對於這種現象曹雪芹已經以他藝術家的特有敏感和豐富的小說史知識，發覺並提出了中肯的批評和很好的概括，而且力圖用自己的作品來結束小說史上這種局面，他說：

"況且那野史中，或訕謗君相，或貶人妻女，姦淫兇惡，不可勝數；更有一種風月筆墨，其淫穢汙臭，最易壞人子弟，至於才子佳人等書，則又開口'文君'，滿篇'子建'，千部一腔，千人一面，且終不能不涉淫濫。在作者不過要寫出自己的兩首情詩豔賦來，故假捏出男女二人性，又必旁添一小人撥亂其間，如戲中的小丑一般，更可厭者，'之乎者也'，非理即文，大不近情，自相矛盾。竟不如我這半世親見親聞的幾個女子，雖不敢說強似前代書中所有的人，但觀其事蹟原委，亦可消愁破悶；至於幾首歪詩，也可以噴飯供酒，其間離合悲歡，興衰際遇，俱是按跡循跡，不敢稍加穿鑿，至失其真。"[15]

對於曹雪芹這段評論，學術界尚有不同看法，但是筆者認為曹雪芹的批評並不是"牢牢地壓住了那麼多作品致使它們不得翻身。"無可否認，在過去古典小說研究領域確實存在過那種"一醜百醜"的簡單化批評的弊端，時至今日，我們確實不再那麼粗暴了。而是要對具體作品進行具體分析，對每一部作品做出科學的評價。然而，不容否認，從作為一種小說思潮來看，明末清初之際的小說，讀起來何嘗沒有似曾相識之感呢?才子佳人小說，大都寫一對青年男女，男的必定是聰明才子，女的必定是美貌佳人，或一見鍾情，或以詩詞為媒介，頓生愛慕，雙方私訂終身。當中出了一個壞人，挑撥離間，多方破壞，使男女主人公經歷種種波折磨難。最後，才子金榜題名，皇帝下詔昭雪冤屈，懲罰壞人，奉旨完婚，皆大歡喜地結局。生活畫面和人物塑形，幾乎雷同，模式化的傾向極為嚴重，"千人一面"和"千部一腔"的批評並非過分。因為或是模仿，或是續貂，可以說都是對《金瓶梅》已經開創的寫出"雜色

---

[15] 《紅樓夢》第 1 回。

的人”的小說觀的倒退，其消極作用也不容低估。筆者視野極窄，僅就所看到的《好逑傳》《賽紅絲》《玉嬌梨》《平山冷燕》等作品來看，雖“有借愛情與婚姻的外殼而抨擊社會生活”的，“有因正義美行而導致姻緣的”一面，但是人物的塑形幾乎都是皮相的，缺乏我們所要求的“典型環境中的典型性格”。比如《玉嬌梨》裏兩位小姐白紅玉、盧夢梨與《平山冷燕》裏的山黛、冷絳雪兩位小姐，從外貌到精神狀態都極爲相似。她們的美貌、才情和際遇、團圓以及模範地恪守封建規範都如出一轍。像《平山冷燕》中燕白頷和山黛、平如衡和冷絳雪的愛情關係，《玉嬌梨》中蘇友白和白紅玉、盧夢梨的愛情關係，乃至《好逑傳》中鐵如玉和水冰心的愛情關係，都成了欲愛不休、心是口非、情感與行動矛盾的不正常關係。正像有的學者已正確地提出那樣，是宋明理學對明清之際小說的模式化起了很大作用。因爲宋明理學以性抑情，於是抹殺了小說形象的個性，使得人物形象越來越概念化、公式化和臉譜化。[16] 這一大批才子佳人小說，既要寫男女愛情，又要用封建主義倫理道德來抑止。所以，這些小說中的人物，往往是吟風弄月而不離孔孟之道，真情實意歸於理學。這說明了理學教條主義對人物形象塑造的破壞性。很明顯，從某種套子出發的公式化、概念化的作品，或帶有這種傾向的作品，人物往往沒有豐滿的血肉，沒有靈魂和鮮明的個性，而是類型化的角色，這就是俗話所說：從一個模子裏鑄造出來的人。這樣當然難免要產生千部一腔、千人一面的平庸乏味的作品。

　　歌德說：“藝術的真正生命在於對個別特殊事物的掌握和描述。此外，作家如果滿足於一般，任何人都可以照樣模仿；但是，如果寫出個別特殊，旁人就無法模仿，因爲沒有親身體驗過。”[17] 歌德指出了文藝的一個重要原則：寫自己親身體驗過的個別特殊事

---

[16] 參見陳銘《宋明理學與明清小說的程式化和教訓化》一文，見《浙江學刊》1982年第 4 期。

[17] 《歌德談話錄》第 10 頁。

物,寫自己熟悉的事物,才是藝術生命之所在,才是有獨特魅力的也是旁人無法模仿的,因而不可能發生雷同的東西。中外文學史上那些優秀的文藝作品,所以彌足珍貴、流芳千古,幾乎都是由於作家選擇了具有獨特意義的題材,表現了有獨特意義的主題,描繪、塑造了有特殊命運和個性的藝術形象。

　　總之,文藝作品無論寫什麼樣的人物,都必須注意人物性格的複雜性和多樣性,切忌因為片面強調性格的明朗化和主題的明確性而搞"單突出"。這樣只能使作品走上虛偽的道路,而喪失了作為藝術作品不可或缺的真實性。應當說,《金瓶梅》寫出了"雜色的人",所以才使它具有可信性,也才能撥動人們的心弦,然而它的末流,正是乖悖了這一點,從而導致了小說發展的厄難。這個藝術創作上的教訓是值得記取的。

## 三、帶有一點非現實主義成份的現實主義巨著

　　《金瓶梅》到底是現實主義小說還是自然主義作品?這是古典文學研究領域長期有爭議的問題之一。當然,這是同對現實主義和自然主義存在著不同的理解有關。搞清這個問題不僅有理論意義和實踐價值,同時也可以正確把握從《金瓶梅》開始萌發的小說新觀念的內涵。

　　關於《金瓶梅》創作思想和藝術方法的評論大致有三種意見:一種意見認為《金瓶梅》是一部帶有濃厚自然主義色彩的反現實主義作品;一種意見認為它是一部現實主義藝術巨著;第三種意見是《金瓶梅》是現實主義作品,但書中沒有理想,也沒有一絲光明,沒有寫出正面人物,而且還有大量的性生活的淫穢猥褻的描寫,因此帶有自然主義傾向。

　　從一定意義上說,現實主義和自然主義都是我們從外國文藝思潮和藝術創作方法中借用來的概念。在我國傳統文藝史上本來並沒

有形成過嚴格的現實主義文學思潮和自然主義思潮，這是不言自明的事。比如自然主義作為一種文藝思潮就是產生於 19 世紀中葉的歐洲，而實證主義則是自然主義的哲學基礎。但是，在我們今天運用這些概念時，又已經有了自己獨立的解釋。比如我們今天談到的自然主義大致是指那些排斥藝術的選擇和提煉，摒棄藝術的虛構和想像，片面強調表面現象和細節的精確寫照，而作家則又以冷漠的客觀主義者、以"局外人"的態度嚴守中立，對描寫物件，不作出理性的判斷和評價等等，這一切，我們往往看作是自然主義的表徵。如果上面的論述還是符合我們今天對自然主義的理解的話，那麼《金瓶梅》顯然是放不進這個框框中去的。不錯，《金瓶梅》比起它的早出者《三國演義》、《水滸傳》等長篇小說來，更著重客觀地描寫人物和事件，不像它的先輩作家們通常採取的手法那樣，在刻劃人物時加進那麼多的主觀色彩，或褒或貶，溢於言表。《金瓶梅》卻不是這樣，他冷靜地或甚至無動於衷地表現人物的命運，讓人物按照現實生活的邏輯發展自己的個性，獨立不羈地思想、處事和找到自己的歸宿。總之，他給他筆下的人物的存在以極大的自由，決不對人物的命運橫加干涉。他的這種寫作風格在他所在的時代是過於突進了，難得時人的公評，甚至招來非議，這是可以理解的。但是，《金瓶梅》自有它打開人們心扉的力量。是它，使人們在讀到這部作品時，領悟到自己所處的時代和社會環境，從而引導人們否定這個可詛咒的社會，使人們認識到這是一個失去了美的世界。因此，他把小說中的主要人物都寫成了沒有好下場。《金瓶梅》並非用生物主義觀點來看這個社會和人。按照一般理解，自然主義總是把社會的人化成生物學或病理學的人，否認"人是社會關係的總和"，把人和整個社會關係脫離開來，甚至把人寫成遠離社會的動物。《金瓶梅》則不，它並不認為自己的人物是脫離社會而存在的孤立的人，而是把他們當作社會的人。他之所以要把主人公置於毀滅的境地，是社會、是這個沒有美的世界決定讓他如此下筆的。

《金瓶梅》鐵心冷面地對待自己的人物，原來正是他鐵心冷面地對待這個該詛咒的社會。於是，那個對人物的長短似乎不置可否的《金瓶梅》的作者，卻通過人物的連續不斷的毀滅的總和對社會發言了。讀者透過人物看見了作者的思想，作者的感情傾向。

事實上，我們在《金瓶梅》中不難看出，作者是用廣角鏡頭攝取了這個家庭的全部罪惡史的。作者以冷峻而微暗的色調勾勒出一群醉生夢死之徒如何步步走向他們的墳墓。因此，《金瓶梅》具有歷史的實感和特有的不同於很多長篇小說的藝術魅力，它是隱約地透露出潛藏於畫屏後面的作者的愛憎。

《金瓶梅》善於細膩地觀察事物，在寫作過程中追求客觀的效果，追求藝術的真實，這決不是自然主義。有的學者認為它"終究暴露了小說作者對於生活現象美醜不分、精蕪無別的自然主義傾向，暴露了作者世界觀和生活情趣落後庸俗的一面。"這樣的論斷多少是委曲了《金瓶梅》作者的苦心和創作意圖，同時也是遺忘了這部小說產生的基礎和時代環境：這是一個沒有美的世界。既然如此，那麼怎能去粉飾這個社會，寫出並不存在的美來呢？《金瓶梅》作者沒有抹殺自己作為一個作家的藝術良心，他沒有背離現實。

如果我們縱觀一下世界小說史，也許會對這個問題有個更明確的認識。

一位當代作家曾這樣分析過世界小說史，他說，我們面前擺著兩類公認的現實主義大師們的作品：

一種像巴爾扎克的《人間喜劇》那樣的作品。在這樣的作品中，很難看到作家的影子。他的興趣偏向於廣闊的、紛亂的、多層次的、多側面的社會景象。他的意旨是展開一幅與社會生活一樣複雜、一樣寬廣無邊的畫卷。他的人物多是有血有肉，輪廓分明，好像都同他打過交道，深深諳熟的，但在這中間卻找不到作家自己。他彷彿在用冷靜而犀利的目光，觀察著他身邊形形色色的人。但細看之下，在這些篇章、段落以及字裏行間，無處不滲透著他對生活精闢

的見解和入木三分的觀察；他寫的是"別人的故事"，卻溢滿自己
濃烈的感情。

　　另一種便是明顯地帶著作家本人痕跡的作品。有時他們甚至稱
之爲"自傳性"，和"半自傳性"的小說，比如狄更斯的《大衛·
科波菲爾》，傑克·倫敦的《馬丁·伊登》，高爾基的《童年》、《在
人間》、《我的大學》三部曲等等。這些作品的主人公大多數以作家
自己爲原型。他們都有過不幸的童年和少年時代，有過曲折和多磨
的經歷，對人生的價值早有所悟。寫這些作品時，往往憑回憶，少
靠想像，多種細節隨手拈來，生活和人物都富於實感。更由於作品
飽含著作家深切的感受，作家寫得分外動情，作品的感染力也會異
常強烈。難怪屠格涅夫對自己的作品，最喜愛的便是其自傳性的中
篇小說《初戀》。每當我們一捧起這薄薄的小書，便會覺得一股春
潮般的深摯的感情湧上心扉，跟著把我們的心扉打開，我們的心即
刻融在他的漾動著的情感之中了。

　　如果這樣的分類大致不差的話，那麼我們有理由把《金瓶梅》
這樣的巨著放在世界小說史第一類現實主義作品中去。

　　是的，蘭陵笑笑生生活的時代是一個沒有美的世界。高爾基說
得好："對於人和人的生活環境作真實的、不加粉飾的描寫的，謂
之現實主義。"[18] 契訶夫認爲現實主義文學就應該是"按生活的本
來面目描寫生活。它的任務是無條件的、直率的真實"。[19]《金瓶
梅》正是以它對於人和人的生活環境所作的"真實的、不加粉飾的
描寫"，以它"無條件的、直率的真實"，顯示了鮮明的現實主義
特色。

　　誠然，乍看起來，小說《金瓶梅》的色調是灰暗的，如有的學
者所批評的那樣，它缺乏詩的光輝。但是，一部作品的色彩是和它
的題材、主題以及作家的風格聯繫在一起的。《金瓶梅》的作者爲

---

[18] 《談談我怎樣學習寫作》。
[19] 《寫給瑪·符·基塞列娃》，見《契訶夫論文學》。

了和這一題材相協調、相和諧，同時也爲了突出主題，增加作品的說服力而採用了這種色彩、調子，這又有什麼不容易理解的呢？

至於小說中的西門慶這一人物的塑造，我們認爲並非如有的評論者所說，只是塑造了一個色鬼淫棍的形象。實際上，《金瓶梅》中作爲一個藝術形象的西門慶是充分的典型人物。馬克思的女婿保爾·拉法格在回憶他的岳父時，告訴我們："他非常推崇巴爾扎克，曾經計畫在一完成他的政治經濟學著作之後，就要寫一篇關於巴爾扎克的最大著作《人間喜劇》的文章。巴爾扎克不僅是當代社會生活的歷史家，而且是一個創造者，他預先創造了在路易·菲力蒲王朝還不過處於萌芽狀態，而且直到拿破崙第三時代，即巴爾扎克死了以後才發展成熟的典型人物。"[20] 笑笑生也是一個創造者，《金瓶梅》何嘗不是寫出了集官僚、惡霸、富商於一體的西門慶這個典型人物。這個人物何嘗不是《金瓶梅》作者預先創造了還處於萌芽狀態的，即在笑笑生死後才發展成熟的典型人物呢？

無庸置疑，《金瓶梅》的創作思想又不是充分的現實主義，這也和他的小說觀還有局限有關，小說已從多方面表現了出來。比如，除了大量的性生活的描寫以外，宿命論的因果報應思想的說教俯拾即是。這些，是在當時大部分通俗文學中所具有的，甚至所謂善有善報，惡有惡報往往就是當時作家們創作構思的指導思想。在《金瓶梅》和一些通俗小說中經常出現這樣的套語：

積善逢喜，積惡報惡；仔細思量，天地是錯。

從來天道豈癡聾，好醜難逃久照中，說好勸人歸善道，算來修德積陰功。

首先，我們應該歷史地客觀地來看待這種情況。恩格斯說："中世紀除了宗教和神學而外，就不知道有其他任何思想形成。"這就是說，我們要承認這種宗教思想存在的歷史必然性。至於許多性生

---

[20] 《憶馬克思》，見《回憶馬克思、恩格斯》。

活的描寫，在當時"實亦時尙"。你可以不完全接受它，但並不就適合戴上自然主義的帽子。我們認爲，在一定意義上說，這是現實主義發展過程中的一種表現，說明它摻合著許多雜質，需要提煉。這是因爲，現實主義的真實應當是美的，即便是表現醜的事物也需要經過精心的藝術處理，正像高爾基所說："人在自己一切的活動中，尤其是在藝術中，應該是藝術的。"[21] 既然這樣，不應因爲否定《金瓶梅》的較多的性描寫和小說中的宿命論思想，同時也否定了它的現實主義內容。我們應該以歷史唯物主義觀點去看待尙帶有一點非現實主義成分的這種現實主義藝術。

從上面所說可以看出，作爲一部現實主義巨著的《金瓶梅》還是帶著一點非現實主義的成分的。現實主義小說發展的歷史也就是對這些非現實主義成分克服的過程。隨著社會的發展，近代資本主義的萌芽，現實主義文學也逐漸向高級階段過渡，從而揚棄它在初級階段時存在的穢物。

從《金瓶梅》在小說觀上的突破，進一步讓我們摸索和"猜測"到小說的一些辯證法和發展規律。《金瓶梅》的非現實主義成分不是簡單地被克服的，它經過一段坎坷的道路，直到《紅樓夢》的出現才結束了一個文藝時代，而又開闢了一個文藝的新時代。請看，作爲兩大巨著的"仲介"的明末清初的小說卻又使我們看到了真正可以稱之爲模式化的描寫。這種描寫除了我們所分析的模式化和以勸戒爲名而以宣揚淫穢爲實的作品的出現，還在於它們的作者不能透過生活的表面寫照，看到生活的潛流和底蘊，單純追求表面細節的真實。他們大都沒寫出典型環境中的典型人物，他們缺乏的正是藝術的"過濾"、選擇、概括、提煉、虛構、想像和詩情。正因爲如此，至今我們還沒看到他們達到像《金瓶梅》創造出的那種堪稱高度藝術真實的典型形象。相反的是，在明末清初的一些小說中

---

21　《給伊·葉·列賓》。

使人看到不少以追求生活刺激或感官效果，甚至以同情和玩賞的態度，大肆鋪陳、展覽和渲染病態心理和齷齪行爲的作品，它們爲數頗多，這是值得注意的一種文學現象。當然，對於明末淸初的小說不能再冷漠待之，應當把它們看作一種藝術現象，一個過程去愼重地研究。但是，我們畢竟不主張把生活中的醜機械地照搬。當然，這決不是說藝術不應當表現醜，而是要求生活中的醜必須在崇高的審美理想的光照下，昇華爲藝術美。只有心中充滿理想之光的現實主義藝術家們才能用光明去驅逐黑暗，用美去撕破醜。這是從《金瓶梅》開始發展的，到明末淸初形成了的小說藝術思潮給予我們的深刻啓示。

# 第五章　《金瓶梅》文本思辨錄

## 一、《金瓶梅》的“二律背反”：
## 一種有趣的解讀方法

綜覽對《金瓶梅》的評議，借用德國古典哲學創始人康得的一句術語，可以歸結爲幾組有趣的“二律背反”式的論題。

(一) **關於《金瓶梅》的思想傾向**

(1)正題：《金瓶梅》具有反封建傾向，它通過一個典型豪紳惡霸家庭的興衰描寫，以批判的筆觸，深刻地暴露了封建社會的種種罪惡與黑暗，並預示了當時業已腐朽的封建社會必然衰亡的前景。

(2)反題：《金瓶梅》對理學都沒有正面的抨擊，西門慶是經商發跡，潘金蓮是妓女(?)出身，被作者當作肯定形象的吳月娘，則是封建思想灌注的典型，又談何反封建傾向。它只不過表現了封建社會“世紀末”的淫蕩，我們從《金瓶梅》中看到的是，這個“社會還是那麼根深蒂固的生活著。”[1]

(二) **關於西門慶**

(1)正題：西門慶是一個集官僚、惡霸、富商三位一體的封建勢力代表人物。

(2)反題：西門慶是 16 世紀中國的新興商人。

(三) **小說對西門慶及其時代的基本評估**

(1)正題：《金瓶梅》的主人公西門慶，正是在朝向第一代商業資產階級蛻變的父祖。如果中國的歷史繼續按照自己的方向正常運

---

[1] 《讀書》1985 年第 10 期《色情的溫床和愛情的土壤》。

轉,他就將是二千年封建社會的掘墓人,他的暴發致富和縱欲身亡的歷史,這是一齣人生的悲劇。[2]

(2)反題:說《金瓶梅》具有反封建的傾向,反映了明代資本主義的萌芽,那是把日薄西山的一抹晚霞當作東方欲曉的晨曦了。西門慶掙斷了"天理"的韁索,同樣也失落了人性,膨脹了的是動物性的原始情欲。

### ㈣ 關於小說中性的描寫

(1)正題:《金瓶梅》關於性行為的描寫恐怕不僅僅是封建統治者荒淫無恥的反映,而應當是與當時以李贄為代表的、把"好貨好色"作為人類自然要求加以肯定的進步思潮有關。《金瓶梅》之寫這些,雖然是一種歷史局限,但其中卻也包含暴露成分。

(2)反題:作者以猥褻的筆墨作了赤裸裸的色情描寫。這些描寫對刻劃人物、反映時代毫無必要,完全是為了迎合當時淫靡腐朽的社會風氣和一些讀者的低級趣味。應當指出,這些文字是格調卑下的,給小說蒙上了一層只能稱之為淫穢的色調。[3]

### ㈤ 關於創作方法

(1)正題:《金瓶梅》是一部現實主義的小說。或曰,作為一部現實主義巨著的《金瓶梅》還是帶著一些非現實主義的成分。

(2)反題:《金瓶梅》是一部自然主義作品。或曰,它更近似自然主義,正像《三國演義》之近似古典主義,《水滸》之近似現實主義,《西遊記》之近似浪漫主義一樣。

......

如果篇幅允許,當然可以繼續列舉下去。比如李瓶兒、春梅的性格前後是否統一,西門慶能否稱得上是雜色的人,《金瓶梅》的結構是否凌亂等等......

---

[2] 參看杜維沫、劉輝編《金瓶梅研究集》中盧興基《16 世紀一個新興商人的悲劇故事》一文。

[3] 參看 1988 年月 26 日《文藝報》蔣和森先生《一件有意義的工作》一文。

應當承認，關於《金瓶梅》的這些爭議，與《金瓶梅》本身的矛盾有著深刻的聯繫。從文藝思潮史看，16 世紀末，笑笑生步入文壇，是時浪漫主義的小說出現了裂縫，古典主義有回潮之勢，唯美主義打出了旗幟，現實主義尚在混亂之中。這是一個流派蜂起，方生方死的時代，既是新與舊更替的交接點，又是進與退匯合的旋渦。笑笑生正是站在這樣一個十字路口上，瞻前顧後，繼往開來，他是小說創作上的伊阿諾斯。[4] 他的文藝思想在時代思潮的衝突中形成，又反映了時代思潮的變化，有卓見，也有謬誤，豐富複雜，充滿矛盾，其中既有傳統的觀念，又蘊藏著創新的因素，既表現出繼承性，又顯露出獨創性，成爲後來許多新流派的一個有跡可尋的源泉。事實是，《金瓶梅》的作者在藝術構思和藝術傳達的過程中也有自相矛盾之處。而在一定意義上，研究中的"二律背反"不過是小說作者創作心理中及小說本身固有的矛盾的某種反映。正題反題，言各有據，對立的審美判斷在深入剖析小說本身的矛盾過程中不難發現彼此之間的調和和統一的可能性。"二律背反"必將使人們對《金瓶梅》本身進行冷靜、清醒的總結。

但是，如果把關於《金瓶梅》的"二律背反"完全歸結爲小說創作上的矛盾，恐怕也有點簡單化。如果認爲小說研究受著小說創作中的矛盾的左右，必然貶低當前小說理論意識的整體水平。事實上，關於《金瓶梅》的"二律背反"又是同《金瓶梅》的優點聯繫在一起的。這部小說一反中國古典小說長期停滯在逐奇獵異和神鬼怪誕的陳舊格套之中，它不把小說當作隨意瞎編的非常之人的傳奇，而是把筆觸伸向了日常的普通的現實生活，並對封建社會的世態人情作了細緻的和頗爲生動的藝術描寫。這就是說，由於《金瓶梅》更接近生活常態，更能直面生活的複雜性，因而有更強烈的生活實感，這在客觀上使研究者在評議時往往不是像面對小說，而像

---

[4] 羅馬神話中的兩面神。

是面對生活。而面對生活那是會產生無窮系列的思辨論爭的。小說的生活實感越強，讀者產生多義理解的可能性也越大，小說研究和評論的天地也就越寬廣。對於這方面的原因，我們應予以同樣的甚至更多的注意，這也許更有普遍的理論價值。

　　"二律背反"還可從《金瓶梅》研究本身來思考。

　　每個研究者對一部小說的解讀和研究總是從一定角度出發的。研究者不能不受研究者自身的主客觀條件的影響，不同的人由於不相同的生活經驗而形成互有差異的思維定勢，這就是本不該忽視而恰恰被長期忽視了的理性的個性——雖然理性恰恰是重在共性的發現的。一般來說，認識總是一種主觀活動，人的知覺總有選擇性，這種知覺選擇性在人的經驗和習慣中被固定下來，更多地處於潛意識狀態，因此人的意識總會自覺不自覺地受到主觀因素的作用和個性特徵的影響。特殊說來，對藝術作品的認識，更是會屬雜著審美體驗的影響和受著審美情趣的制約，更容易形成個性化的傾向，更容易發生歧見和爭執。因為美感不但更多地受制於情感，而且更直接地表現為主觀愛好的形式，心理特徵和經驗的偶然性在這裏同樣起著重要的作用。對美的判斷包含著比對真理的判斷更為複雜的心理因素。當豐富多樣的審美意識直接間接地與物質生活聯繫在一起時，人們之間的爭辯一時可能難分難解。在這種情況下，對於同一藝術品形成背反之爭也是常見之事。鑒於多年的經驗教訓，對於已經開展起來的藝術作品的爭鳴，最好不要簡單下結論，不要急於"一錘定音"。非此即彼的選擇很容易使我們的美學思維方式走回頭路。

　　"二律背反"並非理性的不幸，研究的一律化才真正是理性的不幸。小說《金瓶梅》的研究作為對社會生活和歷史的再評價、再判斷、再認識而陷入爭議，這說明小說研究進一步解放了思想。爭議各方面燭幽發微，借題發揮，以各自所側重所強調的評判，共同強調了小說自身的審美和社會的意義、價值。爭議越充分，越是能深入挖掘小說形象所固有的而未必全部爲作者所覺察到的社會意義,越是能深入揭露原作者固有的創作心理狀態上和思想傾向上的矛盾性。小說美學正是借助創作實踐的發展而突破了自身的某種僵局,用實踐的事實材料補充、豐富、發展了自己,在更加深入思考的基礎上發揮自己對社會和藝術的見解,並重新建立自己審美理想的思辨體系,這反映了《金瓶梅》的研究和小說美學形態的一種顯著的發展。

所以,《金瓶梅》的研究"二律背反"式的論爭不但有諸種必然性,而且有令人鼓舞的一面。

但是,關於《金瓶梅》的"二律背反"也暴露出研究本身的矛盾,特別是暴露出研究標準缺乏觀念更新的問題。雖然這裏的矛盾和問題並非特別嚴重,有的問題甚至只是存在於部分研究的觀點中,但卻又不能不作一些辨析。在這一點上,《金瓶梅》研究中的"二律背反"則是發人深省的。

## 二、《金瓶梅》的價值評判:
### 一場打不完的筆墨官司

關於《金瓶梅》的價值以及關於《金瓶梅》的價值評價,近年有的學者提出了警告,並批評了《金瓶梅》評論中的"溢美傾向",[5] 指出對《金瓶梅》評論不能由大罵一變而爲大捧,甚至捧得可與《紅樓夢》比肩。這樣的提醒,我們認爲是很及時的,這裏確實需要我們有一個"真正的科學態度"。[6]

但是,如下的一些見解是否也屬於"溢美傾向"呢?——"書中所寫,無論生活,無論人心,都是昏暗一團","不是他無力發

---

[5] 參看徐朔方、劉輝編《金瓶梅論集》宋謀《略論〈金瓶梅〉評論中的溢美傾向》一文。
[6] 參看 1988 年 3 月 26 日《文藝報》蔣和森《一件有意義的工作》一文。

現美，也不是他缺乏傳播美的膽識，而是他所生活的社會過分齷齪。所以他的筆觸在於深刻地暴露那個不可救藥的社會的罪惡和黑暗，預示當時業已腐朽的封建社會崩潰的前景。至於偶而透露出一點一絲的理想的微光，也照亮不了這個沒有美的世界。[7] 批評者認為這就是"溢美傾向"的一種表現，理由則是："怎能把全書的'昏暗一團'委過於作者所生活的社會背景'過分齷齪'呢?《西遊記》的作者與《金瓶梅》的作者幾乎生活在同一個時代，爲什麼《西遊記》又沒有那樣'昏暗一團'呢?就是吳敬梓、曹雪芹所生活的雍乾時代，其齷齪程度也不見得比《金瓶梅》最後寫定者所生活的隆萬時代遜色多少，《儒林外史》和《紅樓夢》也都極深刻地暴露了他們那個社會的'過分齷齪'，但他們的書卻決不是'昏暗一團'的。"[8] 這段批評文字寫來十分蹩蹺，也頗令人困惑。

眾所周知，《西遊記》與《金瓶梅》的作者雖然"幾乎生活在同一個時代"，但是，一寫神魔，一寫世情;一個把興趣放在非現實情節上，一個追求紀實性;一個是浪漫色彩極濃，一個則是寫實精神極強。嚴格地說，完全是兩種類型的書，可比性並不大，它們只是分別代表當時小說創作的"兩大主潮"。(魯迅:《中國小說的歷史的變遷》)即使如此，也不能忽略《西遊記》那個"諷刺揶揄則取當時世態"(魯迅:《中國小說史略》)的特點和內容。在《西遊記》兩種類型的故事中，在切近現實問題上有深、淺、明、隱不同的表現。比如一類故事明顯帶有影射明代黑暗政治的內容，如特別耐人尋味地在取經路上直接安排了九個人間國度，指明其中好些都是"文也不賢，武也不良，國君也不是有道的"國家。吳承恩在這裏只是撩起了幕布的一角，讓人們看到所謂人間諸國到底是什麼貨色。而另一類型的故事則是屬於涉筆成趣、信手拈來的諷刺小

---

[7] 參見拙作《中國古典小說戲曲探藝錄》:《〈金瓶梅〉萌發的小說新觀念及其以後之衍化》一文。

[8] 參看宋謀先生文。

品。這些故事是封建社會徇私舞弊、貪贓枉法等黑暗腐敗現象的折射，它因超越了題材的時空意義而具有了象徵意蘊。這就是說，即使神魔小說的《西遊記》也沒有忘情於對他生活的時代的暴露。至於說到"無論生活，無論人心，都是昏暗一團"，其實魯迅先生早就有言在先，即所謂《金瓶梅》"描寫世情，盡其情偽，又緣衰世，萬事不綱，爰發苦言，每極峻急"。[9]看來，"昏暗一團"正是當時社會的產物，何來"溢美之詞"？

不錯，文藝是社會生活的反映，但有了這個大前題之後，我要說，一部文學藝術作品在相當大的程度上又是個性和性靈的直率流露和表現，這種流露和表現越多，獨立性越強，而獨立性即藝術創造性，獨立性即超越時空的能力。常識說明，一棵樹上沒有兩片相同的葉子。在同一時代背景下，也決沒有兩個完全相同的個性、性靈、內外閱歷、感受和體驗。因此，對於一部傑作來說，與其說是物件主體的魅力，不如說是創作主體的個性、性靈和氣質的魅力。丹納在《藝術哲學》一書裏，對藝術家有這樣一段描述："藝術家在事物面前必須有獨特的感覺，事物的特徵給他一個刺激，使他看到一個強烈的特殊的印象……他憑著清醒而可靠的感覺，自然而然能辨別和抓住這種細微的層次和關係：倘是一組聲音，他能辨出氣息是哀怨還是雄壯；倘是一個姿態，他能辨出是英俊還是萎靡；倘是兩種互相補充或連接的色調，他能辨出是華麗還是樸素；他靠了這個能力深入事物的內心，顯得比別人敏銳。"丹納對藝術家素質的論述完全適用於一切有獨創性的作家，其中當然也應當包括蘭陵笑笑生。

進一步說，對於一個研究者來說，面對一部作品，首先要承認它的作者審視生活的角度和審美判斷的獨立性，我們無權也不可能干預一位古代作家對他生活的時代採取的是歌頌還是暴露的態

---

[9] 魯迅：《中國小說史略》。

度。事實是，歌頌其生活的時代，其作品未必偉大，暴露其生活的時代，其作品未必渺小。我們已經說過：《金瓶梅》的作者孤獨地、執拗地不願寫出人們已寫出了那樣眾多的樂觀主義的詩，他不愧爲小說界一條耿直的漢子。他沒有流于唱讚歌的幫閒文人的行列。試想，彼時彼地而且又是一個生而有才的人，只要寫出了樂觀主義的詩，就意味著他加入了現實中醜的行列，那麼，《金瓶梅》就再也不屬於他所有，而說部也就會抹掉了這位笑笑生的光輝名字。正因爲他不願趨於流俗，在《金瓶梅》的藝術世界裏才體現出蘭陵笑笑生創作個性和經由他的藝術感覺，放大和改變了的一個獨立王國。笑笑生所創作的《金瓶梅》的藝術世界之所以經常爲人所誤解，就在於他違背了大多數人們一種不成文的審美心理定勢，違背了人們眼中看慣了的藝術世界，違背了常人的美學信念。而我們則認爲笑笑生之所以偉大，正在於他沒有以通用的目光、通用的感覺感知生活。爲此，我們至今認爲，《金瓶梅》的藝術世界之所以別具一格，就在於笑笑生爲自己找到了一個不同一般的審視生活和反思生活以及呈現生活的視點和敍事方式。對於明代社會，他戴上了看待世間一切事物的醜的濾色鏡。有了這種滿眼皆醜的目光，他怎能不把整個人生及生存環境看得如此陰森、畸形、血腥、混亂、嘈雜、變態、骯髒、扭曲、怪誕和無聊呢？因爲對於一個失去價值支點而越來越趨於解體的文明系統來說，這種把生活、人心，描寫成“昏暗一團”完全是正常的，如果笑笑生沒有把他所見到的醜的事物寫成“昏暗一團”，倒是不可思議的事了。法國作家福樓拜有句名言：“一個人一旦作爲藝術家而立身，他就沒有像別人那樣生活的權利了。”[10] 按照我們的理解，福樓拜指的是社會、人類賦予了藝術家一種高尚的使命，需要一種對人類社會負責的精神，不能在生活上搞“隨意性”。既然明代中後期已成“衰世”，而且達到了“萬事

---

[10]　參見李健吾先生著《福樓拜傳》。

不綱"的程度,一個忠實於生活的作家爲什麼沒有權利去把所見到的一切寫成"昏暗一團"呢?笑笑生可不是一個失職的作家!

沃爾波爾有一句常被稱引的話:"這個世界,憑理智來領會,是個喜劇;憑感情來領會,是個悲劇。"(轉引自楊絳著《關於小說》:《有什麼好——讀小說漫論之三》,三聯版。又見《文學評論》1982 年第 3 期)這就一針見血地說明了作家的主體意識是多麼重要了。作家的審視生活、感知生活、體驗生活不同,藝術感覺、內在氣質不同,就會建構起不同的藝術世界。真正偉大的作家是不會按一種模式來進行藝術創造和建構他的藝術世界的,因此他們和他們的作品也是難以被任何人模仿成功的。

歌德有言:"藝術的真正生命在於對個別特殊事物的掌握和描述。此外,作家如果滿足於一般,任何人都可以照樣模仿;但是,如果寫出個別特殊,旁人就無法模仿,因爲沒有親身體驗。"[11] 今天再不會有哪一家文藝理論愚蠢地要求不同的作家在同一社會環境和人文環境中都必須寫出一個樣式、一種傾向、一種色調的作品了。這是古典文學遺產之大幸,文藝研究的大幸,也是我們的大幸。

總之,《金瓶梅》建構的藝術世界——"無論生活,無論人心,都是昏暗一團"——是蘭陵笑笑生對他所生活的現實深深凝視的結果。而在這種深深的凝視裏,讀者隨著他的筆鋒的運轉,每讀一句,停頓一下,發現一點新意,領略一下情志,於是,作爲讀者滿有興味地一直讀了下去,合起來感受一個藝術世界,一個有著作者自己發現的藝術世界!

## 三、小說結構:藝術的《金瓶梅》

和"溢美"說相表裏的是對《金瓶梅》建構的藝術世界採取貶

---

[11] 《歌德談話錄》第 10 頁。

抑的態度。有人認爲《金瓶梅》要講藝術成就"恐怕只能歸入三流。"在文章的註腳中說："我翻閱了近年一些《金瓶梅》論文，大都肯定它在文學史上的地位，對它的藝術成就的襃揚很多。最近讀到美籍學者夏志清《金瓶梅新論》，對它的結構的凌亂、思想上的混亂以及引用詩詞的不協調，均有論列。"（參見《讀書》1985年第 10 期包遵信文）對一部作品的藝術作審美判斷，因論者的文化修養和鑒賞眼光不一，評價標準殊異，作出的結論差異極大，這是司空見慣的事，我們無需糾纏，論個高下。(參見最近出版的(美)萬・梅特爾・阿米斯著，傅志強譯《小說美學》。作者也認爲："人擺脫了動物狀態，既能變成魔鬼，也能變成天使。最壞的惡和最好的善都屬於心靈，而這二者在文學中得到了最完善的再現。因此，對那些學會了閱讀的人來說，他們的靈魂是染於蒼還是染於黃都由自己掌握。"）問題是，在對《金瓶梅》的藝術未做任何具體分析的情況下就輕率地把它打入"三流"，也頗難以使人心服。而結論之根據似又與夏志清的一篇向西方英語讀者介紹《金瓶梅》的文章有關，這就不能不引起人們重新思考這個問題的興趣。

　　夏志清先生評價《金瓶梅》的文章，還是近年才從胡文彬先生編的《金瓶梅的世界》中看到的，後來又在徐朔方先生編的《金瓶梅西方論文集》出版時重讀了一遍。還看到了徐先生的介紹，而且特別關注這一段文字：夏文"對小說的藝術成就談得少了一些，可能美中不足，但對過高的評價《金瓶梅》藝術成就的流行傾向可能引起清醒劑的作用。"

　　如果從實際情況出發，縱觀一下古典小說研究領域，幾部經典性的大書中，《金瓶梅》是研究得最不充分的一部。時下雖有"金學"熱的趨勢，但《金瓶梅》的本體研究是很薄弱的，而薄弱中最薄弱的環節又恰恰是對《金瓶梅》審美價值的實事求是的評估。因此，對《金瓶梅》的藝術成就有沒有"溢美"傾向，要不要糾偏，是否給一付清醒劑以冷卻一下發熱的頭腦，還爲時過早。時賢已經指出，對《金瓶梅》的文學分析難度是很大的。[12] 因此，現在的問題是如何發現《金瓶梅》的藝術成就，細緻地分析它的藝術成就及其不足，以及通過比較研究，正確評估它的審美價值。而其中發現和認識《金瓶梅》提供了哪些新的東西，則是最根本的。要而言之，對《金瓶梅》的藝術成就，在今天，還不是什麼評價過高過低的問題，而是需要深入研究其藝術成就以及對其藝術成就作出有說服力的分析的問題。

截止目前，我們還沒有看到一篇文章認為《金瓶梅》是至善至美的傑作。似乎人們都看出了《金瓶梅》在思想上和藝術上的明顯缺陷(其實其他幾部大書也無不如此)。比如在人物、場面、情境和結構、細節處理上就確實存在不少瑕疵。但是，問題是不是到了"結構上凌亂"、"思想上的混亂"的程度呢?是不是就是一部"令人失望"的小說呢?這是需要做出明確且有分析的回答的。

關於本書的"思想"，上面已作了必要的申述，不再重複，這裏重點談一下《金瓶梅》的結構藝術。

從系統論的觀點來看，一部小說就是一個由諸多元素組成的有機整體，而小說的結構實際上就是因這個有機整體內部各元素之間聯繫的性質和方式不同，使實現結構整體性的方法和途徑也就不同，由此產生的結構類型也必然多種多樣。縱觀小說藝術發展史，沒有一部小說與另一部小說的具體結構形態是完全相同的。從這一意義上說，小說結構不可能也不應該納入某種單一的固定模式。如果將千姿百態的生活強行納入某種固定的結構模式，必然會使生活發生畸變，從而歪曲生活的本來面貌。

但是，小說結構又不是無規律可循的。所謂小說結構類型，實際上就是小說結構規律的具體體現。在中外小說藝術發展史上，有兩種比較流行的小說結構類型，一為順敘式，一為時空交錯式。然

---

[12] 何滿子:《金瓶梅的思想和藝術》(吳紅、胡邦煒著)小序(代卷首語)。

而，嚴格地說，所謂順敘式和時空交錯式指的都是外在的小說的敘事方式，而非人物性格和人物關係內在的結構類型。優秀的大型的長篇小說，就人物結構和事物結構類型來說，大多是立體網路式結構。結構類型雖然可以依據整體和部分、部分和部分之間的關係的性質來確定和劃分，但這種劃分只有相對的意義，實際上，純屬一種結構類型的長篇小說是絕無僅有的。絕大多數小說都是混合型的，只不過混合的程度不同而已，而立體網路式結構，就是指那些混合程度比較高，包容結構類型比較多的結構形式。《金瓶梅》應屬此結構範疇。

《金瓶梅》的結構正是契合大家庭固有的生活樣式，抓住各種矛盾的相互影響和因果關係，歸結到大家庭由盛而衰終至崩潰這個總趨勢上。

富於創造性的是，《金瓶梅》把人物的隱顯過程作為結構線索，通過視感覺的強化和淡出給人一種生活實感。從結構的整體來看，《金瓶梅》以遒勁的筆觸，在眾多的生活細節中，道出了西門氏家族中人與人之間複雜錯綜的關係，道出了每個人性格和心靈深處的隱微、震顫和波瀾。笑笑生的貢獻首先在於他找到了與小說內容相適應的非戲劇式的生活化的開放性結構。一方面，小說運用寫實性的手法，把活潑、零亂的生活形態如實地展現出來。另一方面，小說又不停留在生活化效果的追求上，作者透過生活現象的表層，觸摸到暗伏在尋常的生活長流下，這個家庭成員之間激烈的較量與搏鬥。小說裏著重提煉的西門慶佔有潘金蓮和李瓶兒的全過程，為西門氏家族的全體成員在心理上造成衝突；以李瓶兒之死為軸心形成人物心理情緒線，把所有人物結成了一張互相維繫、互相牽扯的網路。人物之間既沒有簡單地構成前因後果的矛盾，又不是簡單地用層層鋪陳、環環相扣的情節演繹主題，所以人物的心態變化也不是簡單地直線性地單線條地呈現，而是像生活那樣在貌似關聯不大的零散的生活片斷中，相互交錯、相互影響、相互滲透著向前推進。

吳月娘、孟玉樓、李嬌兒、孫雪娥對西門慶佔有潘金蓮、李瓶兒有
著各式各樣的態度、心理和行為。除了和西門慶與潘金蓮這條主線
有關聯外，他們每個人又因各自的生活經歷而鋪衍出一段段插曲。
那些看似和小說主線無關的枝蔓，卻和主線交織起來，真實地展現
出社會生活中人與人之間的關聯性。人物不是被肢解的，只為用來
說明主題思想或某一意念的工具，幾乎他們"每一個人都是一個整
體，本身就是一個世界。"[13] 於是在一個開闊的層次上體現出這個
社會、這個家庭對人的潛移默化的鑄造。小說如是的結構佈局、敍
述方式和總體構想，既負荷著生活固有的"毛茸茸"的原生美，又
比生活更集中、更典型。它多層次、多側面地攝取視角，盡可能追
求形象的"雜色"、"全息"和"立體"，顯示出人物性格、思想、
感情、情緒、心理的全部複雜性。可以說，小說在一定程度上比較
準確地把握了藝術和生活的審美關係。

　　那麼，《金瓶梅》的結構是靠什麼來獲得整體性和統一性的呢？
同樣，它和幾部著名的中國古典長篇小說一樣，也是靠整體、具體
的題旨涵義。題旨涵義、思想骨架，作為結構整體性的基礎，作為
吸引、凝聚各部分和細節的基石，作為小說中普照一切的太陽，對
任何小說結構類型都是一樣的，正如馬克思所說："這是一種普照
的光，一切其他色彩都隱沒其中，它使它們的特點變了樣。這是一
個特殊的乙太，它決定著它裏面顯露出來的一切存在的比重。"[14]

## 四、一個迴避不開的話題：性

　　中外文學名著中，都不乏因"性"的描寫而引起的紛擾，以致
有打不完的筆墨官司。近年來，文學"禁區"漸開，於是人們開始
以"性"為共同點，對這類中外名作進行褒貶。《讀書》雜誌發表

---

[13] 黑格爾：《美學》
[14] 《政治經濟學批判導言》，見《馬克思恩格斯全集》第 2 卷 757 頁。

的幾篇有關《金瓶梅》的文章，涉及《金瓶梅》與《十日談》、《查泰萊夫人的情人》、《潘達雷昂上尉與勞軍女郎》等作品的比較，且略具代表性。所以我們不妨通過對這幾篇文章的評論來討論這個迴避不開的話題。

我們翻閱了一下《讀書》，總共看到了 3 篇談及《金瓶梅》的論文。一篇是聶紺弩先生的《談〈金瓶梅〉》(1984 年第 4 期)，一篇是包遵信的《色情的溫床和愛情的土壤——〈金瓶梅〉和〈十日談〉的比較》(1985 年第 10 期)，另一篇就是方非先生的《勞倫斯的頌歌與略薩的控訴》(1988 年第 7 期)。聶公的大作雖然赫赫然標出《談〈金瓶梅〉》，但在我們看來卻是聶公的一篇出手不凡的精彩雜文，直接對《金瓶梅》加以評估的文字並不多。然而卻說得鞭辟入裏，發人深省。

包遵信的《色情的溫床和愛情的土壤》一文，從論題來看，似乎是國內外"金學"研究者談論得最多的熱門話題，因為圍繞一個"性"字就有偌多的話要說，要爭辯。但包文從文化史比較研究切入主題，因而理論思辨的色彩極濃，不過，這篇頗有深度的論文，卻在對《金瓶梅》的價值評估上作了過分草率、簡單的判斷。

一個時期以來，國內外一些研究《金瓶梅》的學者，常常熱衷於把《金瓶梅》同《十日談》、《查泰萊夫人的情人》相比較。而這種比較研究似乎無不立足於幾部書都有較多的"性"的描寫。其實這是一種失誤。從嚴格意義上講，它們之間的可比性並不大，且不說社會背景不同，就是幾部書的主旨也大相徑庭，因為它們的美學前提就是不同的。《十日談》中的一百個故事，內容是很駁雜的，而且良莠不齊。但總體傾向則是貫串著強烈的反宗教、反教會、反禁欲主義的精神，一方面是因為剛從宗教禁欲主義束縛中沖出來，物極必反，難免由"禁欲"而到"頌欲"；另一方面卻也是市民資產階級的愛好。但歸根結底是對偽善而為非作歹的教會、邪惡好色的神父、嫉妒成性的丈夫進行揭露、諷刺和批判。然而，《金瓶梅》

則與此迥然不同。在笑笑生筆下的小說主人公西門慶是個潑皮流氓,是個政治上、經濟上的暴發戶,也是個佔有狂(佔有權勢、佔有金錢、佔有女人),理所當然地從他身上看不到絲毫的"精神吸引力",也不存在具有"精神吸引力"的真正愛情。道理是如此簡單,西門慶與他的妻妾之間和情婦之間,連起碼的忠貞也沒有。進一步說,《金瓶梅》從來不是一部談情說愛的"愛情小說",如果用愛情小說的標準來要求它,那簡直是天大的誤會。當然,它也不是以後出現的"才子佳人"小說。如果說它是"穢書",那就是因為笑笑生從未打算寫一部"乾淨"的愛情小說,因為他承擔的使命只是宣判西門慶的罪行,所以他才寫出了一個代表黑暗時代精神的佔有狂的毀滅史。因此,用"愛情與色情"這一對命題去評價《十日談》與《金瓶梅》,是無法真正看到《金瓶梅》的價值的。

　　《金瓶梅》究竟"奇"在哪里,包文斷言:"文學史家對此可能有不同的說法。我覺得它用了那麼多的筆墨,對兩性生活作了鋪陳淋漓的描寫,不是唯一恐怕也是重要的原因。"不錯,有的讀者對《金瓶梅》就是抱有"神秘感""好奇感",而其所"感",可能包括對其中兩性生活的描寫的獵奇心理。但是如果《金瓶梅》的本質和特點僅止於對性和性行為的直露描寫,這種"神秘感""好奇感"以及帶來的轟動與喧嘩只能是短暫的一瞬,因為它可以被更有"神秘感"的黃色書刊所代替。而事實是,從這部小說於 16 世紀末問世以來直到現在,世界各國文學愛好者和研究者對它的熱情一直未減。這就在一定程度上向我們證實了一個問題,這部小說的意義遠不是由於它對性的描寫,而是它的真正屬於文藝的價值,是這部小說的故事、人物所包含的豐富的社會內容使它具有了久而不衰的魅力。還是清人張竹坡說得好:"金瓶梅不可零星看,如零星看,便止看其淫處也。故必盡數日之間,一氣看完,方知作者起伏層次貫通氣脈為一線穿下來也。"

　　方非先生的《勞倫斯的頌歌與略薩的控訴》不是評論《金瓶梅》

的專文，它是用比較法來談三部都涉及性描寫的書。方先生的磊落襟懷，他明白告訴讀者，他"實在不喜歡"《金瓶梅》。對於個人的愛好，乃至"偏見"，無可厚非，理應尊重。然而，方文下面的一段話卻使我們疑竇叢生："以後又聽說還有一部西洋《金瓶梅》，就是英國作家勞倫斯的《查泰萊夫人的情人》。曾有一個出版社出了中譯本，印成了遭到一些人的指責。本來對於《金瓶梅》一類的書，無論中西，我都沒有多大興趣，可是這一指責卻大大激起我的好奇，終於設法找來了一本，看完後十分茫然，這樣一部作品，為什麼會被指為西洋《金瓶梅》呢?"方文言下之意是《查泰萊夫人的情人》是一部好書，不是《金瓶梅》那樣的壞書、穢書。方文尚有一段文字可以說明:《查泰萊夫人的情人》一書中關於性生活的描寫，是從女性的角度，以女性為本位的。同《金瓶梅》中那種以男子的性狂暴為本位的描寫完全相反，……而《金瓶梅》一類的書，則認為男子的快樂全在女性的被動，男子的享樂就在於越狂暴越好的性佔有和性虐待。這是千百年來造成女性的無可告訴的悲劇的一個原因。"這兩段話的含義，起碼有兩點值得商榷:一是我們雖和方文有同感，認為《查泰萊夫人的情人》是一部好書，本應公諸於眾。但是，如果為了肯定《查泰萊夫人的情人》一書就把《金瓶梅》視為劣書，而且似乎說了《查泰萊夫人的情人》是西方的《金瓶梅》就是褻瀆了《查泰萊夫人的情人》，這是難以令人同意的。因為它們是從不同方位上完成自己的藝術使命的。所以用反襯法，褒《查》貶《金》，並不能說服人。

二是關於性的以女性為本位還是以男性為本位的問題。方文以《查》與《金》作對比，言下之意，以女性為本位的，就是好的、進步的，《查》是為證明;以男性為本位的就是壞的、落後的，因而也不可取的，《金》中的性描寫是為例證。這種衡量性的標準實令人難以索解。為了真正明瞭勞倫斯的創作原旨，不妨先聽聽他的自白。作者在書的法文版序裏明確地說:"這本書的真正意義便在這兒：我要世間的男子、女子，能夠充分地、完全地、純正地、無瑕地思想有關性的行為。縱令我們不能隨心所欲地作性的活動，但至少讓我有無瑕的性的觀念。"勞倫斯還曾說過："它(指《查泰萊夫人的情人》)便是被這個世界認為非常不道德的東西。但是你知道它真不是不道德——我時常為同樣的一件事努力，就是要使性的關係正確化和成為可珍貴的，而不是可恥的事情。這本小說是我跨出來的最遠的一步。對我來說，它是美麗的、溫柔的和脆弱的，像一個赤裸裸的自我一樣。"勞倫斯覺得人生最大的需要便是依照思想而行動，和依照行動而思想，這兩種情況要和諧地相輔相成。他創作這部書的動機，就是要促使我們認識：要達到一種完美的關係是如何困難，但卻是如何必需的一件事。所以這本書流露的仍然是對人的敬意，一種對"性"的尊重態度。我想勞倫斯主觀上絕對沒有以女性為本位的思想，他明明標出了男子和女子都能自由地、純正地思想有關性的行為。其次，我們不妨引用作品的具體陳述來加以印證。該書第 14 章麥勒斯向康妮回憶他和他原妻白莎·庫茨的性關係。他們之間的性關係是地道的以白莎·庫茨為本位的，而結果是給麥勒斯帶來無盡的痛苦。

由此可以看出勞倫斯寫這部小說從來沒有劃分以女性為本位和以男性為本位以及孰優孰劣的問題。事實證明，以女性為本位和以男性為本位都是片面的。對於性來說，只能是以男性和女性的共同和諧為最高標準。

方文還把略薩的《潘達雷昂上尉和勞軍女郎》與《金瓶梅》相比較，結論是："兩部小說都寫了人類性生活的非人化，但作者的態度卻是截然相反的。《金瓶梅》總給人一種'津津樂道'的感覺，《潘達雷昂上尉與勞軍女郎》的字裏行間，卻處處流動著一種無以復加的悲憤。"對《潘達雷昂上尉與勞軍女郎》一書，我們還沒有做過深入的研究，不敢妄言。然而，對於《金瓶梅》我們認為聶紺弩先生文中所說切中肯綮，聶公說笑笑生是有"分寸"的，他只是

“把沒有靈魂的事寫到沒有靈魂的人身上。”笑笑生通過西門慶的床第之私的描寫，有著豐富的社會內涵——通過“性”的手段達到攫取權勢和金錢的目的。所以，作者寫出了西門慶的床第之私，實際上也就是寫出了這個時代的一切黑暗，揭開了一個專門製造西門慶時代的社會面。僅就這一點來說，它和《潘達雷昂上尉與勞軍女郎》在題旨上也是迥異的。聞一多先生在《艾青和田間》一文中說：“一切的價值都在比較上看出來。”比較不是簡單地揚此抑彼，而是為了作出科學的價值判斷。我們認為《金瓶梅》不應成為人們比較研究的陪襯和反襯或墊腳石。把它置於“反面教材”的位置上進行的任何比較，都是不公平的。對於性描寫來說，它是《金瓶梅》之所以是《金瓶梅》的一個不可分割的部分。

# 第六章 《金瓶梅》人物的宏觀世界

《金瓶梅》大大小小、形形色色的人物群像中有不少給人留下了深刻印象。其中的一些大腕人物(或稱主要人物)確已達到劉廷璣在其《在園雜誌》中所稱道《金瓶梅》的"凡寫一人，始終口吻，酷肖到底，掩卷讀之，但道數語，便能默會爲何人"之境界。

## 一、潘金蓮的語言

潘金蓮不啻是貫穿《金瓶梅》全書的核心人物之一，也是作者用筆最勤的一個角色，因而也是這部作品所塑造的眾多女性形象中最有個性、最有生氣、最惹眼從而也是最成功的一個。這個形象的成功塑造，她的獨特個性的生動展現，恐怕不能不歸功於作者精心設計，從而是那樣自然地從潘金蓮心底流出、口中吐出的個性化的語言。

### 其一：媚

"媚"《現代漢語詞典》對其所作的解釋是：有意討人喜歡；巴結。這正是潘金蓮所擅長的。

潘金蓮進西門家略早于李瓶兒——屬於初來乍到者，且初進門時家中大小並不喜歡她。然而在極短的時間內，潘氏不但站穩了腳跟，而且在西門家建立起了得寵的地位，以致於成爲西門家實際上的核心人物、權力人物——女眷中除吳月娘之外，人人都要畏懼幾分，避讓幾分。這固然有眾多的因素，而她的"媚"則可以說幫了她的大忙。

　　有的女人"媚"，是不分伯仲，廣施博行的，如李瓶兒；而潘金蓮的"媚"則極為怪吝，她只獻給她認為有用的人，具有極強的功利性。

　　吳月娘是正妻，在眾女脊中地位最高，因而成為潘金蓮進西門家後需要獻媚的首選物件。第9回，剛進門的潘金蓮，"過三日之後，每日清晨起來，就來房裏與月娘做針指，做鞋腳。凡事不拿強拿，不動強動。指著丫頭趕著月娘，一口一聲只叫'大娘'，快把小意兒貼戀。幾次把月娘歡喜得沒入腳處，稱呼她做'六姐'，衣服首飾揀心愛的與她，吃飯吃茶都和她在一處"。"大娘"是一種明確身份、地位的稱呼，潘氏頻繁地使用該面稱用語，無非是要讓吳月娘明白自己把月娘放在尊崇地位的心跡，讓吳月娘解除對自己的戒備心理；而吳月娘恰恰有喜聽奉承、愛擺架子的嗜好，因而自然要"歡喜得沒入腳處"，將潘氏視為知已，朝夕相處。所以張竹坡曾留下了這樣一段評論文字："一路寫金蓮用語句局住月娘，月娘落金蓮局中，有由來矣。"看得可謂清楚，評得也很在點子上。

　　除了吳月娘之外另一個需要獻媚的便是"漢子"、一家之主——西門慶了。潘金蓮原以為西門慶會把萬千鍾愛集中在自己一人身上，沒想到他朝三暮四，撒潑、吵鬧則是找錯了物件，唯一的招數就是巴結他，討他的喜歡，有時哪怕犧牲自己的利益。第13回，當潘金蓮偵知西門慶在與李瓶兒偷奸時，"翻來覆去，通一夜不曾睡"，心裏十分惱怒。但她深知此時去阻撓正在興頭上的西門慶與李瓶兒私通是不可能的，弄得不好，還會失去西門慶的歡心，於是便曲意逢迎道："等你過那邊去，我這裏與你兩個觀風，教你兩個自在合搗，你心下如何?"少有的氣度!西門慶壓根兒沒想到潘金蓮會有如此大的肚量，真是喜出望外，"歡喜的雙手摟抱著說道：'我的乖乖的兒，真是如此!不枉的養兒不在屙金溺銀，只要見景生情。我到明日梯己買一套妝花衣服謝你。"潘金蓮正是依賴於這種"見景生情"式的趨奉，使得她最終贏得了西門慶的專寵，正如西門慶在收用春梅時對潘金蓮所說的："我的兒，你會這般解趣，怎教我不愛你。"

### 其二：奸

潘金蓮是個奸險的女人，工於心計，這是她所處的環境決定的。西門家是個大家族，要想短時間內爭得一席地位，決非易事——那幾房妻妾都不是"省油的燈"，不要弄一些小手段，施展一些小伎倆，是不行的，這一點聰明的、靠獻媚剛剛站穩腳跟的潘金蓮是很清楚的。於是吳月娘又成爲她算計、施奸的第一個對象。

潘金蓮第一次算計吳月娘是在第 16 回：西門慶瞞著家人在李瓶兒那裏奸宿了一夜，回來後又騙潘金蓮，被潘金蓮當面戳穿，其中有這麽幾句話是沖著吳月娘的："玳安這賊囚根子，久慣兒老成，對著他大娘又一樣話兒，對著我又一樣話兒……賊囚根!他怎的就知我和你一心一計?"表面上似在責怪玳安，實際上是讓西門慶知道：只有她才同西門慶一心一計，吳月娘則不然，這一點連僕人們心裏都清楚。無怪乎張竹坡在此夾批道："明外月娘"、"又妒又奸，籠絡西門慶。爲後文間月娘張本。"

事後西門慶同潘金蓮商量，欲娶李瓶兒進門，這又爲潘金蓮提供了一次算計吳月娘的機會，聰明的潘金蓮料定在當時的情形下，吳月娘從西門家族的利益出發是不會同意這門親事的，於是順水推舟："我也不多著個影兒在這裏，巴不的來才好。"接著話鋒一轉："倒只怕人心不似奴心。你還問聲大姐姐去。"果然不出潘氏所料，當西門慶去徵求吳月娘意見時，招致吳的堅決反對。於是耐不住寂寞的李瓶兒投入了他人的懷抱，西門慶得知後妒火中燒，潘金蓮看准火候，趁機挑撥："奴當初怎麽說來?先下米的先吃飯。你不聽，只顧求他，問姐姐，常 '信人調，丟了瓢'，你做差了。你埋怨那個!"正如張竹坡批註的那樣，"讒言可畏"，於是乎"西門慶被婦人幾句話沖得心頭一點火起"，"自是以後與月娘尙氣，彼此見面都不說話。"(第 18 回)

　　事情還沒完。第 21 回李瓶兒進門後不久，潘金蓮找了一個機會再次在李瓶兒進門這件事上做文章，離間月娘與瓶兒："你說你那咱不得來，虧了誰?誰想今日咱姐妹在一個跳板上走。不知替你頂了多少瞎缸，教人背地好不說我!奴只行好心，自有天知道罷了。""誰"是誰，"人"又是誰，不說也清楚：吳月娘者是也。

　　潘金蓮的奸險在剪除來旺、宋惠蓮夫婦的過程中表現得尤爲淋漓盡致。第 23 回，宋惠蓮在藏春塢洞內同西門慶交歡時說了潘金蓮的壞話，不料讓潘金蓮給偷聽到了，當時便氣得不能動彈，發恨道："若教這奴才淫婦在這裏面，把俺們都吃他撐下去了。"然而第二天當宋氏的面潘卻絲毫不露鋒芒：她先是故意重覆宋氏昨晚的話，讓對方明白她對昨晚的一切瞭若指掌，把個宋惠蓮嚇得當場跪下求饒辯白；然後離間宋惠蓮同西門慶，讓宋氏不敢再向西門慶進讒言，故作神通地說："你爹雖故家裏有幾個老婆，或是外邊諸人家的粉頭，來家通不瞞我一些兒，一五一十就告我說。你六娘當時和他一個鼻子眼兒裏出氣，甚麼事兒來家不告訴我!你比他差些兒。"明明是自己偷聽到的，偏要讓對方以爲是西門慶洩露出去的。而宋惠蓮則信以爲真，轉過身去指責西門慶："你好人兒!原來昨日人對你說的話兒，你就告訴與人。今日教人下落了我恁一頓……有話到明日不告訴你了。"說得西門慶丈二和尙摸不著頭腦："甚麼話?我並不知道。"而宋惠蓮還以爲他裝糊塗，氣呼呼地走開了。潘金蓮的奸險機詐於中可見一斑。

　　宋惠蓮從此後再也不敢在西門慶跟前派潘氏的不是，而且"每日只在金蓮房裏，把小意兒貼戀於他"。然而潘氏則早已把她列入自己要剪除的黑名單之中了，只是尋找合適的時機而已。真是天助潘氏，機會終於來了。第 26 回，宋惠蓮丈夫來旺兒得知其妻與西門慶有奸，酒醉後狂言要殺西門慶。在西門慶採取行動前，宋惠蓮同潘金蓮各自施展開了自己的遊說本領，她們遊說的落腳點雖然都落在西門慶能沒有障礙地同宋惠蓮偷情上邊，但真正的用意卻迥然不同：宋氏對丈夫尙有一份情義，因而只是讓西門慶藉故將他打發走；而潘氏則只有一個目的，先剪除來旺，從而進一步剪除宋惠蓮，正如她在孟玉樓面前發誓的那樣："今日與你說的話，我若教賊奴才淫婦與西門慶放了第七個老婆——我不喇嘴說——就把'潘'字倒過來。"可見她的心思主要放在宋氏身上，來旺不過是實現其目的的一個切入口、突破口。當然她的這份心思是不能讓西門慶看出一丁點的，在西門面前她則裝出全心全意爲他著想的樣子："你既要幹這營生，不如一狠二狠，把奴才結果了，你就摟著他老婆也放心。"同時還詳細分析了若來旺健在所帶來的種種不便。這一段分析，正扣張竹坡所評點的那樣"入情入理，寫盡千古權奸伎倆也。"因此，西門慶在陷害來旺的過程中絲毫未覺察潘氏的這份奸險機詐，當在情理之中。

### 其三：妒

"妒"字從女，所以妒似乎常同女性有關，《金瓶梅》裏的女人恰恰對此作了注腳：誰無妒意?孟玉樓沒有?若沒有，張評本也就不會有"因抱恙玉姐含酸"(75回)這個標題了；吳月娘呢，西門慶哭李瓶兒時言重了些，她也會不愉快。而忌妒心最強烈的還要數潘金蓮。

所有女眷中最讓潘金蓮忌妒的是李瓶兒，李瓶兒有足以令潘金蓮忌妒的一切：她會生育，且生下個男孩；她皮膚白皙，讓西門慶著迷；她人進西門家的同時也帶進來諾大一份令人豔羨的財產等等，而尤讓潘金蓮忌妒得發瘋的是她的有子嗣。

我們不應忘記宋明時期是道學昌盛、禮教森嚴的時期。"不孝有三，無後爲大"等封建教條束縛著生活在宋代的故事中的人，也同樣薰陶著生長在明代的作者，因此，在西門慶眾妻姜中，在作者筆下，子嗣問題都是個敏感問題。第27回，西門慶、李瓶兒在翡翠軒中偷歡，兩人情濃之中的私語傳進了在窗外潛聽的潘金蓮耳中："只聽見西門慶問李瓶兒道：'我的心肝，你達不愛別的，愛你好個白屁股兒，今日盡著你達受用，'……李瓶兒道：'不瞞你說，奴身中已懷臨月孕。'"兩個不幸的消息一同到來，對潘金蓮的打擊該有多大，雖然作者沒有對潘金蓮此時的神態舉止加以描寫，然而從此後潘金蓮一系列的話語中，我們可以充分感覺到其中蘊含的濃濃的妒意：

第一句話(背景：潘金邊得知西門慶在等丫頭取茉花肥皂來洗臉)：我不好說的，巴巴尋那肥皂洗臉，怪不的你的臉洗的比人家屁股還白。

第二句話(背景：孟玉樓勸潘金蓮別坐涼墩兒)：不妨事。我老人家不怕冰了胎，怕甚麼?

第三句話(背景：孟玉樓大惑不解潘金蓮"今日怎的只吃生冷")：我老人家肚內沒閒事，怕甚麼冷糕麼!

其中的第一句話是針對李瓶兒膚白而發的，第二、三句話則是針對李瓶兒懷孕而發的，尤其是第三句話，酸味十足，再明顯不過了，因此當場"羞得李瓶兒在旁臉上紅一塊，白一塊"，就連對妻妾間爭風吃醋一向反應遲鈍的西門慶也嗅出了其中的味兒，於是數落潘金蓮："你這小淫婦兒，單管胡說白道的。"

隨著李瓶兒產期的日益臨近，潘金蓮的妒火越燒越烈，終於在第 30 回(生孩子前)31 回(生孩子後)得到了宣洩。先看第 30 回中潘金蓮先後講的五句話。

第一句話(背景：李瓶兒肚疼待產，全家人都去李瓶兒房中看望，唯有潘金蓮拉著孟玉樓在外邊"一處說話")：耶呀呀!緊著熱刺刺的擠了一屋子裏人，也不是養孩子，都看著下象膽哩!

第二句話(背景：接生婆來了之後，孟玉樓想同潘金蓮一起進去看看，潘金蓮則不願意)：你要看你去，我是不看他。她是有孩子的姐姐，又有時運，人怎的不看他?

第三句話(背景：孟玉樓認為李瓶兒的預產期的確應是六月，潘金蓮則以為非)：我和你恁算：他從去年八月來，又不是黃花女兒，當年懷，入門養。一個後婚老婆，漢子不知見過了多少，也一兩個月才生胎，就認做是咱家孩子。我說：差了！若是八月裏孩兒，還有咱家些影兒，若是六月的，踩小板凳兒糊險道神——還差著一帽頭子哩！失迷了家鄉，哪里尋犢兒去？

第四句話(背景：看到丫環小玉抱著吳月娘爲自己將來生產用的草紙、小褥子兒去給李瓶兒應急)：一個是大老婆，一個是小老婆，明日兩個對養，十分養不出來，零碎出來也罷。俺每是買了母雞不下蛋，莫不殺了我不成。

第五句(緊接著)：仰著合著，沒的狗咬尿胞——虛歡喜。

從譏諷看李瓶兒的人，到直抒妒意——李瓶兒有孩子，有時運；從論證李瓶兒肚中的孩子是雜種，到咀咒孩子養不下來，並自嘲——母雞不下蛋，多側面、多層次、有變幻地寫出在李瓶兒生產前一刻潘金蓮由妒而生的種種心理，極其逼真、傳神。再看第 31 回中潘金蓮先後講的六句話。

第一句話(背景：李瓶兒孩子滿月宴席上丟了一把酒壺，僕人相互埋怨，有些吵鬧)：若是吃一遭酒，不見了一把，不嚷亂，你家是王十萬——頭醋不酸，到底兒薄。

第二句話(背景：得知壺爲李瓶兒帶來的小廝所藏)：琴童是他家人，放壺他屋裏，想必要瞞昧這把壺的意思。要叫我，使小廝如今叫將那奴才，老實打著，問他個下落。

第三句話(背景：說第二句話後被西門慶點穿其潛臺詞並搶白了幾句)：恁不逢好死三等九做賊強盜！這兩日作死也怎的？自從養了這種子，恰似他生了太子一般，見了俺每如同生剎神一般，越發通沒句好話兒說了，行動就睜著兩個毖窟窟嘍喝人。

第四句話(背景：孟玉樓推測西門慶去了潘金蓮房裏，勸潘氏快回房)：可是他說的：有孩子屋裏熱鬧，俺每沒孩子的屋裏冷清。

第五句話(背景：春梅來講西門慶並沒去潘氏房裏而是去了李瓶兒房裏)：賊強人，到明日永世千年，就跌折腳，也別要進我那屋裏！

踹踹門檻兒，教那牢拉的囚根子把懷子骨折挓了。

第六句話(緊接著)：賊三寸貨強盜，那鼠腹雞腸的心兒，只好有三寸大一般。都是你老婆，無故只是多有了這點尿胞種子罷了，難道怎麼樣兒的，做甚麼恁抬一個滅一個，把人躧到泥裏！　跟跟

其中第一句是譏諷李瓶兒生子不吉利，第二句是影射李瓶兒唆使琴童偷酒壺，第三句話是指斥西門慶偏心，第四句話譏諷西門慶自食其言，第五、六句又指斥西門慶偏心。六句中有四句觸及李瓶兒之子，有兩句則直接罵不相干的孩子，從中可見潘金蓮胸中的邪火緣何而起了。

而需要說明的是，潘金蓮所忌妒的決非僅李瓶兒一人。因此稱她妒婦恐怕並不冤枉她。

### 其四：潑

潑者，蠻橫不講理之謂也。稱潘金蓮是個潑婦，恐怕不會有人持異議的。因為潘金蓮蠻橫霸道之劣跡可謂遍佈全書，並不罕見。

潘金蓮究竟潑到什麼程度，她的使喚丫頭秋菊最清楚不過了，她是潘金蓮撒潑的最大受害者。

第58回，潘金蓮酒醉歸房，黑暗中踩著了狗屎，鞋子弄髒了，這本是一件家常小事，可潘金蓮卻要發作一通，她的丫環秋菊再一次成了出氣筒："論起這咱晚，這狗也該打發出去了，只顧還放在這屋裏做甚麼?是你這奴才的野漢子，你不發他出去，叫他恁遍地撒屎，把我恁雙新鞋兒，連今日才三四日兒，躧了恁一鞋幫子屎。知道了我來，你與我點個燈兒出來，你如何恁推聾妝啞裝憨兒?"並吩咐春梅："與我踩過來跪著，取馬鞭子來，把他身上衣服與我扯了，好好教我打三十馬鞭子便罷。但扭一扭兒，我亂打了不算。"把秋菊打的"殺豬也似的叫。"本來這鞋子踩髒與丫環秋菊有何相干，可潘金蓮卻偏要歸罪於她的"失職"，其潑悍霸道於中可見一班。

潘金蓮的潑悍豈止是秋菊一人領教過。第72回，奶子如意兒

在洗漿衣服，潘金蓮房中的大丫頭春梅也洗衣服，便向如意兒借棒槌，如意兒因自己用著，沒借給她，潘金蓮得知後便罵道："賊淫婦怎的不與!你自家問他要去，不與，罵那淫婦不妨事。"春梅又去借，便與如意兒產生爭執，潘金蓮坐不住了，便上去罵道："賊歪剌骨，雌漢的淫婦，還強說甚麼嘴!半夜替爹遞茶兒、扶被兒是誰來?討披襖兒穿是誰來?你背地幹的那齣兒，你說我不知道?就偷出肚子來，我也不怕!"如意兒回敬了一句，又招來了潘金蓮更猛烈的叫罵："沒廉恥的淫婦，嘲漢的淫婦!俺每這裏還閑得聲喚，你來雌漢子，合你在這屋裏是甚麼人?你就是來旺兒媳婦子從新又出世來了，我也不怕你!"直罵得如意兒哭了起來。

潘金蓮的撒潑每每以她得逞而告終，唯有一次例外，那就是在第 75 回中，與吳月娘對陣，儘管她使出了渾身解數，又哭又叫，又自打嘴巴，又在地上打滾，又稱"我死了罷，要命做什麼!"但始終占不了上風，最後被孟玉樓和玉簫架走了事。雖然此番潘金蓮最多只能算是打了個平手，但其潑悍也著實讓吳月娘心驚肉跳了一陣。

### 其五：淫

潘金蓮，用如今時髦的話講，幾千年才出這麼一個，千古淫婦!從一定意義上說，她已成了淫婦的代名詞，猶如紅娘之成爲媒人的代名詞一樣。

潘金蓮的淫蕩主要體現在她喜聽淫語，常說淫話，愛幹淫事。其中"愛幹淫事"不在本節討論範圍，我們將在後面的"猥詞"中有所討論。

喜聽淫語。潘金蓮曾公開聲明："俺每耳朵內不好聽素，只好聽葷的。"(21 回)所謂"葷"就是淫事。

我們來看下面一段：

玳安(對畫童)說："我的哥哥，溫師父叫，仔細，他有名的溫屁股，一日沒屁股也成不的。你每常怎麼挨他的，今日如

何又躲起來了?"月娘罵道:"怪囚根子,怎麼溫屁股?"玳
安道:"娘自問他就是。"那潘金蓮得不的風兒就是雨兒,
一面叫過畫童兒來,只顧問他:"小奴才,你實說,他呼你
做甚麼?你不說,看我教你大娘打你。"逼問那小廝急了,
說道:"他只要哄著小的,把他行貨子放在小的屁股裏(下
刪 43 字)……"月娘聽了,便喝道:"怪賊小奴才兒,還不
與我過一邊去!也有這六姐,只管好審問他,說的磣死了。
我不知道,還當好話兒,側著耳朵聽他。"(76 回)

吳月娘看來確實不知道畫童會說淫事,而在風月場中呆久了的
諳熟個中歪門邪道的潘金蓮則早在玳安講"溫屁股"如何如何之
時就已經知道是怎麼一回事了,可為了滿足自己的嗜好,她還是希
望再聽畫童親口說一遍,以從中獲得愉悅和滿足。潘金蓮的淫蕩天
性於中可見。

常說淫話。《金瓶梅》中的人無人不會說淫話,一向較留意言
辭的吳月娘恨上心了,也會來一頓夾七夾八的穢罵,而潘金蓮的淫
話則是最多的。"合"、"弄"、"挨"等表述性事的動詞及男女
性器官名稱構成了她淫語的主體。我們來看下面一段相對文氣一
些、含蓄一些(至少沒有出現那個不堪入目的詞)的話語:

第 61 回,西門慶同王六兒偷姦後回到潘金蓮房內。潘氏先是
盤問他適才在幹什麼,爾後把西門慶的褲子扯開,檢查了他的下身
後說道:"可又來,你'臘鴨子煮在鍋裏——身子兒爛了,嘴頭兒
還硬'。見放著不語先生在這裏,強盜和那淫婦怎麼弄簪簪到這咱
晚才來家?弄的恁個樣兒,嘴頭兒還強哩,你賭個誓,我叫春梅舀
一瓶子涼水,你只吃了,我就算你好膽子。論起來,鹽也是這般鹹,
醋也是這般酸。'禿子包網巾——饒這一抿子兒罷了'。若是信著
你意兒,把天下老婆都耍遍了罷。賊沒羞的貨,一個大眼裏火行貨
子!你早是個漢,若是個老婆,就養遍街合遍巷;屬皮匠的——逢著
的就上。"這哪是婦道人家說的話,所以張竹坡在此評點道:"一

路開口一串鈴，是金蓮的話，作瓶兒不得，作玉樓、月娘、春梅亦不得。"

**其六：利**

利，是指伶牙俐齒，言辭銳利。張竹坡在《批評第一奇書金瓶梅讀法》(下簡稱"金瓶梅讀法")中指出："金瓶梅于金蓮不作一鈍筆"，說的是潘金蓮的精明之處，某中也包含了她的伶牙俐齒。

潘金蓮不僅教西門慶如何說話，而且往往可以把西門慶說得乾瞪眼而說不出話來。第 61 回，西門慶同韓道國之妻王六兒通姦後回潘金蓮房中，被潘金蓮說中，於是：

> 西門慶道："夥計家，那裏有這道理？"婦人道："夥計家，有這個管理！齊腰拴根線兒，只怕合過界去了。你還搗鬼哄俺每哩，俺每知道的不耐煩了⋯⋯"

緊接著一長段精彩的入情入理的分析，"說的西門慶眼睜睜的"。

第 67 回，西門慶夢見去世的李瓶兒，哭得眼紅紅的，潘金蓮看見了：

> 金蓮道："只怕你一時想起甚心上人兒來是的。"西門慶道："沒的胡說，有甚心上人心下人！"金蓮道："李瓶兒是心上的，奶子(指如意兒——筆者案)是心下的，俺每是心外的人，入不上數！"西門慶道："小淫婦，又六說白道起來。"因問："我和你說正話，前日李大姐裝槨，你每替他穿了甚麼衣服在身底下來？"⋯⋯金蓮道："我做獸醫二十年，猜不著驢肚裏病！你不想他，問他怎的？"西門慶道："我才方夢見他來。"金蓮道："夢是心頭想，啼噴鼻子癢。饒他死了，你還這等念他。相俺多是可不著你心的人，到明日死了苦惱，也沒那人顧念。——此是想的你這心裏胡油油的？"

一席話說得西門慶無招架之術，只得以動手親嘴瞎胡鬧來擺脫眼前的尷尬難堪。難怪孫雪娥要說她"嘴似淮洪也一般，誰問誰也辯他不過"(11 回)。看來潘金蓮的伶牙俐齒，言辭銳利，在西門家女眷中是出了名的。

潘金蓮的語言顯示了她的媚、奸、妒、潑、淫、利，這是就其主流而言的，而實際生活中的潘金蓮則遠非如此單調、劃一，而要生動得多，複雜得多，作者也同樣通過她的語言寫出了她性格的複雜性、多面性。

潘金蓮有奸險、陰暗的一面，也有天真、爽直的一面。第 21回中有這麼一段：

> 少頃酒闌，月娘等相送西門慶到玉樓房門首方回。玉樓讓眾人坐，都不坐。金蓮便戲玉樓道："我兒，兩口兒好好睡罷！你娘明日來看你。休要淘氣。"因向月娘道："親家，孩兒小哩，看我面上，凡事耽待些兒罷。"玉樓道："六丫頭，你老米醋換著做，我明日和你答話"。金蓮道："我媒人婆上樓子，老娘好耐驚耐怕兒。"玉樓道："我的兒，你再坐回兒不是。"金蓮道："俺每是外四家兒的門兒的外頭的人家。"於是和李瓶兒、西門大姐一路去了。

又是扮老娘關照"女兒"，又是扮親家同"婆婆"說話，又是以繞口令答非所問，活龍活現、生動逼真地刻劃了潘金蓮天真、調皮、風趣、可愛的一面。同樣第 14 回，當李瓶兒要回家的時候：

> 潘金蓮嘴快，說道："卻又來，既有老馮在家裏看家，二娘在這過一夜也罷了。左右那花爹也沒了，有誰管著你。"

寫出了潘金蓮的爽直、開朗。從中恐怕很難找到些許潑悍、機詐的影子。從吳月娘當著其他人面說她的"諸般都好，只是有這些孩子氣"(第 14 回)中可以推知，她的性格中確實有天真、直率等"孩子氣"的一面。

潘金蓮的語言為我們立體地展現了一個活生生的有血有肉的、具有獨特、複雜個性的古代市井婦女典型，是作品通過日常生活中的人物語言塑造人物形象的嘗試和實踐的最成功的一例。

## 二、李瓶兒的語言

　　"瓶兒是癡人"。這是張竹坡在《金瓶梅讀法》中對李瓶兒的評價。"癡"有兩層意思：一謂癡迷，即迷戀，專一，執著；一謂癡呆，即愚笨，不伶俐，不精明。這兩者確實都爲李瓶兒所具有，且在她的言談中得到了充分的展示。

　　學界常常爲李瓶兒進西門家前後言談舉止上的天壤之別感到困惑，並進而紛紛指責作品在李瓶兒性格刻劃的把握上的失當及疏虞。[1]其實，將李瓶兒的言談舉止作這樣的分類本身就是一個錯誤，它失之簡單、粗糙，而沒有考慮到李瓶兒這個特殊的個體。

　　李瓶兒一生柔弱，最後遭潘金蓮暗算，死在病榻上，然而她卻有兩次被視作"判若兩人"的撒潑：一次是第 14 回，對象是其前夫花子虛；一次是第 18 回，對象是其第二任丈夫蔣竹山。李瓶兒的這兩次撒潑是在進西門家之前，然而比這更重要的是在她勾搭上西門慶之後。正是她對西門慶的癡迷，才導致了她對花子虛、蔣竹山的深深的厭惡，才對他們如此潑悍。

　　從作品描寫來看，花子虛同李瓶兒的夫妻關係是頗不和諧的，花子虛經常不著家，如李瓶兒所說的"常時在前邊眠花臥柳不顧家事"(13 回)，李瓶兒就是從希望西門慶"勸他(花子虛)早些來家"(13 回)開始同西門慶交往起來的。在這樣的家庭環境裏，李瓶兒作爲一個年輕的少婦，她的內心的苦悶是可想而知的。這個時候，西門慶闖進了她的生活，並很快勾搭上了。西門慶可謂是風月場中的老手，在他那兒李瓶兒自然是很滿足的，於是李瓶兒開始癡迷於西門慶。爲了能同西門慶勾搭，她可以將在她家聚宴的應伯爵等，連同花子虛，一起趕往妓院："你(花子虛)既要與這夥人吃，趁早與

---

[1] 見牧惠：《金瓶風月話》第 73 頁，江蘇古籍出版社，1992 年。張國風：《〈金瓶梅〉描繪的世俗人間》第 88 頁，書目文獻出版社，1992 年。

我院裏吃去，休要在家裏聒噪我。半夜三更，熬油費火，我那裏耐煩！”她的反常表現使得應伯爵簡直不敢相信(13回)。這時的李瓶兒已對花子虛無一點情感，而將自己的一腔癡情傾注在西門慶的身上。爲了愛情，女人是會不惜一切的，在今日的社會中，一向柔弱的女子爲了同姘夫結合而謀害親夫的事情並非罕見。理解了這一點再去看一生柔弱的李瓶兒，在花子虛輸了官司回來“焦燥”地查尋她手中剩餘的已經轉給了西門慶的財產時的撒潑斥罵(14回)，就不再會感到不可思議的了。何況李瓶兒的撒潑，較之潘金蓮的潑悍，那簡直是小巫見大巫，無論是程度、氣勢、用詞的粗俗，均不可同日而語。

至於蔣竹山的介入，則有趁人之危之嫌。西門慶因其親家遭彈劾，因而閉門不出，娶李瓶兒之事只能暫緩，李瓶兒“盼不見西門慶來，每日茶飯頓減，精神恍惚”(17回)以至臥床不起。是郎中蔣竹山醫治好了她的病，在蔣竹山的針對西門慶的一番挑撥和有意勾引之下，李瓶兒終於招贅了蔣竹山。這種數日之間成就的婚煙，其基礎顯然是很不牢固的。因此當兩個月過後，蔣竹山因生理上的不景氣引起李瓶兒的厭惡以及對西門慶的思念時，在花子虛身上發生過的一幕自然就又一次在蔣竹山身上重演了。李瓶兒後來在總結這段婚姻時說：“只因你一去了不見來，把奴想的心斜了。後邊喬皇親花園裏常有狐狸，要便半夜三更，假名托姓變做你，來攝奴精髓，到天明雞叫時分就去了。你不信，只問老馮和兩個丫頭，便知端的。後來把奴攝的看看至死，不久身亡，才請這蔣太醫來看。恰吊在麵糊盆內一般，乞那廝局騙了，說你家中有事，上東京去了。奴不得已，才幹下這條路。”還說：“他拿甚麼來比你？你是個天，他是塊磚。你在三十三天之上，他在九十九地之下。……你是醫奴的藥一般，一經你 手，教奴沒日沒夜只是想你。”

因此，我們以爲正是對西門慶的癡迷，才使李瓶兒在一旦出現對她與西門慶的結合構成障礙或威脅的事物時，會使出渾身的解數,用盡全部的能耐不顧一切地、超乎尋常地排除它,而在這過程中或許會出現一些以她的個性不可能會有的罕見的反個性的舉措,雖很突兀,讓人驚異,但卻在情理之中。她對花子虛、將竹山的潑悍便屬這種罕見的反個性的舉措。所以不能將之當作常態、主流來看待,而據此認定與她占主流的柔弱相矛盾、相偏離,從而加以指責。

另外,我們還應注意到,就是在進西門家之前,在兇悍地對待花子虛、將竹山的同時,李瓶兒在同西門慶相處時依然溫存柔和,體現了其纖弱女子的本色:

> 你若不嫌奴醜陋,到家好歹對大娘說,奴情願只要與娘們做個姐妹,隨問把我做第幾個的也罷。親親,奴捨不得你。(16回)

> 我的親哥,你既真心要娶我,可趁早些。你又往來不便,休丟著我在這裏日夜懸望。(16回)

個中表現出的溫潤柔順,在《金瓶梅》中可謂絕無僅有。這只能進一步昭示我們:李瓶兒的溫柔的性格是永恆的、一貫的,是主流,而其潑悍是特殊背景下由癡情引發的特殊舉措,極具偶然性,並不構成她的性格成分,因而也就談不上性格上的前後矛盾。

既然溫柔是李瓶兒的天性、本色,那麼她的柔媚的非功利性、無針對性就是很自然的了,這一點同潘金蓮的"獻媚"有著天壤之別。進了西門家之後,她以她的柔媚的談吐對待任何人,上至西門慶、吳月娘,下至玳安、繡春,內對潘金蓮、孟玉樓等,外對潘姥姥、吳銀兒等,不分伯仲,廣施博行,在西門家贏得了"溫克性兒"(吳月娘語)的美名和眾口一詞的讚譽。

癡愚,不伶俐,是李瓶兒的又一大天性。她因此成為他人戲弄欺負的對象。我們來看下面一段:

> 先是玉簫問道:"六娘,你家老公公當初在皇城內那衙門來?"李瓶兒道:"先在惜薪司掌廠,御前班直,後升廣南

鎮守。"玉簫笑道:"嗔道你老人家昨日挨的好柴"。小玉
又道:"去年城外落鄉許多裏長老人好不尋你,教你往東京
去。"婦人不知道甚麽,說道:"他尋我怎的?"小玉知道:
"他說你老人家會告的好水災。"……小玉又說道:"朝廷
昨日差了四個夜不收,請你老人家往口外和番,端的有這話
麽?"李瓶兒道:"我不知道。"小玉笑道:"說你老人家
會叫的好達達。"把玉樓、金蓮笑的不了。月娘便道:"怪
臭肉每,幹你那營生去,只顧奚落他怎的!"(26回)

李瓶兒遲鈍得可愛,一再落入兩個丫環的語言圈套:玉簫的話其實
是引誘李瓶兒講出"薪"這個字眼,"薪"即柴,以影射前一天晚
上李瓶兒挨西門慶鞭子一節;小玉第一句話是影射前一天晚上李瓶
兒的痛哭一節;小玉第二句話則是影射李瓶兒跟西門慶同房時的親
昵一節。李瓶兒不知是計,一本正經地回答兩個丫環惡作劇式的戲
問假問,其憨態可掬。

　　李瓶兒的癡迷、柔弱以及遇事的遲鈍、不精明,最終斷送了自
己和兒子官哥,他們母子成了潘金蓮極端忌妒的犧牲品。面對潘金
蓮的一再尋釁,李瓶兒往往敢怒不敢言,官哥被潘金蓮害死後,她
只會感歎:"罷了,我也惹了一身病在這裏,不知在今日明日死也,
和他也爭執不得了,隨他罷"。(59回)是何等的軟弱無能。她信奉
並要她的下人也信奉的是:"天不言而自高,地不言而自卑。"(62
回),直到臨死才"悄悄向月娘哭泣,說道,'娘到明日好生看養著,
與他爹做個根蒂兒,休要似奴心粗,吃人暗算了。'"(62回)

　　作品中李瓶兒的言談不多,尤其是在進了西門家之後。但一個
溫柔、憨厚、無心計、不世故的少婦形象卻在她不多的言談中站立
起來,躍然於我們眼前。

## 三、龐春梅的語言

　　或許是物以類聚、近墨者黑的緣故，潘金蓮身上一些突出的不良習性在龐春梅身上也不同程度地存在著。當然龐春梅畢竟不是潘金蓮，她們的地位、個性、愛好的差異性決定著她們的言談舉止的獨特性，龐春梅應該也確實擁有明顯打上她個人標記的個性化語言，這正是作者的高明之處。

　　龐春梅是潘金蓮屋裏的丫頭，由於客觀上的條件——兼得潘金蓮、西門慶的寵愛，主觀上的因素——不甘久居人下、渴望出人頭地，使得她常常自命不凡，忘記了自己的下人的身份、地位，言談間每每透出一股與她的實際地位不相符合的驕氣、傲氣。

　　第 75 回，龐春梅想聽申二姐唱《掛真兒》，便吩咐春鴻：“你吃了，替後邊 叫將申二姐來。你就說我要他唱個兒與姥姥(即潘金蓮母——筆者案)聽。”傲氣十足，自我感覺特好。沒想到申二姐不買帳，春梅以為申二姐不知是她請，便又對春鴻講：“你說我叫他，他就來了。”口氣很大，自視甚高。當她得知申二姐明知是她請而推辭時，便指著申二姐一頓痛罵，什麼“俺家本司三院唱的老婆，不知見過多少，稀罕你這個兒”，什麼“好不好趁早兒去，賈媽媽與我離門離戶”等等，一番女主人口吻、一副女主人派頭。事後還頗為得意地對眾人講：“乞我把賊瞎淫婦一頓罵，立撐了去了。若不是大妗子勸著我，臉上與這賊瞎淫婦兩個耳刮子才好。他還不知道我是誰哩!叫著他張兒致兒，拿班做勢兒的。”這種說話的口氣找不到一丁點兒丫環的影子了。這也就難怪吳月娘要看不過去了：“他不唱便罷了，這丫頭慣的沒張倒置的，平白罵他怎麼的?怪不的，俺家主子也沒那正主子，奴才也沒個規矩，成甚麼道理!”

　　不知從什麼時候起，龐春梅已自個兒把自個兒從丫環奴才堆裏悄然遷徙到主子或預備主子的位置上去了，所以，她可以以主人的口吻直呼地位平等同為潘金蓮丫頭的秋菊為“奴才”(28 回)；當她聽到吳月娘稱她奴才時，竟氣得兩日不吃飯：“吃飯不吃飯，你管他怎的!左右是奴才貨兒，死便隨他死了罷。”(76 回)委曲、不滿溢於言表;尤其當吳月娘不信她將來會成爲主子時,她對西門慶說出了一番驚人之語:"常言道:凡人不可貌相,海水不可斗量。從來旋的不圓砍的圓。各人裙帶上衣食,怎麼料得定?莫不長遠只在你家做奴才罷。"(29回)其志高氣傲確實非秋菊等一般丫環可比。張竹坡在《金瓶梅讀法》中認爲作品"于春梅純用傲筆",確是的評。

除了傲之外,龐春梅的潑悍並不在潘金蓮之下,其撒潑次數並不見多,但其"質量"是很高的,"強度"是很駭人的,頗有點"不鳴則已,一鳴驚人"的架勢,所以她的屈指可數的幾次撒潑中就有兩次被遴選作了回目標題:一次就是第七十五回"春梅毀罵申二姐",我們前文分析了她言辭中的傲氣驕態,其實也包含著她的潑悍霸道,申二姐數落她的"這位大姐,怎的恁般粗魯性兒?……這般潑口言語瀉出來"並不言重;另一次是第 22 回"春梅正色罵李銘",同樣顯示了她的傲氣和霸氣:

> 止落下春梅一個,和李銘在這邊教演琵琶。李銘也有酒了。春梅袖口子寬,把手兜住了。李銘把他手拿起,略按重了些。被春梅怪叫起來,罵道:"好賊王八!你怎的撚我的手,調戲我?賊少死的王八,你還不知道我是誰哩!一日好酒好肉,越發養活的那王八靈聖兒出來了。賊王八,你錯下這個鍬撅了,你問聲兒去。我手裏你來弄鬼,等來家等我說了,把你這賊王八一條棍撅的離門離戶。沒你這王八,學不成唱了?愁本司三院尋不出王八來?撅臭了你這王八了!"被他千王八萬王八,罵的李銘拿著衣服往外,金命水命,走投無命。

一位家庭琴師出於好意的舉止招來了她恁一頓臭罵,且被罵得落荒而逃,足見其潑悍之程度。

我們也許還記得,潘金蓮對吳月娘撒潑時是又哭又叫又在地上打滾,又要尋死;而龐春梅欲除去孫雪娥在守備府撒潑時,一邊說:"那個攔我,我把孩子先摔殺了,然後我也一條繩子吊死就是了——留著他(指孫雪娥——筆者案)便是了!"一邊"一頭撞倒在地,就直挺挺的昏迷不省人事",比之潘金蓮毫不遜色,且做得更絕,一副動真格的作派。所以,潘金蓮那回最多只能算是打了個平手,而龐春梅此回則大獲全勝。就在她為如願以償而心滿意足的時候,她的潑婦的名分、地位也就牢牢地確立起來了。

龐春梅的嬌媚向來不為評家所注目。作品在她出場時的敍述語言中給她開出了"喜虐浪,善應對"的支票,卻在以後的情節展開中很少兌現。所以,張竹坡只注意到了她的"傲"而其他又以含含糊糊的"以不寫處寫之"、"特特用意寫之"(《金瓶梅讀法》)二句概括了事,實也出於無奈。龐春梅的嬌媚往往做得隱秘,藏而不露,又恰到好處,而不似潘金蓮做得瀟灑,無所顧忌,明眼人一看就知。第 12 回,潘金蓮私僕受辱挨抽,西門慶發怒虎頭蛇尾,正要找臺階下,便問春梅是否真有私僕一事,這是撒嬌獻媚的最好時機,無論是對西門慶,還是對潘金蓮:

> 那春梅撒嬌撒癡,坐在西門慶懷裏說道:"這個爹,你好沒的說!和娘成日唇不離腮,娘肯與那奴才!這個都是人氣不憤俺娘兒們,作做出這樣事來。爹,你也要個主張。好把醜名兒頂在頭上,傳出外邊去好聽?"

既討好了潘金蓮——為她解圍,又迎合了西門慶——讓他有了下的臺階,一舉兩得;再加上一次次的"爹"的呼叫,以噴代答的口吻,在此時此地此情此景是那樣的得體、適宜,這或許就是所謂的善應對吧。

第 76 回,西門慶去看同吳月娘慪氣的龐春梅,先是不睬,當西門慶去抱她時:

春梅道:"達達放開了手。你又來理論俺每這奴才做甚麼?也沾辱了你這兩隻手。"一聲親昵的"達達"已為全段奠定了基調,底下再怎麼橫也是撒嬌,越橫則嬌氣益盛。當西門慶提出讓她倒茶的請求時,她更是大撒其嬌:"死了王屠,連毛吃豬。我如今走也走不動在這裏,還教我倒甚麼茶!"於是西門慶拉著她手陪她去飽餐

了一頓。龐春梅的撒嬌無疑是她討西門慶的歡心與寵愛的殺手鐧，
"殺傷力"大，成功率高，其熟諳程度非西門家諸婦可比。

　　雖然潘金蓮是明行濫施，龐春梅是暗使稍事，但其主僕一起以
嬌媚籠絡西門慶的伎倆還是讓人看在眼裏，於是便有了"俏一幫兒
哄漢子"(孫雪娥語)的指斥和"一個漢子，你就通身把攔住了，和
那丫頭通同作弊"(吳月娘語)的責難。

# 四、孟玉樓的語言

　　關於孟玉樓，目前的評價分歧較大，有人褒揚她淡泊名利，無
爭無競[2]，也有人揭露她利用矛盾，從中漁利[3]。這是由孟玉樓藏而
不露的言行導致的截然相反的兩種意見。

　　我們倒是覺得孟玉樓實在是西門家眾女眷中最有城府的人
兒。她的處事圓滑、有主見，她的工於心計，她的乖巧、會做人，
使得她好事、壞事都有份，給人一種撲朔迷離、菽麥難辨的感覺，
然而只要細細體察、分析，我們是可以在她的言談中捕捉到她的那
種深深的城府的。

　　孟玉樓一生兩次改嫁，均是她自己拿定的主意。第一次是改嫁
西門慶，在第 7 回，這也是她首次亮相，就給人一種很不簡單的感
覺。當時她母舅張四"要圖留婦人手裏東西"，有意阻撓其改嫁西
門慶，但又不便直說，於是轉彎抹角地訴說西門家的種種不是，而
孟玉樓明知他的本意卻故意就事論事，闡明了自己的想法，結果說
得張四無言以對，悻悻而退，這裏共有 4 次交鋒，我們來看第一次，
孟玉樓是如何針對張四提出的"過去做大是，做小卻不難爲你"以
及西門家"人多口多，你惹氣也"予以反駁的：

　　　　自古船多不礙路。若他家有大娘子，我情願讓他做姐姐，奴

---

[2] 參見《〈金瓶梅〉描繪的世俗人間》第 104 頁。
[3] 參見鄭天剛《〈金瓶梅〉探心錄》第 32 頁，文化藝術出版社，1993 年。

做妹子。雖然房裏人多，漢子歡喜，那時難道你阻他?漢子
若不歡喜，那時難道你去扯他?不怕一百人單擺著。休說他
富貴人家，那家沒四五個。著緊街上乞食的，攜男抱女，也
挈扯著三四個妻小。你老人家忘多慮了!奴過去，自有個道
理，不妨事。

明知對方是找藉口，卻故意將計就計，安慰起對方來了，孟玉樓處
事的圓滑、有主見，可見一斑。

第二次是改嫁李衙內，在第 91 回，媒婆已上門來，不知此事
的吳月娘急忙去問孟玉樓是否有此事，剛剛還在盤算："我不如往
前進一步，尋上個葉落歸根之處，還只顧傻傻的守些甚麼?倒沒的
耽擱了奴的青春，辜負了奴的年少"的孟玉樓竟矢口否認："大娘
休聽人胡說，奴並沒此話。"然而吳月娘一走，孟玉樓便對媒婆說:

且說你衙內今年多大年紀，原娶過妻小來沒有，房中有人也
無，姓甚名誰，鄉貫何處，地裏何方，有官身無官身，從實
說來，休要搗謊。

人前人後，一藏一露，同樣顯示了她遇事有主見、圓滑、精明的個
性特徵。

作品一共提供了五次孟玉樓搬弄是非的言談。從中我們可以一
覽她的工於心計。兩次集中在第 21 回，分別將丫頭的話搬給潘金
蓮聽以醜吳月娘，將孫雪娥、李嬌兒的話搬給潘金蓮聽以洩憤。一
次是在第 23 回，因孫雪娥不願參加聚餐，孟玉樓便乘機在吳月娘
面前踩了她一腳："他對著人說：'你每有錢的，都吃十輪酒，沒
的拿俺每去赤腳伴驢蹄。'似他這等說，俺每罷了，把大姐姐都當
驢蹄子看承。"一次是在第 29 回，一句"你還說哩，大姐姐好不
說你哩。"總起，將吳月娘背後數落潘金蓮種種不是的話原原本
本、詳詳細細地告訴給了潘金蓮。後果最嚴重的一次是在第 26 回，
正是孟玉樓及時地將宋惠蓮口中露出來的西門慶欲釋放來旺兒的
打算告訴你了潘金蓮，並進而煽動:

(宋蕙蓮)就和你我等輩一般，甚麼張改？大姐姐也就不管管兒。

漢子沒政條，大的又不管，咱每能走不能飛，到的哪些兒？

我是小膽兒，不敢惹他，看你有本事和他纏。

才使潘金蓮迅速採取措施，改變了西門慶原來的計畫，逼宋惠蓮走上了絕路。西門家的老老少少均把宋惠蓮的死記在了潘金蓮的帳上，卻不知潘金蓮背後還有個搖鵝毛扇的。

而最能體現孟玉樓工於心計的是第 93 回她設計陷害陳經濟的那一節。陳經濟在守備府欲調戲她，遭到了她的怒斥；陳經濟調戲不成，進而要協，孟玉樓怕事態擴大，假意逢迎："好姐夫，奴鬥你耍子，如何就惱起來。" "你既有心，奴亦有意。"遂相約夜裏見面。一轉身卻同她丈夫合計："咱不好將計就計，把他當賊拿下，除其後患如何？"於是陳經濟便中計成了階下囚，孟玉樓像要孩子似的要了他。

因此，我們有足夠的理由相信，孟玉樓的工于心計遠在潘金蓮之上，李桂姐將潘、孟相題並論："孟家的和潘家的，兩家一似狐狸一般"(44 回)實在是抬舉了潘金蓮這隻小狐狸，而低估了孟玉樓這隻老狐狸。

孟玉樓有算計人的時候，也有乖巧、會做人的時候。她挑撥吳月娘、潘金蓮的關係，而當吳月娘同潘金蓮大吵了一場之後，也是她從中斡旋，做盡好人。她對著吳月娘："大娘，耶呀耶呀，那裏有此話，俺每就代他賭個大誓。這六姐，不是我說他，要的不知好歹，行事兒有些勉強，恰似咬群出尖兒的一般，一個大有口沒心的行貨子。大娘，你若惱他，可是惱錯了。"等等，對著潘金蓮："你走到後邊。把惡氣兒揣在懷裏，將出好氣兒來，看怎的與他下個禮，賠了不是兒罷。你我既在簷底下，怎敢不低頭。常言：甜言美語三冬暖，惡語傷人六月寒。你兩個已是見過話，只顧使性兒到幾時。"等等，人前人語，鬼前鬼話，將兩個說動了心，於是便有了下面這一場絕妙的"演出"：

玉樓掀開簾兒,先進去說道:"大娘,我怎的走了去就牽了
他來,他不敢不來"。便道:"我兒,還不過來與你娘磕頭!"
在傍邊便道:"親家,孩兒年幼,不識好歹,衝撞親家。高
抬貴手,將就他罷,饒過這一遭兒。到明日再無禮,犯到親
家手裏,隨親家打,我老身卻不敢說了。"那潘金蓮插燭也
似與月娘磕了四個頭,跳起來趕著玉樓打道:"汗邪了你這
麻淫婦,你又做我娘來了。"連眾人都笑了,那月娘忍不住
也笑了。

由孟玉樓自導並領銜主演的這場和解戲,憑著孟玉樓式的乖巧、聰
慧,獲得了極大的成功;孟玉樓也憑著她會做人的功夫,博得了吳
月娘、潘金蓮的感激和闔家上下的好感。

在西門家的六房妻妾中,孟玉樓的言談是屬於溫和型的——與
潘金蓮語言的潑辣剛好形成鮮明的對比,這也是她個性化語言的不
可忽視的一個方面。

孟玉樓從沒跟人撒野吵過架,也沒背後懷妒罵過人,僅有的二
次作色嚴詞均是忍無可忍所致:一次是在第 23 回,宋惠蓮因勾搭
上了西門慶,趾高氣揚,不同往日,其時適值吳月娘、孟玉樓等擲
骰兒打牌,宋惠蓮不僅看牌,還"故作揚聲"評說每個人手裏的
牌,當她斷定孟玉樓手裏的牌"這么三配純五,只是十四點兒,輸
了"的時候,"被玉樓惱了,說道:'你這媳婦子,俺每在這裏擲
骰兒,插嘴插舌,有你甚麼說處!'"。宋惠蓮顯然做得太過分,孟
玉樓的責怪當在情理之中,且這種責怪的言辭還是屬溫和型的,只
不過嚴厲點兒罷了。還有一次便是在第 92 回,陳經濟借著酒勁,
想調戲馳,於是"那婦人登時一點紅從耳畔起,把臉飛紅了,一手
把香茶包兒掠在地下,說道:'好不識人敬重!奴好意遞酒與你吃,
倒戲弄我起來!'就撤了酒席往房裏走了。"這是孟玉樓唯一的一次
紅臉發脾氣,從她的體態語來看,她是氣憤到了極點,所以也顧不
上什麼場面上的禮節、體面了,但即便如此,她的言辭也還只不過

是嚴厲一點兒罷了，而絕沒有似乎應該有的潑婦式的罵詈。這比之第 22 回因被按手按重了點兒——還不是挑明調戲了——便千王八萬王八地潑罵的春梅是何等的不同，兩下比較更能顯示出孟玉樓個性中也是言談中溫和的一面、克制的一面。

而最能體現孟玉樓個性、言談的溫和的，還是在第 91 回，孟玉樓嫁到衙內府，原來同李衙內有染的大丫頭玉簪兒肆意尋釁，什麼事也不幹，孟玉樓不予理會，反交待另兩個小丫頭："你休靠玉簪兒了，你二人自去廚下做飯，打發你爹吃罷。"玉簪兒大罵出口，正洗澡的李衙內聽了大怒，要打玉簪兒，孟玉樓則勸說："隨他罵罷，你好惹氣。只怕熱身子出去，風試著你，倒值了多的。"玉簪兒提出要走，李衙內又想打她，孟玉樓勸道："他既要出走，你不消打，倒沒得氣了你。"儼然一位寬容賢慧的女主人。在他人肆意污辱的情況下，她的言談依然能保持溫和謙恭的本色，可以推知在平常的日子裏、日常的交往中她的言談該是怎樣的一種溫文爾雅。

## 五、吳月娘的語言

吳月娘是一個很平常的人，個性特徵也不如潘金蓮、李瓶兒等來得突出。待人處事，拿今天的標準來看，有賢慧的一面，也有欠妥的一面，這就給她的總體評價帶來了種種不利因素。說她賢慧的人固然不愁沒有依據；說她爭風使氣的人也能找到所需的例證。加上張竹坡的一句"吳月娘是奸險好人。"（《金瓶梅讀法》)更是給吳月娘的正確評價籠上了陰影和迷霧。

再精密的邏輯推理在事實面前總要稍遜一等。吳月娘的言行告訴我們的並不像張竹坡在他的評論中熱情引導、殷勤指點的那樣。

從本質上來講，吳月娘屬於慈善、溫和那一類的女人，這是我們從吳月娘的言談中不難感覺到的。第 15 回，眾女眷去獅子街燈市李瓶兒新居內賞燈赴宴，正酒酣耳熱之際，吳月娘卻要告退了，理由是：

> 酒勾了，我和她二娘（指李嬌兒——作者案）先行一步，留下
> 他姐妹兩個再坐一會兒，以盡二娘（指李瓶兒——作者案）之
> 情。今日他爹不在家，家裏無人，光丟著些丫頭們，我不放
> 心。

臨走又"囑付玉樓、金蓮"：

> 我兩個先起身。我去便使小廝拿燈籠來接，你們也就來罷，
> 家裏無人。

出現在我們面前的儼然是一位賢妻良母，閉上眼睛，凝思默慮，我
們可以構擬得出她當時的溫和的語調、慈善的表情。

　　吳月娘對其他女眷兒女般的呵護似乎是一種天性、本能。這種
天性在第 25 回她"閑中率眾姐妹"蕩秋千時的諄諄囑咐中表現得
尤為淋漓盡致：

> 那金蓮在上頭便笑成一塊。月娘道："六姐，你在上頭笑不
> 打緊，只怕一時滑倒，不是耍處。"

話音沒落，"只聽得滑浪一聲，把金蓮擦下來。早時扶住架子，不
曾跌著"，於是：

> 月娘道："我說六姐笑的不好，只當跌下來"。因望李嬌兒
> 眾人說道："這打秋千最不該笑，笑多了有甚麼好？已定腿
> 軟了跌下來。也是我那咱在家做女兒時，隔壁周台官家有一
> 座花園，花園中紮著一座秋千。也是三月佳節，一日他家周
> 小姐和俺，一般三四個女孩兒，都打秋千耍子。也是這等笑
> 的不了，把周小姐滑下來，騎在畫板上，把身上喜抓去了。
> 落後嫁與人家，被人家說不是女兒，休逐來家。今後打秋千，
> 先要忌笑"。

又是叮囑，又是講故事，可謂不厭其煩，絮絮叨叨，而就在這種一
再叮嚀、反覆絮叨中，吳月娘慈善的本性得到了充分的展現。

　　作為一個女人，吳月娘也有忌妒的時候，她真正忌妒過的人是

李瓶兒，但這忌妒一半來自自身，一半是經潘金蓮的挑撥引發的，第二十回，李瓶兒喜酒席上唱了一首"永團圓世世夫妻"，潘金蓮趁機挑撥："小老婆今日不該唱這一套。他做了一對魚水團圓，世世夫妻，把姐姐放到那裏？"於是"那月娘雖故好性兒，聽了這兩句，未免有幾分動意，惱在心中。"然而，有一點是不能忽視的：吳月娘妒歸妒，卻從無設計陷害李瓶兒的心思；相反在李瓶兒臨產前對李瓶兒最關心、最體貼的恰恰就是吳月娘。

第 30 回，李瓶兒產前。西門全家"在家中賞玩荷花，避暑飲酒"，"坐間不見了李瓶兒"。

於是：

> 月娘向繡春說道："你娘往屋裏做甚麼哩，怎的不來吃酒？"繡春道："我娘害肚裏疼，屋裏歪著哩，便來也。"月娘道："還不快對他說去，休要歪著，來這裏坐著，聽一回唱罷。"一會兒，李瓶兒來了。
>
> 月娘道："只怕你掉了風冷氣，你吃上鍾熱酒，管情就好了。"

當聽說李瓶兒肚子疼得在炕上打滾時：

> 慌了月娘道："我說是時候，這六姐還強說早哩！還不喚小廝來，快請老娘去。"……月娘問道："李大姐，你心裏覺怎的？"李瓶兒回道："大娘，我只心口連小肚子，往下墜著疼。"月娘道："你起來，休要睡著，只怕滾壞了胎。老娘請去了，便來也。"少頃，漸漸李瓶兒疼得緊了。月娘又問："使了誰請老娘去了？這咱還不見來。"玳安道："爹使了來安去了！"月娘罵道："這囚根子，你不快迎迎去！平白沒算計，使那小奴才去，有緊沒慢的。"西門慶叫玳安快騎了騾子趕了去。月娘道："一個風火事，還像尋常慢條斯禮兒的。"

接生婆蔡老娘一到，吳月娘劈頭第一句話便是：

姥姥，生受你。怎的這咱才來?

蔡老娘需繃接、草紙，吳月娘"便教小玉：'往我房中取去!'"而"此是大姐姐預備下他早晚臨月用的物件兒，今日借來應急兒。"(孟玉樓語)看了上面這一切，我們對吳月娘的忌妒還能說什麼。要想從中找出哪怕是一丁點兒一些評論家所說的"假慈善"來絕對肯定是很困難的，甚而至於是徒勞的。西門慶在糾正尚未進門的不諳世故的李瓶兒"惟有他大娘，性兒不是好的，快眉眼裏掃人"的偏見時，這樣評價吳月娘："俺吳家的這個拙荊，他倒好性兒哩!"(16 回)知妻莫如夫，西門慶的評價較之張竹坡的自然要可信得多。

好性兒的吳月娘與同樣好性兒的李瓶兒後來日漸親密，李瓶兒臨終前將最知心的話兒留給了吳月娘一個人。這是後話。

作爲西門大官人的正妻、西門家的第一夫人，吳月娘在言談間自然要擺擺譜，她很看重她的正妻地位，這是她的弱點——潘金蓮就是瞅準了她這個弱點，初進門時一再奉承她，博得了她的歡心，從而引來了家裏其他人的非議："他來了多少時，便這等慣了他，大姐好沒分曉!"吳月娘有幾次發作，均是由於她應有的地位受到了他人的挑戰。吳月娘第一次發作是在第 45 回，成了回目的標題"月娘怒罵玳安"。吳月娘的怒緣何而來?事情的起因是李嬌兒房裏的丫頭夏花兒偷金錠被發現，西門慶打了她一頓之後吩咐拉出去賣了。(44 回)這件事當然由吳月娘來執行。然而第二天當吳月娘正要讓人叫媒婆把夏花兒領出去的時候，西門慶應允了李桂姐的央求改主意不賣夏花兒了，讓玳安去跟吳月娘說。吳月娘明明聽說了，是李桂姐從中搗的鬼，可還是大罵玳安(45 回)。吳月娘不是因爲不想要夏花兒而發怒，也不是因爲存心要跟玳安兒過不去而發怒，她的怒氣來自西門慶竟按照李桂姐——一個妓女、吳月娘剛收下的幹女兒的話行事，而沒有徵求她的意見，她感到不平，於是玳安成了替罪羊、出氣筒。

吳月娘最厲害的一次發作是在第 75 回，論者多謂是爲了同潘金蓮爭奪與丈夫的同房權。[4]而考察事情的前因後果,恐怕不是這麼回事。事情的發端是春梅撒潑,罵跑了吳月娘請來的盲歌女申二姐,吳月娘感到沒了面子,感歎"俺家主子也沒那正主子,奴才也沒個規矩,成甚麼道理",並要潘金蓮:"你也管她管兒,慣的通沒些折兒!"沒想到招來潘金蓮的反唇相譏。作為報復潘金蓮的一種手段,當天晚上氣惱中的吳月娘阻攔西門慶去潘金蓮房中,而將他趕上了身體欠佳的孟玉樓的炕頭。吳月娘自己則在上房裏同大妗子等議論白天的事,道出了自己的心思:"一個女兒(指歌女申二姐——作者案),他走千家門萬家戶,教他傳出去好聽,敢說西門慶那大老婆也不知怎麼的,出來的亂世,不知那個是主子,那個是奴才。不說你們這等慣的沒些規矩,恰似俺每不長俊一般,成個甚麼道理?"奴才不尊重主子,主子的地位受到了奴才的挑戰這才是吳月娘惱怒潘金蓮、龐春梅的根由之所在,也是引發第二天吳潘大吵一場的最直接、最根本的原因。而"好把攔漢子"云云只不過是吳月娘針對潘金蓮的"一夜沒漢子也成不的"(孫雪娥語)的弱點而用來打擊她的有效的武器。若以為吳月娘為此而大動干戈則是小看了吳月娘了。

# 六、西門慶的語言

西門慶是全書的中心人物。這是一個很複雜的人物,這個複雜並非是說他藏得很深,難以捉摸,而是說他集諸多性格上的矛盾於一身,——這是由西門慶扮演著多重角色:丈夫、朝廷命官、結義十兄弟的大哥所決定的——簡單地以市儈、狡詐等去給他定性,如不少論者經常所做的那樣,難免會失之偏頗,從而不能給他一個客觀、全面的評價。

---

[4] 參見:《〈金瓶梅〉探心錄》第 24 頁,孟超:《〈金瓶梅〉人物論》第 104 頁,光明日報出版社,1986 年。

　　西門慶的言談大致可分為兩個部分：一個部分是他在深閨中同其妻妾相好的對話，顯示了他個性中的一個層面，一些特徵；另一個部分是在閨房外同他妻妾相好以外的人的對話，顯示了他個性中的另一個層面的東西，另一些特徵。而不少的時候，這兩個層面往往是相背離、不一致的。

　　作為市井中人，西門慶的粗俗是不言而喻的。然而細細考察，我們發現西門慶粗俗的言談往往僅局限於他同其妻妾的會話中，如我們在前面引過的第 51 回西門慶在潘金蓮房中說的那個某人忘變驢陽的黃段子。又如第 19 回，西門慶在潘金蓮房中派蔣竹山的不是：

　　　　西門慶道："你看不出他。你說他低著頭兒，他專一看你的
　　　　腳哩！"婦人道："汗邪的油嘴，他可哥看人家老婆的腳？"
　　　　西門慶道："你還不知道他哩！也是左近一個人家請他看
　　　　病，正是街上買了一尾魚手提著。見那人請他，說："我送
　　　　了魚到家就來。"那人說："家中有緊病，請師父就去罷。"
　　　　這蔣竹山一直跟到他家。病人在樓上，請他上樓。不想是個
　　　　女人不好，素體容妝，走在房來，舒手教他把脈。這廝手把
　　　　著脈，想起他魚來，掛在簾鉤兒上，就忘記看脈，只顧且問：
　　　　'嫂子，你下邊有貓兒也沒有？'不想他男子漢在屋裏聽見
　　　　了，走來采著毛，打了個臭死，藥錢也沒有與他，把衣服扯
　　　　得稀爛！得手才跑了。"

語言粗俗不堪，迎合了潘金蓮愛聽淫話的嗜好。像這樣粗俗的話語，在閨房外，西門慶是從來不說的，不知有多少次，在宴席上、在閒聊時，因應伯爵、孫寡嘴等的粗話，招來了西門慶這位"大哥"、"大官人"的笑罵、追打。在外人面前，西門慶的言談往往透露出一股文氣，給人一種溫文爾雅的感覺。第 69 回，西門慶同林太太偷情前，對林太太的一段客套、表白就是一個典型例子：

　　　　老太太怎生這般說，言謝之一字。尊家乃世代簪纓，先朝將

> 相,何等人家!令郎既入武學,正當努力功名,承其祖武,
> 不意聽信遊食所哄,留連花酒,實出少年所為。太太既分付,
> 學生到衙門裏,即時把這幹人處分懲治;亦可誡諭令郎,再
> 不可蹈此故轍:庶可杜絕將來。

這是西門慶同林太太的初次對話,此時的林太太還是王招宣遺孀,同西門慶無任何瓜葛,因此西門慶是把她當作外人來說話的,言談自然謙恭文雅,比之前文編派蔣竹山的那一段,真有天壤之別。潘金蓮(第 3 回)、李瓶兒(第 13 回)在沒有同西門慶發生關係前,均領教過西門慶類似的禮遇。至於在同蔡狀元、安進士(第 36 回)、宋巡按(第 49 回)、黃主事(第 65 回)、夏提刑(第 70 回)等官場中人交往時,在與任醫官(第 54 回)、黃真人、吳道官(第 66 回)、何太監(第 70 回)等有身份、有地位的人的應酬中,西門慶的言談更是滿口之乎者也,顯得文質彬彬,一掃粗俗的市井氣。這種本領是應伯爵、謝希大之流一輩子也學不會、趕不上的。西門慶的狠毒、狡詐是有目共睹的,在武大事件中(第 5 回)、在蔣竹山事件中(第 19 回)、在來旺兒事件中(26 回)我們可以有所領略,評家對此多有論及,此處不再贅言。然而需要指出的是西門慶在同他的妻妾相好的相處中也每每展現他溫情、愚魯的一面。

第 53 回,李瓶兒之子官哥患病,西門慶請人搞了一些迷信活動,便對孩子說:"孩子,我與你賽神了,你好了些,謝天謝地!"官哥病情果有好轉,為了讓孩子早日痊癒,西門慶又去謝土拜土地,一結束便"走入官哥床前,摸著說道:'我的兒,我與你謝土了。'對李瓶兒道:'好呀,你來摸他額上,就涼了許多。謝天,謝天!'李瓶兒勸他揩一揩身,吃晚飯,西門慶道:"這裏恐唬了孩子,我別的去吃罷。"一位慈父的形象躍然紙上。

第 54 回,李瓶兒患病,西門慶得知後直奔李瓶兒床邊:"快去請任醫官來看你。"便吩咐迎春:"喚書童寫帖,去請任太醫。"又說:"恁的晦氣,娘兒兩個都病了,怎的好!留得娘的精神,還好

去支持孩子哩。"李瓶兒叫疼，西門慶道："且耐心著，太醫也就來了。待他看過脈，吃兩種藥，就好了的。"關懷體貼、溫情脈脈的賢夫的形象站在了我們面前。

在把潘金蓮、李瓶兒等勾搭上手的過程中，西門慶機關算盡、費盡心機，可謂精明過人；然而一旦她們成為西門大家族的一員，其所作所為，哪怕是傷風敗俗，西門慶或視而不見，或寬宏大度，其遲鈍、愚魯簡直讓人有判若兩人之感。

第 12 回，潘金蓮同琴童私通，李嬌兒、孫雪娥向西門慶告發，且證據確鑿，怒火中燒的西門慶手提馬鞭喝令："淫婦脫了衣裳跪著!"潘金蓮自知理虧，不敢違命。西門慶便問："賊淫婦，你休推睡裏夢裏，奴才我才已審問明白，他一一都供出來了。你實說，我不在家，你與他偷了幾遭?"而潘金蓮一邊苦苦哀求告饒，一邊百般抵賴。於是西門慶叫過春梅來問她。"淫婦果然與小廝有首尾沒有?你說饒了淫婦，我就饒了罷"。春梅自然幫潘金蓮解脫，最後西門慶吩咐道："我今日饒了你。我若但凡不在家，要你洗心改正，早關了門戶，不許你胡思亂想!我若知道，定不饒你!"真是愚蠢得可笑。自己的小妾與下人私通已是明明白白的事情了，卻憑小妾房裏丫頭的一句話而不予追究，天底下恐怕沒有這樣寬容、愚魯的丈夫了。西門慶的狡詐、精明安在?兇狠、毒辣安在?看來，西門慶確乎是內外有別的。所以，第 24 回，陳經濟同潘金蓮調情時，張竹坡評點道："試問西門出門，放心不顧，其愚為何如?"指出了西門慶性格中愚魯的一面。

西門慶是貪婪的。第 47 回，苗青貪財害主事發，危急之中托王六兒向西門慶求助，西門慶的第一句話是："他拿了那禮物謝你?"王六兒取出五十兩銀子，並許諾事成另加兩套衣裳，見過大世面的西門慶當然不會將此放在眼裏："這些東西兒，平白你要他做甚麼?……兩個船家見供他有二千兩銀貨在身上，拿這些銀子來做甚麼，還不快送與他去!"言辭閃爍，但意思十分清楚：嫌少。苗青答應送上一千兩銀子，只是希望寬限幾日，西門慶滿口答應："既是恁般，我分付原解，且寬限他幾日拿他。教他即便進禮來。"這急不可耐的最後一句，使其貪婪本性原形畢露。結果苗青送上一千兩銀子、一頭豬，才得以逃脫。

然而西門慶也是慷慨的。第 36 回，蔡狀元向西門慶借盤纏："學生此去回鄉省親，路費較少。"西門慶很爽快："不勞老先生分付。雲峰尊命，一定謹領。"第二天蔡狀元得到的是包括白金一百兩在內的一份厚禮："但假數十金足矣，何勞如此太多，又蒙厚貺！"西門慶笑答："些須微賤，表情而已。老先生榮歸續親，在下此意，少助一茶之需"類似的慷慨相贈何止一二見。第 67 回，應伯爵又添了一個兒子，手頭拮据，西門慶一給就是五十兩銀子："這封五十兩，你多拿了使去，省的我又拆開他。"第 56 回，常時節要買房，向西門慶討銀子，西門慶明知買房只需三四兩銀子，卻把太師府賞封的十二兩碎銀給了他："今日先把幾兩碎銀與他拿去，買件衣服，辦些家活，盤攪過來。待尋下房子，我自兌銀與你成交，可好麼？"他不但有慷慨的實踐，而且還有一套樂施的理論："兀那東西，是好動不喜靜的，曾肯埋沒在一處?也是天生應人用的，一個堆積，就有一個人缺少了。因此積下財寶，極有罪的。"

西門慶就是這麼一個複雜的人物，一個集太多性格上的矛盾於一身而又讓人感到真實可信的形象。

## 七、應伯爵的語言

應伯爵恐怕是作品男性人物形象畫廊中塑造得最為成功從而也是最為光彩奪目的一個了，殊可同女性人物系列中的潘金蓮相媲美。他的言談機巧諧謔、粗俗下流、奴顏媚骨以及奸滑勢利，使之成為古今幫閒的集大成者。

作為一個出色的幫閒，應伯爵具備著一流的口才。他的談吐往往機巧、諧謔，哪兒有他，哪兒就熱鬧，就有笑聲。第 57 回，永福寺長老到西門府上化緣，西門慶因剛得了兒子，在應伯爵攛掇之下捐助了五百兩銀子。長老告辭後，應伯爵耍起了嘴皮子：“好個長老，想是果然有德行的。他說話中間，連咱也心動起來，做了施主。”西門慶大惑不解：“二哥，你又幾曾做施主來的?疏薄又是幾時寫的?”應伯爵笑道：“咦，難道我出口的不是施主不成?哥，你也不曾見佛經過來。佛經上第一重的是心施，第二法施，第三才是財施。難道我從旁攛掇的，不當個心施的不成?”把個西門慶給逗笑了。像化緣捐銀這樣嚴肅正經的事情，一經應伯爵之口，也會變得富有意趣，更遑論其他場合。當然，最能讓應伯爵施展其卓越的口才的，還是在他同妓女們犯牙鬥嘴、取樂調笑的時候。如第 15 回模仿勢利的虔婆見了十兩銀子後驚喜的口吻：“姐夫吃了臉洗飯?洗了飯吃臉?”又如第 32 回打趣收李桂姐乾女兒的西門慶：“這回連乾女兒也有了。到明日灑上些水，看出汁兒來。”等等，都是他的名段子，充滿諧趣，每每讓人忍俊不禁。

作為幫閒，應伯爵沒有獨立的人格，也完全放棄了尊嚴，他要靠仰主子的鼻息而生存，尤如一個高級乞丐，盡自己的所能，討來主子的歡心、恩賜。所以他的言談自然也就少不了奴顏媚骨，阿諛奉承，一副奴才相，每每令人噁心。李瓶兒原是花子虛之妻，對應伯爵來說，是熟識的;可一旦成了西門慶的妾，在應伯爵口中就似變了一個人：“我這嫂子，端的寰中少有，蓋世無雙。休說德性溫良，舉止沉重，自一表人物，普天之下，也尋不出來。那裏有哥這樣大福!俺每今日得見嫂子一面，明日死也得好處。”(20 回)一派花言巧語，真難為他了。即使是西門慶席上的半段鰣魚也會成為其獻媚的話題：“你每那裏曉得，江南此魚，一年只過一遭兒，吃到牙縫兒裏，剔出來都是香的。好容易!公道說，就是朝廷還沒吃哩。不是哥這裏，誰家有!”(52 回)第一句對鰣魚的介紹，還算正道，可接下來，一發揮，一奉承，便離譜了，一如張竹坡在此處評點的那樣：

"奉承的不倫沒理一至於此。"除了阿諛奉承之外，應伯爵還經常作踐自己以博主子一笑，崇禎本第 54 回，應伯爵連說了兩個笑話，無意中均冒犯了西門慶。西門慶不悅："你這狗才，剛才把俺每都嘲了，如今也要你說個自己的本色。"惶恐不安中的應伯爵即刻糟踐自己：

> 一財主撒屁，幫閒道："不臭。"財主慌的道："屁不臭，不好了，快請醫人。"幫閒道："待我聞聞滋味看。"假意兒把鼻一嗅，口一咂道："回味略有些臭，還不妨。"

這就是應伯爵的本色，沒有人格，不講尊嚴，奴性十足，無恥之極，實在是一幅絕妙的自畫像，也是反映幫閒生涯的代表作，這也就難怪在西門慶等的哄笑中，另一位幫閒常峙節會跳出來爭奪笑話的版權："你自得罪哥哥，怎的把我的本色也說出來。"

幫閒有高低雅俗之分，作爲市井中人，應伯爵只能是幫閒中層次最低、最爲粗俗的那一撥，其言談之低級、下流便是很合乎情理的了。第 52 回，應伯爵占妓女李桂姐的便宜："你這賊小淫婦兒，你經還沒念，就先打和尚起來。要吃飯，休要惡了火頭。你敢笑和尚沒丈母，我就單丁，擺佈不起你這小淫婦兒?你休笑話，我半邊俏，還動的被。"又是詈詞，又是隱語，的確是市井中人的口吻。除了潘金蓮之外，應伯爵是作品中說淫話最多的角兒了，動輒粗話連篇，肚子裏還塞滿了各種各樣的黃段子，一俟主子需要，便不失時機地進獻。崇禎本第 54 回，應伯爵調戲妓女韓金釧："我的兒，誰養的你恁嬌，輕輕蕩得一蕩兒，就得哭，虧你挨那驢大的行貨子來。"言辭淫蕩已極。然後又向西門慶等獻上一個黃段子："我還有個笑話兒，一發奉承了列位罷：一個小娘，因那話寬了，有人教道他：你把生礬一塊塞在裏邊，敢就緊了。那小娘真個依了他。不多時，那礬緊得疼了，不好過，眈瞅著，立在門前。一個走過的人看見了，說道：這小淫婦，倒象妝霸王哩。這小娘正沒好氣，聽見了便罵道：怪囚根子，俺樊噲妝不過，誰在這裏妝霸王哩?"言談低級、下流，較娼家尤甚。應伯爵人品的低劣、無恥，也便在這一句句的淫話中，一個個的黃段子中暴露無遺了。

應伯爵不是一般的僅僅只會奉承獻媚，取悅主人的幫閒食客，如謝希大、常峙節、孫寡嘴之輩，與他們不同的是他會背著主子，耍弄一些小伎倆算計主子，顯示出他的奸滑、勢利。第 31 回，吳典恩要向西門慶借七八十兩銀子，向應伯爵求助，並許諾事成之後，給應伯爵十兩銀子。在利益的驅動下，這位西門慶的結義兄弟、最信賴的朋友，卻是這樣為素無交往的吳典恩出謀劃策的：

> 吳二哥，你說借出這七八十兩銀子來，也不勾使。依我，取筆來寫上一百兩。恆是看我面，不要你利錢，你且得手使了。到明日，做上官兒，慢慢陸續還他，也是不遲。常言俗語說得好：借米下得鍋，討米下不的鍋。哄了一日是兩晌。何況你又在他家曾做過買賣，他那裏把你這幾兩銀子放在心上。

這哪是西門慶的哥們兒說的話。仗著自己同西門慶的不同尋常的關係，在背後幫別人出主意沾西門慶的便宜，這就是應伯爵的為人。而之所以這樣做，之所以把西門慶給他的種種好處、種種關照、種種友善拋在腦後卻替素昧平生的吳典恩出力使勁，僅僅、純粹、完全、整個是為了那即將到手的白花花的十兩銀子。吳典恩後來固然是以怨報德、忘恩負義，然而眼下的應伯爵呢?張竹坡在此提前道出："伯爵之惡，更甚于吳典恩。"因為吳典恩是明的，而應伯爵是暗的。

類似的算計何止一次。第 45 回，商販黃四、李三欲將五百兩銀子的文書合同在西門慶手裏改成一千兩銀子的文書合同，求助應伯爵。應伯爵因十兩銀子已收下，並還有事成之後的酬謝，勁頭更足："我只消一言，替你每巧一巧兒，就在裏頭了。"爾後詳細地指點他們第二天該如何上門去辦此事，並教他們："常言道：秀才無假漆無真。進錢糧之時，香裏頭多上些木頭，蠟裏頭多攙些柏油，那裏查帳去!不圖打魚，只圖混水，借著他這名聲兒才好行事。"較之前番尤甚，這不是一般地沾點小便宜，而簡直是唆使他人幹陷害西門慶的勾當——借西門慶的名聲去搞假冒偽劣，坑騙廣大顧客。應伯爵的奸滑、勢利，一至於斯。

應伯爵在作品中出場的次數相當有限，然而每次出場均有不凡的、獨特的表現，從而在不長的篇幅裏、不多的場合中，通過他的言行充分、集中地展現他的種種個性特徵，給人們留下了極爲深刻的印象。應伯爵不僅是《金瓶梅》塑造的人物群像中的佼佼者，也是古今一切文學作品塑造的幫閒人物中的"大哥大"。

## 八、玳安兒的語言

玳安是西門慶的貼身小廝，屬奴才輩，然而曾幾何時，這位奴才小廝搖身一變，改名西門安，承繼西門家的香火，躋身主子圈。這除了客觀上的因素——西門家無人承受家業之外，不能不歸功於他自身的一些爲其他奴才小廝所不具備的優勢和本領。

玳安的精明機靈是有口皆碑的。他的第一次出場就身手不凡。第 8 回，西門慶因娶孟玉樓，一個多月未去潘金蓮處。潘金蓮從玳安口中得悉一切，痛哭不已，玳安安慰她："六姨，你休哭。俺爹怕不的也只在這兩日頭，他生日待來也。你寫幾個字兒，等我替你捎去，與俺爹瞧看了，必然就來。"潘金蓮一面拜託他請西門慶上門，一面有意考考他："他若是問起你，來這裏做什麼，你怎生回答她？"玳安則答："爹若問小的，只說在街上飲馬，六姨使王奶奶叫了我去，捎了這個束貼兒，多上覆爹，好歹請爹過去哩。"直說得潘金蓮破涕爲笑，讚賞道："你這小油嘴，倒是再來的紅娘，倒會成合事兒哩"。喜愛之情溢於言表。這就是玳安的本事。玳安的機靈、精明豈止得到潘金蓮的賞識，第 16 回，李瓶兒喜不自勝中發出了"好個乖孩子，眼裏說話！"的感歎，只因爲西門慶要在李瓶兒處過夜，李瓶兒教玳安："到家裏，你娘問，只休說你爹在這裏。"沒想到玳安已胸有成竹:"小的知道,只說爹在裏邊(指妓院——作者案)過夜,明日早來接爹就是了。"小小年紀,就如此機敏練達,不用主子叮囑、操心,怎不令李瓶兒"喜歡的要不的。"

什麼人面前說什麼話,是玳安待人處事的一貫原則。潘金蓮有一次就提到玳安"久慣兒牢成",對吳月娘講假話,而對潘金蓮說真話(第16回)。平安因沒按西門慶吩咐放進了白來創而挨了打,玳安就告誡他:"平安兒,我不言語繁的我慌。虧你還答應主子,當家的性格,你還不知道,你怎怪人!常言:養兒不要屙金溺銀,只要見景生情。比不的應二叔和謝叔來,答應在家不在家,他彼此都是心甜厚,間便罷了。以下的人,他又分付你答應不在家,他不在家,你怎的放人來?不打你,卻打誰?"(35回)確乎是經驗之談,肺腑之言。不過這種見風使舵的本領,不是一朝一夕學得會的,裏邊的學問大著呢。玳安之所以能駕輕就熟,是因爲他具備這方面的天賦,爲平安等所望塵莫及。即便如此,他也有失手的時候。第21回,在應伯爵的死告活央下,西門慶答應再去李桂姐家,讓玳安去裏屋取衣服,吳月娘見了便問:"你爹要往那去?"按照一貫的做法,玳安搪塞道:"小的不知,爹只教小的取衣服。"這次是太明顯不過了,所以被吳月娘戳穿:"賊囚根子,你還瞞著我不說。"但戳穿歸戳穿,吳月娘到底還是不知西門慶要去哪兒。

作爲奴才,玳安一向謹慎、克制,講究分寸;但作爲西門慶寵愛的"第一小廝",他也有侍寵生驕、放縱自己的時候,而此時他個性中的粗俗、驕橫的一面也就展現在了我們面前。第50回,玳安在自家鋪子裏見到書童,便調戲他:"好淫婦,你在這裏做甚麼?交我那裏沒尋你,你原來躲在這裏吃酒兒。"招來書童的反唇相譏後,他便拋棄了平日的斯文,罵開了:

　　秫秫小廝,你也回嘴!我尋你要合你屁股。

　　賊村秫秫,你一日才吃屁?你從前已後,把屁不知吃了多少!

　　我不把秫秫小廝,不擺佈的見神見鬼的,他也不怕我。使一

> 些唾沫不是人養的，我只一味幹粘。

言辭粗鄙、淫蕩、低級、下流，一派市井中人的口吻。從鋪子出來，玳安邀琴童去糊蝶巷狎妓，沒想到他們去得晚了，兩個雛妓正在接客，玳安便直闖進去，對方才問"是甚麼人"，玳安一聲："合你娘的眼!"便拳腳相加，把對方趕跑了，於是又罵開了：

> 賊野蠻流民，他倒問我是那裏人!剛才把毛搞淨了他的才
> 好，平白放了他去了。 好不好，拿到衙門裏去，交他且試
> 試新夾棍著!

究竟是誰野蠻?不言而喻。雖屬偶而發作，但其隱藏得很深的本性中的驕橫、狠毒還是初露了端倪。

玳安是小廝輩中的佼佼者，正如春梅是丫鬟群中的佼佼者一樣;如果說，春梅是靠了她的志高氣傲掙到了守備夫人的份上，並得以"與統制合葬"(100回)的話;那麼，玳安則是依仗他的精明、伶俐才成為"西門小員外"，"承受家業"，從而得以"善終而亡"的(100回)。張竹坡所謂《金瓶梅》"於玳安不作一蠢筆"(《金瓶梅讀法》)絕非妄言。

# 第七章 《金瓶梅》的人物語言藝術

　　《金瓶梅》是我國古代第一部以平凡人平淡無奇的家庭日常生活爲題材的白話長篇小說，書中沒有扣人心弦的傳奇式的故事情節——這一點很不同於它之前的以情節取勝的《三國演義》、《水滸傳》等，有的儘是些"市井之常談，閨房之碎語"，人物語言在作品中佔了相當大的比重，成了《金瓶梅》文學語言的重頭戲。

## 一、"描摹小人口吻，無不逼真"

　　《金瓶梅》一書人物形象衆多，有名有姓的加上有姓無名的或者有名無姓的，竟達五百多人。各種人物粉墨登場，上演了一出出市井生活悲喜劇，從而展現了他們各自獨特的內心世界和鮮明的個性特徵。有姓有名、經常露臉的那些主角、大腕，如西門慶、潘金蓮、李瓶兒、龐春梅、應伯爵之屬，因作者著意塑造、著力摹劃，固然神形酷肖，呼之欲出；就是那些姓名不全、屬跑龍套的角色，如文嫂、李桂姐、王婆、薛嫂、楊姑娘之屬，雖著墨不多，有的甚至偶爾露面，卻也栩栩如生，揮之不去。而《金瓶梅》衆多人物形象的成功塑造，主要得力於作者賦予這些人物的性格化的語言。

　　首先，同一個意思，不同性格的人，就有不同的語言表達。

　　第 16 回，李瓶兒急於要進西門家，提出暫時同潘金蓮同住幾天的想法。西門慶回家後同吳月娘商量，招來吳月娘的反對，西門慶一時感到難以回話，便向潘金蓮討教，潘金蓮是這樣耳提面命的：

　　你今日到那裏，怎對他說，你說："我到家對五姐說來，他

的樓上堆著許多藥料，你這傢伙去，到那裏沒處堆放。亦發
再寬待些時，你這邊房子也待蓋了，攛掇匠人，早些裝修油
漆停當；你這邊孝服也將滿。那時娶你過去，卻不齊備些？
強似搬在五姐樓上，葷不葷，素不素，擠在一處甚麼樣子！"
管情他也罷了。

西門慶"聽言大喜"，立刻到李瓶兒家如是回話：

五姐說來，一發等收拾油漆你新房子，你搬去不遲。如今他
那邊樓上，堆的破零二亂，你這些東西過去，那裏堆放？只
有一件打攪，只怕你家大伯子說你孝服不滿，如之奈何？

西門慶的話基本上是對潘金蓮原話的復述，但還是作了一些改動，
雖是小小的改動，兩者高下優劣巧拙已昭然若揭：潘金蓮原話在語
序上，先擺客觀上的困難，再談李瓶兒晚些搬去的好處以及李同潘
同住的不妥之處，語意連貫，邏輯嚴密，很有說服力，且用語委婉，
一切從積極的、正面的角度立言，讓人有一種真心誠意、設身處地
的感覺，便於聽話者接受，潘金蓮複雜個性中伶牙俐齒、工於心計
的一面於中可見；而西門慶的復述中，沒有遵循潘氏原話中先因後
果的語序，一上來便回絕李瓶兒，尤其在擺理由時，不恰當地從反
面強調李瓶兒孝服不滿而嫁人的事實會招致花子盧大哥的指責這
一隱患，結果沒有產生潘金蓮原先預料的"管情他也罷了"的效
果，卻招來了李瓶兒以"他不敢管我的事"一句打頭的一段言辭頗
激的類似於牢騷的申訴，可以想像，若西門慶一字不差地照搬潘氏
的原話，其效果恐怕要好得多，西門慶個性中直性、愚魯的一面在
這裏得到了體現。

同一個意思，因性格的差異會呈現不同的語言表達；而有時即
使是同一句話，在不同的語境，由不同的人道出，也會顯示其不同
的性格特徵。

第61回，西門慶同韓道國妻王六兒通姦，到二更時方才到家。
他先進李瓶兒房中，李瓶兒已睡，見西門慶進來，第一句話便是：

"你今日在誰家吃酒來？"西門慶說去了韓道國家，接著便不談這個話題。結合語境，可以看出，李瓶兒的問話，實際上是一種無心的招呼，一種體貼關心，而並非對西門慶的去處感興趣。從李瓶兒房中出來，西門慶又到了潘金蓮房裏，潘也已睡了，第一句話是："稀希，那陣風兒刮你到我這屋裏來？"不期而遇的欣喜溢於言表，然後便是"你今日往誰家吃酒去來"這麼一句同李瓶兒一樣的問話，如果說第一句話算是打招呼，那這第二句話並非漫不經心的敷衍，而是一種盤問，一種對西門慶行蹤的調查，果不其然，當得知西門慶去了韓道國家後，便是一句潘金蓮式的揶揄："他便在外邊，你在家卻照顧了他老婆了。"可謂一針見血。因此，同樣的一句問話，出自李瓶兒之口，我們的眼前彷彿站著一個溫存柔情的少婦，耳邊彷彿傳來她輕柔的嗓音；而出自潘金蓮之口，站在我們面前的卻是一位充滿妒意的管家婆，傳到我們耳中的嗓音也決不會溫柔。

其次，同一類人物，因性格的差異，言語談吐也有所不同。

早在 300 年前的 1695 年，徐州張竹坡在評點《金瓶梅》時就已發現："《金瓶梅》妙在善用犯筆而不犯也。"並進而指出："如寫一伯爵，更寫一希大；然畢竟伯爵是伯爵，希大是希大，各自的身份，各人的談吐，一絲不紊。寫一金蓮，更寫一瓶兒，可謂犯矣；然又始終聚散，其言語舉動，又各各不亂一絲。"等等 [1]，可謂評得在理一言中的。這種同一類人物的言語談吐因性格的差異而有所不同的情形在書中是屢見不鮮的。

我們來看看書中的一些著墨不多的小角色。王婆、文嫂、薛嫂均為媒婆，能說會道、伶牙俐齒、誇大其辭是她們的共性之所在，但一開口，卻又各不相同。

王婆是三個媒婆中最具幽默感的人，第 2 回，她一張口，便以

---

[1] 見張竹坡評本《皋鶴堂批評第一奇書金瓶梅》卷首 "批評第一奇書金瓶梅讀法"，齊魯書社，1987 年版。

幽默詼諧的語言令人一次又一次地忍俊不禁。西門慶問她打聽潘金蓮是誰的娘子，她張口便說："他是閻羅大王的嫂子，五道將軍的女兒。" 西門慶稱讚她 "你這梅湯做得好，有多少在屋裏？"，她裝瘋賣傻地回答："老身做了一世媒，那討得一個在屋裏！" 西門慶請她爲自己作媒，她便設個小圈套作弄她：讓西門慶感興趣的那位 "生得十二分人才，只是年紀大些" 的娘子結果是 "丁亥生，屬豬的，交新年恰九十三歲" 的老婦。而第 3 回在爲西門慶定十件挨光計時，王婆的老謀深算和精細則發揮到了極致，她一口氣吐出的長達 1016 個字的這段言辭實在讓人對其刮目相看，顯示了其幾十年媒婆的功力，因篇幅過長，這裏不再援引。第 5 回當西門慶踢傷武大郎，怕武松回來追究，只是 "苦也"、"苦也" 地歎息的時候，王婆的遇事沈著、爲人狠毒的性格特點又一次在她的舌頭底下得到了充分的體現，她先是爲西門慶打氣："我倒不曾見，你是個把舵的，我是個撑船的，我倒不慌，他倒慌了手腳。" 其關鍵時刻的沈著冷靜讓西門慶也自感不如，承認自己 "枉自做個男子漢"；而後又出主意毒死武大郎，尤其是她不厭其煩地教潘金蓮如何下毒的那一段，其狠毒與殘忍真令人觸目驚心："他若毒氣發時，必然腸胃迸斷，大叫一聲。你卻把被一蓋，都不要人聽見，緊緊的按住被角。預先燒下一鍋湯，煮著一條抹布。他若毒發之時，七竅內流血，口唇上有牙齒咬的痕跡。他若氣斷了，你便揭起被來，卻將煮的抹布只一揩，都揩沒了血跡。便入在材裏，扛出去燒了，有甚麼鳥事！" 第 86 回，發賣潘金蓮時同陳經濟等的討價還價，又顯示出了她貪婪的一面。這就是王婆。一個具有太多的惡習的媒婆。

相比之下，作爲媒婆的薛嫂，則是一個見風使舵，八面玲瓏的人物。第 7 回，她爲了西門慶、孟玉樓的婚事，周旋于西門慶、楊姑娘、孟玉樓三人之間，多方討好、奉承，人前說人話，鬼前話鬼話，硬是把這門親事給攛掇成了。第 85 回，她爲小利所驅動，明知陳經濟同潘金蓮私通屬亂倫，卻依然甘願充當這對無恥男女的信使。當她明白了陳經濟的來意後，竟是這樣開口的："誰家女婿戲太母，世間那裏有此事。姑夫，你實對我說，端的你怎麼得手來？"前一句似是指責，後一句則是一百八十度大轉彎，成了肉麻的奉承、是非不分的欣賞。當然她也有良心未泯的時候，在變賣孫雪娥的過程中，雖然她仍然奉行著她那不得罪人、誰有錢為誰跑的處世哲學，但對孫雪娥的淒慘處境還是給了極大的同情及實在的幫助，這一點我們在下面要專門談。總之，薛嫂以她圓滑、機敏的做媒本領，八面玲瓏、回避是非曲直的處世技巧獲得了無論是西門慶、陳經濟抑或是潘金蓮、孫雪娥物質上和精神上的雙重酬謝。

文嫂是三個媒婆中著墨最少的一個。第 69 回，西門慶欲勾搭林太太，托文嫂做牽頭，這對文嫂來說不啻是易如反掌的事情，因為林太太自其丈夫死後，忍受不住強烈的性饑渴，暗地已同不少男人私通這一事實早已成為公開的秘密。但是文嫂卻故弄玄虛、假意推託，為的是吊西門慶的胃口，顯示自己的本領，獲取更多的好處："若說起我這太太來，今年屬豬，三十五歲。端的上等婦人，百伶百俐，只好三十歲的。他雖是幹這營生，好不幹的最密。就是往那裏去，許多伴當跟著，喝著路走，徑路兒來，徑路兒去。三老爹(林太太的兒子王三官——作者注)在外為人做人，他原在人家落腳?這個人說得訛了。倒只是家裏深宅大院，一時三老爹不在，藏掖個兒去，人不知鬼不覺，倒還許說。若是小媳婦那裏，窄門窄戶，敢招惹這個事?說在頭上，就是爹賞的這銀子，小媳婦也不敢領去，寧可領了爹言語，對太太說就是了。"這是書中出自文嫂口中的總共兩處長篇鴻論中的一處，其為人處事的精明、奸滑、有心計、有城府於中可窺一斑。在這種場合一向愚魯的西門慶立馬在五兩銀子的報酬之外另加幾個綢緞，才算擺平，這恐怕是往往只得一兩賞銀便歡天喜地的薛嫂們所難以企及的。

幾個著墨不多的媒婆尚且能憑其各自的言談讓人讀出其個性差異來，至於潘金蓮、李瓶兒、孟玉樓等上"星"級角兒，雖屬同一類人物，而其個性的強烈的反差所帶來的言談上的巨大差異，明眼人一看便知，更不用說了。

第三、面對相同或類似的處境，不同性格、教養的人所選擇的言辭截然不同。

西門慶托馮媽媽傳達他對王六兒的心思，面對馮媽媽的直言相告，原本就與小叔有染、不守婦道的王六兒的回話是："他宅裏神道相似的幾房娘子，他肯要俺這醜貨兒？"這是極爲符合她的身份、地位、個性的。王六兒出身卑微，哥哥是宰牲口的王屠，如今又是西門大官人的僕人韓道國的妻子，當地位比她高、又擁有容貌遠勝於她的幾房妻妾的西門慶來勾搭她的時候，她心裏情願卻又非常自卑，怕高攀不上，因此才受寵若驚地作此反問，此其一；王六兒生性淫蕩，堪與潘金蓮一比高低，有財有勢又相貌堂堂的西門慶原本想勾搭都勾搭不上，如今卻自己送上門來，真可謂天上掉下一個金元寶，豈可放過，可一口應允，又難以啓齒，只好以問代答，這句問話的潛臺詞是："我是願意的，只是我不敢相信他會要我"，此其二。

第 69 回，西門慶欲勾搭林太太，托文嫂做牽頭，文嫂講明來意之後，林太太面對的是同王六兒毫無二致的處境，而她的回話則是："人生面不熟，怎生好遽然相見的？"也是一句問話，卻自與王六兒的不同。林太太是世代招宣府王逸軒(已故)之妻，屬上流社會的貴族夫人，她不用擔心自己的地位是否與西門慶般配，而只擔心怎樣才能勾搭上，因此這話也是她此時心理的自然流露，此其一；林太太出身高貴，她的身份、地位及所受的教養均不允許她在文嫂面前爽快地答應，可無法抑制的性饑渴以及媒婆口中有關西門慶性能力的直露表述所帶來的強大吸引力又實在使她無法回絕，於是便有了這麼一句表面上看是講"怎麼可以相見"即"不能相見"(反問)而實際上是講"怎樣才能相見"即"採取什麼相見的方法"(詢問)的巧妙的問語，此其二。

最後，通過不同場合、不同階段(時期)人物語言的變化揭示人物性格的複雜性。

已記不清魯迅先生在哪篇文章裏曾如此評價過《紅樓夢》，大意是：《紅樓夢》同以前的小說寫好人完全好，壞人完全壞，大不相同。魯迅的對《紅樓夢》的這段評語也同樣適合於《金瓶梅》，作者在通過不同場合、不同時期人物語言的變化表現人物複雜的、多層次的性格特徵上也同樣是下了一番苦功的。

我們在前面已經分析過媒婆薛嫂這個人物，這是一個圓滑機敏、八面玲瓏、不講是非、迴避道德準則的人，然而她也有同情、憐憫弱者的時候，雖然書中所展現的是她的媒婆生涯中僅有的一回。

第 94 回，春梅將孫雪娥毒打之後，暗地裏叫來薛嫂："我只要八兩銀子，將這淫婦奴才好歹與我賣在娼門。隨你轉多少，我不管你。你若賣在別處，我打聽出來，只休要見我。"按照薛嫂一貫的處世哲學，她必定將孫雪娥賣在娼家，因為主人不但有忠告，還夾雜著威協。但這一次薛嫂卻並沒這樣做，她在春梅面前發誓："我靠那裏過日子，卻不依你說。"一轉身卻安慰可憐的孫雪娥："他千萬分付，只教我把你送在娼門。我養兒養女，也要天理。等我替你尋個單夫獨妻，或嫁個小本經紀人家，養活得你來也。"她不但這樣說，也這樣做了，將孫雪娥給了山東一個棉花商潘五。這是薛嫂第一次也是唯一的一次背著主人，隨自己的良心，按自己的意願行事，從而為自己陰暗的性格構成增添了一絲亮色。

現實生活中的人是極其複雜的，人性的善與惡、美與醜、高尚與卑劣往往交織在一起，優秀的作家則善於把握人物性格的各個層面，揭示出人物性格的多樣化、複雜性，從而塑造出有血有肉的人物形象，面對複雜人性的任何一種概念化、簡單化，只能導致人物形象的蒼白、失真、僵化。《金瓶梅》的作者是深諳此理的，作品中不少人物均呈現出了其性格的多面性、層次感：如西門慶的貪婪中也有樂施的一面；潘金蓮有工於心計的一面，也有天真孩子氣的一面；李瓶兒有潑悍得讓人心驚的片刻，也有溫柔得讓人心動的時候。這些人物下面有專章討論，這裏就不再展開了。

錢靜方在其《金瓶梅演義考》一書中指出："金瓶梅一書，淫褻鄙隨，其措摹小人口吻，無不逼真。"絕非妄言。《金瓶梅》以其個性化的人物語言造就了一批形象鮮明、呼之欲出、具有獨特魅力的人物典型，體現了作者駕馭人物語言的超凡功力。

## 二、"市井之常談，閨房之碎語。"

打開《金瓶梅》，會讓人強烈地感受到明代下層平民生活的氣息，樸實、鮮活、生動等平民化特徵確乎是《金瓶梅》人物語言繼性格化特徵之後的又一大特色，在此之前，我們還不曾見過哪一部白話小說具有如此鮮明的平民化特徵的人物語言。

《金瓶梅》人物語言的平民化特徵的具體表現之一便是人物語言的樸實，樸實得近似於自然主義，彷彿是現實生活的實錄，幾乎看不出提煉加工的痕跡。隨便舉個例子：

第 69 回，西門慶去王招宣府上同林太太幽會，林太太從門簾裏看到西門慶戴著孝，便問文嫂："他戴的孝是誰的？"於是引出了文嫂的一段介紹："是他第六個娘了的孝。新近九月間沒了，不多些時。饒少殺，家中如今還有一巴掌數兒。他老人家，你看不出來，出籠兒的鵪鶉，也是個快鬥的。"純是家常口語，就是在今天，我們在小巷深處、大雜院裏仍能聽到女人間類似的悄悄話，只是內容不同罷了。這樣的例子在書中俯拾皆是：

第 16 回，李瓶兒於五月十五日請僧人到家中爲先夫花子虛念經除靈，西門慶問玳安："今日花家，都有誰來？"玳安回答："花三往鄉里去了，花四家裏害眼，都沒人來。只有花大家兩口子來，吃了一日齋飯，他漢子先家去了；只有他老婆，臨去，二娘叫到房裏去了，與了他十兩銀子，兩套衣服。還與二娘磕了頭。”無論是用詞、語序還是書面語中不允許的承前省略均使玳安的話語質樸得近於粗糙，帶著生活原生的野味，給人一種親切、真實的感覺。

《金瓶梅》人物語言的平民化特徵的具體表現之二便是人物語言的鮮活。活躍在廣大民眾中間的口語辭彙往往是鮮活的，它們一掃文人辭彙的呆板、僵化，每每令人有耳目一新之感。高明的作家深深懂得，與其在書齋裏絞盡腦汁閉門造車，還不如走出書齋，深入民眾，在廣大平民百姓鮮活的日常口語中汲取養分。《金瓶梅》的作者正是這樣做了，所以才使得作品中各種人物的語言在鮮活這一點上具有巨大的魅力。

第 25 回，來旺聽說其妻宋惠蓮同西門慶有勾搭，又見到箱子裏漂亮的衣服首飾，便責問宋惠蓮這些東西是哪來的，我們來看看宋惠蓮是如何說的：“呸，怪囚根子！那個沒個娘老子？就是石頭裰刺兒裏迸出來，也有個窩巢兒；棗胡兒生的，也有個仁兒；泥人合下來的，他也有靈性兒；靠著石頭養的，也有個根絆兒：為人就沒個親戚六眷？此是我姨娘家借來的釵梳！是誰與我的？白眉赤眼，見鬼倒死囚根子。”這種話語在經史子集中看不到，在書房裏、貴族世家的深宅大院裏聽不到，若不接觸下層平民，斷然寫不出。

《金瓶梅》人物語言中的不少辭彙，在它之前的文學作品中並不曾出現過，可以說是首次步入文學的殿堂，所以往往給人一種新奇的感覺，而且相當一部分辭彙，我們可以通過上下文隱約地、大致地猜摹出它們的意思，可要對它們給予科學、準確的詮釋則決非易事，這也就是為什麼在古代白話小說中《金瓶梅》辭彙的解釋分歧最大、爭論最多的原因之所在吧。有些新鮮的語彙，在民間活躍了一陣子，便銷聲匿跡了，以致於在當時的辭書、劄記中都來不及得到反映，但卻在《金瓶梅》中得以保存，留傳下來了。

如：“裝你的幌子”（義同“出你的醜”——作者案，下同）、“壞鈔”（義同“破費”，猶今滬上市語“壞分”）、“蓋老”（義同

"丈夫")、"雜趁"(義指"專門職業以外的活計")、"澆澆手"
(義指"設宴酬謝")、"刮剌"(義同"勾搭")、"燈人兒"(義同
"美人兒")、"一力張主"(義同"竭力主張")、"影射的"(義指
"相好")、"傍個影兒"(義指"打個照面")等,這是我們從前 10
回中摘錄的一些詞語,可以推測它們在元明時期曾經流傳在街頭巷
尾,活躍在勾欄瓦肆,它們作為當時辭彙中鮮活的成分為作者所選
用,而事實上它們的大量入選,大大突出了作品人物語言的平民化
特徵。

由於時代的久遠,加上存世時間的短暫,《金瓶梅》人物語言
中的一些原本是極為通俗的語詞如今已變得艱澀難解了,如 72 回
潘金蓮罵西門慶"一個眼裏火爛桃行貨子"中的"眼裏火"一詞
就使後世的注釋家們忙活開了,考釋來考釋去,還是各持己見:有
人釋為"見了人就親熱,見一個愛一個",[2] 有人釋為"眼中冒火,
形容憤恨"[3],還有人釋為"眼裏起欲火"[4] 等等,不一而足。從中
可以看出《金瓶梅》的作者當年在向平民百姓學習語言時是何其的
大膽果敢、義無反顧:只要是鮮活的語言成分,不管時人和後人能
否接受,一概引進、吸收,決無半點遲疑。這也從反面進一步證實
了作品人物語言的鮮活:唯其鮮活,才易消逝;唯其鮮活,才不見
之於當時典籍,難以考釋。

《金瓶梅》人物語言的生動性是其平民化特徵的又一個具體表
現,而富於表現力的方言辭彙及形象傳神的歇後語、諺語是促成人
物語言生動性的有力手段。

《金瓶梅》人物語言中分佈著大量的方言辭彙,這些方言辭彙
的加盟,無疑增加了語言的生動性、表現力。如"胡說"則稱"咬

---

[2] 參見《金瓶梅方言俗語彙釋》第 577 頁,李申著,北京師範大學出版社,1992
年版。
[3] 參見《金瓶梅鑒賞辭典》第 514 頁,上海古籍出版社,1990 年版。
[4] 參見《金瓶梅詞話注釋》(增訂本)第 494 頁,魏子雲著,中州古籍出版社,1988
年版。

蛆兒"(27 回)，猶今吳方言的"嚼蛆"；"隱瞞"則稱"合在缸底下"(20 回)；"幹老行當"則稱"吃舊鍋裏粥"(87 回)；"不正經"則稱"不上蘆席"(76 回)；"拿人出氣"則稱"紮筏子"(24 回)；"貪圖小利"則稱"小眼薄皮"(33 回)；"希罕之物"則稱"三隻腿的金剛、兩個觭角的象"(35 回)；"根本不存在的事情"則稱"三個官唱兩個喏"(73 回)；"幹了大壞事卻用小恩惠來安撫"則稱"大拳打了，拿手摸挲"(26 回)；"無自知之明"則稱"泥佛勸土佛"(13 回)等等。原本是抽象的、理性的意義，經由方言詞語道出，就變成可以看到、聽到、觸摸到的具體化、形象化的東西了。

《金瓶梅》人物語言中歇後語、諺語的數量恐怕是前無古人，後無來者的。關於這兩種俗語，我們下面有專節討論。歇後語、諺語的大量運用，在增強語言的生動感、形象性上，較之方言詞語是有過之而無不及的。如"促織不吃癩蝦蟆肉——都是一鍬土上人(24 回)"、"東淨裏磚兒——又臭又硬"(25 回)、"賣蘿蔔的跟著鹽擔子走——好個閑嘈心的小肉兒"(20 回)、"甕裏走風鱉——左右是他家一窩子"(43 回)、"老媽媽睡著吃幹臘肉——是恁一絲兒一絲兒的"(27 回)等，以上是歇後語；"籬牢犬不入"(2 回)、"船載的金銀，填不滿煙花寨"(12 回)、"吃著碗裏，看著鍋裏"(19 回)、"急水裏怎麼下得檠"(36 回)、"母狗不掉尾，公狗不上身"(76 回)等，以上是諺語。在樸實無華的家常口語中不時地、適當地插入一些歇後語、民間諺語，無疑是在平靜的水面上扔下了幾塊小石子，激起了陣陣漣漪，形成了層層波瀾，從而大大增強了語言的感染力、表現力，產生形象、風趣、生動、簡潔的藝術效果。

## 三、"狗嘴裏吐不出象牙來"

如果說《水滸傳》的人物語言是英雄化的語言，如果說《紅樓夢》的人物語言是貴族化的語言，那麼《金瓶梅》的人物語言則是

一種充滿市井氣的語言。它同《紅樓夢》人物語言的差異是一目了
然的:《紅樓夢》的人物語言典雅、凝重,書面語色彩較濃;而《金
瓶梅》的人物語言則恣肆、粗鄙,一派市井談吐,一副市井口吻。
它同《水滸傳》人物語言的差異似乎不那麼明瞭,因爲它們在"粗"
這一點上似有共同之處,而實質上則大不相同:《水滸傳》的"粗"
是一種粗獷,粗得豪爽,粗得不庸俗;而《金瓶梅》的"粗"乃是
一種粗俗,粗得低級,粗得猥瑣,同樣是粗,卻粗得大相徑庭,不
是一碼事。

　　《金瓶梅》人物語言的粗俗,向來成爲其受責難的重要靶子,
被看作是一種敗筆,而我們覺得恐怕不能這樣簡單化。人物語言不
同於敍述語言,它要受作品中的人物及人物所處的環境的制約,什
麼樣的人物、環境決定著什麼樣的人物語言。《金瓶梅》中的人物
是一群在市井習俗中浸潤久了的市儈潑皮,一群"一件正事"尚且
"說說就放出屁來了"(謝希大語)的淫夫蕩婦,他們的言談恣肆、
猥瑣是極爲自然的,若談吐優雅、文質彬彬,反而顯得不倫不類,
讓人有張冠李戴的感覺。再看看這些粗俗的語言出籠的環境:要麼
是在狎妓豪飲之處,要麼是在偷香竊玉之地;或者是爭衡鬥法、陷
害無辜之際,或者是在男歡女愛、寡廉鮮恥之時,在這樣的環境中
出現低級、淫邪的談吐也是不足爲奇的。因此,我們以爲,《金瓶
梅》充滿市井氣的人物語言與其說是一種敗筆,無寧說是一種刻意
追求,而且從整體上看,這種刻意追求是成功的,值得肯定的。

　　《金瓶格》人物語言的粗鄙貫串在人物語言的任何一個角落,
試以我們在上一節中提到過的"歇後語"爲例。歇後語本來自於民
間,因而不同程度地帶有"通俗"的色彩,但通俗不等於粗鄙,《紅
樓夢》曾對歇後語的"雅化"作了有益的嘗試,曹雪芹對通俗的歇
後語進行了必要的提煉加工,除去了一些"俗"的成分,以便同書
中典雅、凝重的貴族化的人物語言相協調;而《金瓶梅》則相反,
作者似乎有意地選用了大量粗鄙的歇後語,甚至突出誇張了它的

"俗"，如"狗咬尿胞——虛歡喜"(30回)、"屁股大——吊了心"(83回)、"坐家的兒女偷皮匠——逢著的就上"(237回)、"笑哥狗吃熱矢——原道是個香甜的"(57回)之類，粗俗不堪。

市井瓦肆，藏汙納垢，人員複雜，格調低下，環境惡濁，歷來就是淫詞穢語的原產地、傳播所，更何況在那個眾所周知的淫風日熾、好談性事的年代。因此淫邪也就成為《金瓶梅》人物語言市井氣的又一個重要體現。

### (一) 男女床笫間、閨閣中私語

《金瓶梅》洋洋一百回中 47 回有男女情事的描寫，這些深陷情事、忘乎所以的淫夫蕩婦的言辭之低級、猥褻可以想見，因其實在淫邪之甚，不堪入目，這裏就不再援例說明了。

### (二) 以淫詞打趣他人

市井閒人應伯爵等最善此道。第 32 回，應伯爵在席間當著眾人對妓女鄭愛香打諢說："這小歪剌骨兒，諸人不要，只我將就罷了。"佔足了便宜。第 52 回，西門慶和李桂姐在西門家藏春塢雪洞兒裏偷歡，應伯爵突然闖進去，打趣他們兩個說："我兒，兩個盡著搗盡著搗，搗吊底子，不關我事。"又一次佔盡了便宜。孫寡嘴第一次開口是第 15 回在李桂姐的麗春院，第一句話便是逗西門慶取樂："我是老實說：哥如今新敘的這個表子，不是裏面的，是外面的表子，還把裏邊人合八。"真可謂不語則已，一語驚人，引來了不常有的西門慶的一陣追打。

### (三) 以淫詞咒罵他人

如果說，以淫詞打趣還只是少數人的行為，不具有周遍性的話，那麼以淫詞咒罵人卻是《金瓶梅》中幾乎人人都擅長的行為。年僅十五六歲的喬鄆哥就會用"老咬蟲"(4回)、"直我髻髻"(5回)等粗話咒罵王婆了；全書僅出場過一次的楊姑娘便以她一段氣貫長虹、轉陳出新的罵辭，如"你這老油嘴，是楊家那臁子合的!"、"我無兒無女，強似你家媽媽子，穿寺院，養和尚，合道士!"等(7

回),使自己躋身於跑龍套人物中那幾個著墨不多而個性鮮明的人物形象之列;至於潘金蓮、龐春梅之屬,更是穢罵不絕於口,稍不順心,便氾濫成災,其劣跡漫布,觸目皆是,無需列舉。

#### (四) 說淫事以取樂

《金瓶梅》中有一些黃段子,多半出自應伯爵等口中。第 35 回,眾人擲骰子行酒令,應伯爵說了個笑話:一個道士,師徒二人往人家送疏。行到施主門首,徒弟把條兒松了些,垂下來。師父說:"你看那樣!倒相沒屁股的。"徒弟回頭答道"我沒屁股,師父,你一日也成不得。"淫邪已極,就連西門慶也罵他:"你這歪狗材,狗口裏吐出什麼象牙來!"。第 51 回,西門慶在潘金蓮的床上也講了一個據說"是應二哥說的"黃段子:一個人死了,閻王就拿驢皮披在身上,交他變驢。落後判官查簿籍,還有他十三年陽壽,又放他回來了。他老婆看見渾身都變過來了,只有陽物還是驢的,未變過來。那人道:"我往陰間換去。"他老婆慌了,說道:"我的哥哥,你這一去,只怕又不放你回來怎了。由他,等我慢慢兒的挨罷。"這樣的黃段子雖不多,卻大大加重了小說人物語言的粗俗、淫邪的市井氣,同時也刻劃了市井中人變態、陰暗的心理及畸型、不健康的審美情趣。

市井中人往往唯利是圖,爾虞我詐,為了維護自己的利益,他們在日常交往中碰到一些敏感的問題,往往會在言辭上有所隱晦,而隱語(切口)則是他們經常使用的。《金瓶梅》在為人物設計語言時也較多地考慮了市井中人言語交際上的這種特點,在人物語言中設置了不少的隱語,從而形成了作品人物在市井氣方面的又一種表現特徵:隱晦。

《金瓶梅》中的隱語不少與性有關。第 32 回,應伯爵急吼吼地親自動手,一手一個將妓女鄭愛香兒等拉到席上,教她們遞酒作陪,可能因手腳重了些,招來了鄭愛香兒的嗔怪,應伯爵便對她說:"我實和你說,小淫婦兒,時光有限了,不久青刀馬過,遞了酒罷,我等不的了。"謝希大便問:"怎麼是青刀馬?"應伯爵說:"寒鴉兒過了,就是青刀馬"。把眾人都逗笑了。"寒鴉兒過了,就是青刀馬。"是一句市井隱語,意思是:寒鴉已過——即快到晚上了,時候不早了,該耍大刀("大刀"隱指男陽)了——即該幹房事了。[5]

除了與性有關的隱語外,書中還有其他事物、行為的隱語,因下文有專節討論,這裏就不再贅述了。

綜上所述,性格化、平民化和市井氣是《金瓶梅》人物語言的三大特色。性格化特徵體現了《金瓶梅》同一切成功的小說一樣所具有的共性,即在以人物語言塑造人物形象、揭示人物個性方面所取得的藝術成就;樸實、鮮活、生動的平民化特徵,體現了《金瓶梅》在非英雄傳奇類小說人物語言如何從廣大平民百姓的日常口語中汲取養分的探索中所取得的長足進步;而粗鄙、淫邪、隱晦的市井特徵則體現了作品在如何處理人物語言與人物、環境以及人物語言與表現題材的關係等一系列重大問題上的獨特思考。

---

[5] 該隱語為《金瓶梅》隱語釋義分歧最多者之一,這裏我們採納了傅憎享先生的解釋,詳見其《金瓶梅隱語揭秘》第 71 頁,百花文藝出版社,1993 年版。

# 第八章　徜徉在人物語言的語詞密林裏

《金瓶梅》人物語言中的語彙成分相當複雜，不同特質的語彙成分構成色彩斑斕的語言世界。有些語彙不獨人物語言中存在或大量存在，我們將另闢專章討論。本章所要討論的是人物語言所獨具或大量存在的四種特殊語彙：稱謂語、詈詞、市井隱語和俗語。

## 一、窮極變化的稱謂語

漢語，這種早在先奉就異常發達的語言，其稱謂用語的發達必定由來已久。然而，在《金瓶梅》之前，還沒有一部傳奇、小說的作者注意到了現實的人際交往中極重要的一環——稱謂語的恰當選用。而《金瓶梅》則不然，它以它對人際交往中的稱謂語的嫻熟運用和準確把握，爲我們展示了明代上至達官貴人下至市井平民的稱謂語的豐富多彩，從而構成了《金瓶梅》人物語言中的一大景觀。

留意於《金瓶梅》中形形色色人物的言談交際，我們會驚奇地發現，各種人物，在不同的場合，對不同的物件，懷著不同的目的，所使用的稱謂語斷然不同，且一絲不亂；同樣，我們也會強列地感受到，作者在稱謂語問題上所顯示的獨到見解和一絲不苟。

㈠ **不同的人物因地位高低的不同，對同一人物所使用的稱謂語斷然不同。**

在西門家。西門慶是西門家的一家之長，地位最高，除了正妻吳月娘自認爲地位平等，可以"你"、"我"相稱外，家中男女老幼,包括居家的內僕,均稱他爲"爹",而非居家的外僕以及非西門家的下人則稱他爲"大爹"、"大老爹""你老人家",如第37回中,李瓶兒舊時僕人馮媒婆(非西門家的下人)向西門慶介紹韓愛姐的情況,一口氣連用了7次"你老人家",討好、巴結西門慶。

在社會上。西門慶有錢有勢,在社會上也很威風,地方上人物稱他爲"大官人"、"西門大官人"。第30回後,西門慶加官山東提刑所理刑副千戶,於是他又多了一個諸如周守備、夏提刑等官場中人對他的尊稱——"西門大人"、"長官"。然而地位遠在西門慶之流之上的則並不隨俗,如第36回,行政級別甚高卻又貪圖西門慶些許好處的蔡狀元、安進士在西門慶的稱謂上可謂獨闢蹊徑,一聲"賢公",既顯尊重,又不丟身份,顯示出人物,也即作者,在稱謂語問題上的功力。

《金瓶梅》中常有人因不能準確地估摸他人或自己的地位,而沒有使用合適的稱謂語,從而招致他人的譏諷,有的甚至爲此討出了沉重的代價。

第59回,西門慶外出偷偷地同妓女鄭愛月奸宿了,吳月娘、潘金蓮事後向西門慶的跟隨小廝春鴻打聽西門慶的奸宿對象,春鴻叫不上名,只好回答是一個"打扮得花花黎黎"的"娘娘"。這一聲"娘娘"立刻招來了潘金蓮的譏刺:"囚根子,一個院裏半門子也認不的了,趕著粉頭叫娘娘起來。"春鴻顯然把鄭愛月同潘金蓮等等同起來了,因爲在他眼裏,鄭、潘同其主子西門慶的關係實在沒什麼差異,然而潘則絕不會答應——她可是西門家明媒正娶的"五娘",而鄭愛月不過是個"粉頭"。

如果說,春鴻使用不適當的稱謂語,僅僅招來譏諷的話,那麼玉簪兒在稱謂語問題上的爭長論短則是她遭痛打、被轉賣的開始。

第91回,孟玉樓改嫁李衙內,深得寵倖。而原先與李衙內有勾搭的大丫頭玉簪兒爲此忌恨玉樓,"趕著玉樓,也不叫娘,只你也我也的,""暗地裏又壓伏蘭香、小鸞說:'你休趕著我叫姐,只叫姨娘。我與你娘是大小之分。'"玉簪兒後來終因蔑視、污辱玉樓而被痛打一頓後變賣了。

　　㈡ 同一個人在不同的場合對同一個人所使用的稱謂語有所差異。

　　第 49 回，前文提到的蔡狀元此番成了禦史，兼任兩淮巡鹽，再次來到西門家作客。宴席上蔡禦史與西門慶對飲，蔡先後兩次以西門慶的號——"四泉"稱呼西門慶，以示親昵；待西門慶獻上嬌豔的妓女董嬌兒、韓金釧兒陪夜時，這位禦史大人又是稱"四泉"，又是稱"君"，喜悅之情溢於言表；而來日在西門府前作別時，這位蔡禦史又一襲舊稱——"賢公"。什麼場合用什麼稱謂語，一絲不亂。

　　西門家的人似乎天生具備這種才能：擅長於隨地點、場合的變化、轉移，調節好自己的稱謂語。潘金蓮等自不用說，大庭廣中，正正經經地稱西門慶"爹"，一旦入了洞房、到了床上，則"無般言語不叫將出來"，這其中也包括令人目不暇接的各種奇奇怪怪的稱謂語；就是來保這樣的拙口鈍舌之輩，也頗懂什麼場合該用什麼稱謂。第 30 回，來保等奉西門慶之命送生辰擔爲蔡太師(京)祝壽。到東京蔡府門前，守門官吏盤問他來自何處，這裏就牽涉到清河那位西門大人的稱呼問題，稱"大官人"是不行了，稱"老爹"，更不行，情急之中，聰明的來保巧妙地稱西門慶爲"員外"，較之"大官人"等，"員外"之稱的尊崇意味大大減弱。在這個場合用"員外"這個稱呼，不可謂不審慎。然而即便如此，還是不能讓守門官吏滿意："賊少死野囚軍！你那裏便與你東門員外、西門員外?俺 老爺當今一人之下，萬人之上，不論三台八位，不論公子王孫，誰敢在老爺府前這等稱呼?趁早靠後！"原來如此！在此處"員外"之稱也是不能用的，這可難煞來保：此處看來最好是稱"西門孫子"、"西門小人"，而僕人出身的來保也實在沒那個膽量敢在眾人面前給西門慶以污辱、蔑視性的稱呼。眼看這生辰擔是進不了太師府了，這時幸虧蔡府有認的來保的，加上來保及時塞銀子，這場由稱謂引起的小小風波總算平息。儘管來保的稱謂引出了一絲麻煩，但西門家僕人善於依據場合選擇合適稱謂語的本領確實令人刮目相看。

(三) **同一個人因親疏關係的變化對同一人所使用的稱謂語也相應變化。**

李瓶兒同西門慶相互稱謂的變化就是典型一例。沒有勾搭以前，西門慶稱李瓶兒"二娘"，因花子虛在家排行第二而得名；西門慶同花子虛成爲結拜兄弟後，西門慶又稱李瓶兒"嫂子"，關係進了一層，李瓶兒則如地方上人稱西門慶爲"大官人"；兩人有了勾搭之後，便"你"、"我"相稱，以示親密；李瓶兒進了西門家，成了西門慶的第六房，深受西門慶寵愛，兩人在一起時，西門慶常常以"我的心肝"、"我的兒"稱李瓶兒，而李瓶兒則以"爹"、"達達"、"親達達"回敬。

西門慶有個非常伶俐的小廝玳安兒，頗能見風使舵。第 21 回之前，當西門慶和妓女李桂姐熱乎時，他稱李桂姐一聲"桂姨"；而第 21 回，西門慶同李桂姐鬧翻了，他便馬上改稱李桂姐爲"淫婦"。這也就難怪潘金蓮要數落他："賊囚根子，他不揪不采，也是你爹的表子，許你罵他?想著迎頭兒，俺每使著你，只推不得閑，'爹使我往桂姨家送銀子去哩'，叫得桂姨那甜。如今他敗落，你主子惱了，連你也叫起她淫婦來了。看我到明日對你爹說不對你爹說。"有了潘氏的這一段精彩的評說，我們還需講什麼呢!只是需要說明的，潘氏此處並非真的想同情、袒護李桂姐——對李她是恨不得咬上幾口才解恨的，而實在是聰明人得意之極時故意擺出的一種高姿態，是一種反話。

同甲乙雙方因系疏關係的變化而引起稱謂語的變化這種情形相類似的是，甲因同乙、丙親疏關係的差異，而對同一個人的稱謂有所不同。第 18 回，吳月娘的一句"孝服未滿便浪著嫁人"雖是對李瓶兒的指責，卻無意中傷著了潘金蓮和孟玉樓，她們由此對吳月娘產生了不滿。孟玉樓到潘金蓮房中串門時，稱吳月娘作“吳家的”、“上房的”，不滿情緒溢於言表；而孟、潘到李瓶兒處串門時，則稱吳月娘作“大姐姐”，這並非表明她倆對吳月娘態度的變化，而只能表明孟李之間的關係遠較孟潘之間的關係來得疏遠。

㈣ **同一個人因地位高低的變化對同一人所使用的稱謂語也截然不同。**

西門家的僕人輩裏頭，春梅前後地位的變化最引人矚目。龐春梅原是潘金蓮房裏的使喚丫頭，只因深得西門慶、潘金蓮的恩寵，才在丫環堆裏顯得有頭有臉，與眾不同，但不管怎樣，她畢竟是僕人。因此在第 85 回之前，西門家上下長幼所給予她的稱謂只能是“春梅”或“春梅姑娘”，第 76 回春梅惹惱了吳月娘，吳月娘當面一聲“奴才”點明了她的身份。第 85 回始，春梅離開西門家，搖身一變，成了周守備恩寵有加的姨太太，地位、身份已非昔日可比，所以在上門拜見她的玳安兒嘴裏，她已成了“奶奶”、“你老人家”。第 96 回，春梅應邀到西門府上拜訪吳月娘時，吳月娘既恭恭敬敬又親親熱熱地叫上一聲“姐姐”，春梅也一改以往“大娘”的稱呼，而客客氣氣地稱吳月娘作“奶奶”。

春梅對吳月娘前後稱謂的變化是同她地位的變化相適應的，所以是得體的、無可指責的；而宋蕙蓮則不然，結果招來別人的譏諷乃至辱罵也便在情理之中。

宋蕙蓮是西門慶家仆來旺的媳婦，“仗著西門慶背地和他勾搭，把家中大小都看不到眼裏”，得意之下竟忘了自己的僕人身份，稱另一家仆來保的媳婦惠祥爲“上灶的”，從而招來惠祥的嘲諷和痛罵：“賊淫婦，趁了你的心了！罷了，你天生的就是有時運的爹娘房裏人，俺每是上灶的老婆來。巴巴使小廝坐名問上灶要茶，‘上灶的’是你叫的？你我生米做成熟飯，他識我見的。促織不吃癩蝦蟆肉，都是一鍬土上人。”宋氏以爲自己攀上了西門慶，地位已經變了，可以對他人頤指氣使了，孰不知她仍然屬僕人輩，同惠祥等是"一鍬土上人"，所以她用"上灶的"稱呼他人，自然就顯得不得體。

地位高低變化的極端形式便是地位的喪失，也即有地位的人的辭世，它也同樣影響著稱謂語的變化。西門慶生前，關係最密切的朋友莫過於應伯爵了，這位與西門慶可謂貼心貼肺的市井閒人，在西門慶死後不是幫著維持其家業，而是忙著牽線搭橋變賣西門家的僕人、姨太太。他對西門慶再也不用像以往那樣稱"(俺)哥"，稱"大官人"了，而直呼"西門慶"，且一再地稱西門家作"他家"(第87回)，張竹坡在此評點道："三個'他家'，與上文無數'大官人'、'哥'字相映也。"實在也算得上是一個細心的評論家。

(五) **同一個人因交際目的的不同對同一人所使用的稱謂語有所不同。**

第1回，潘金蓮意欲勾引武松，殷勤備至，自稱為"奴"，稱武松"叔叔"，且"叔叔"叫個不停，張竹坡在此處特意點了一下，一共叫了12次，可武松不為所動；於是潘金蓮在第二天陪武松飲酒時，又用言語挑逗武松：先是將"奴"改稱"我"，而後又將"叔叔"改稱"你"，且動手動腳，終於招致武松的搶白。張竹坡分別在這兩改稱處評點道："此處稱'我'，寫得不堪"，"忽下一'你'字，換去'叔叔'二字，妙"。妙在何處?妙就妙在交際目的與面稱用語結合得如此緊密，更換後的"我"、"你"之稱是潘金蓮向武松發出的表示親昵的資訊符號。第78回，潘金蓮同吳月娘口角之後，孟玉樓拉潘金蓮去向吳不是，孟玉樓進門後一改平日稱"姐姐"的稱呼習慣，改稱吳月娘為"大娘"，其目的顯然是為了討好吳月娘——明確"在我們這些妻妾群裏你是最大的"，從而為潘吳的和好營造一個良好的氛圍。

通覽《金瓶梅》全書，可以看出作者在為各種人物設計富於變化的稱謂語時是下了一番苦功的，這不僅體現在前文所述的各種恰如其分的稱謂語的使用上，也體現在作者有意設置的有關緣稱謂而起"紛爭"的故事情節中。除了前文提到的數例之外，又如第 58回，西門慶生日請客，歌妓洪四兒等在孫雪娥房裏喝了茶出來，到了李瓶兒房中，妓女李桂姐問她們："你每四個在後邊做甚麼，這半日才來？"洪四兒便答道："俺每在後邊四娘房裏吃茶來，坐了這一回。"於是"潘金蓮聽了，望著玉樓、李瓶兒笑，問洪四兒：'誰對你說是四娘來？'董嬌兒道：'她留俺每在房裏吃茶來。他每問來：還不曾與你老人家磕頭，不知娘是幾娘？'他便說：'我是你四娘哩！'"金蓮道："沒廉恥的小婦人，別人稱道你便好，誰家自己稱是四娘來。這一家大小，誰興你，誰數你，誰叫你是四娘？"孫雪娥在妻妾中排行第四，稱四娘未嘗不可。但是孫氏出身微賤，加上其貌不揚，難得西門寵倖，所以在西門家地位很低。潘金蓮等諸房姨太太固然將她視作下人，恥於同她平起平坐，稱姐道妹，就是家中的僕人也看不起她，沒人稱她"娘"，這也就難怪洪四兒等外人不知如何稱呼她，也就難怪潘金蓮聽人稱她為"四娘"要感到憤憤不平，並特意打探"四娘"一說的出處，從而譏諷、挖苦一番了。可見稱謂也得名副其實。孫雪娥固然有"四娘"這個名，然而她實在不具備"四娘"該 有的實際地位，名不能副其實，則該名也就成了不能流通、使用的名。這與其說是潘金蓮的"稱謂觀"，無甯說是作者的"稱謂觀"。

在人物的稱謂語上下功夫，《金瓶梅》可謂首創！

## 二、恣肆粗鄙的罵詈詞

在我國古代的小說中，詈詞最豐富的恐怕要數《金瓶梅》了。低級、骯髒的詈詞隨處可見，確實是《金瓶梅》在人物語言上的一個獨特之處，像潘金蓮、龐春梅等都是使用詈詞的行家裏手。在這些充斥全書的詈詞中，男的往往被贈之以"怪狗才"、"王八羔子"、"賊短命"、"賊天殺的"、"囚根子"等等，女的則常常被冠之以"淫婦"、"怪狗肉"、"賊臭肉"、"賊潑婦"、"浪精貨"等等。多如牛毛的罵詞成爲繁豐多變的稱謂語之外呈現在《金瓶梅》人物語言中的又一大景觀。

《金瓶梅》中的罵詞從內容上來看，可以概括爲以下幾種情形。

(一) **同性器官、性行爲有關的。**依次有："孵鳥嘴"(2 回)、"含鳥小猢猻"(4 回)、"賊合娘的小猢猻"(4 回)、"直我鬐髭"(5 回)、"屁鳥人"(5 回)、"臊子合的"(7 回)、"合道士、穿寺院、養和尙"(7 回)、"沒的扯秕淡"(11 回)、"鳥姨"(18 回)、"流那秕尿怎的"(19 回)、"秕臉彈子"(25 回)、"合的不值了"(25 回)、"甚麼秕娘"(28 回)、"狗合娘的(31 回)、"你娘那個秕"(32 回)、"賊雌飯吃花子合的"(35 回)、"合你娘的眼"(50 回)、"夾著那老秕走"(58 回)、"走千家門、萬家戶、賊狗攘的瞎淫婦"(75 回)、"賊合遍街搗遍巷的瞎淫婦"(75 回)"甚麼韓大嬸、秕大嬸"(80 回)"上甚麼秕紙"(80 回)、"合神搗鬼"(82 回)、"合你娘"(99 回)、"老狗合"(99 回)、"合你淫婦娘"(99)等幾十種(重複的不計，下同)，數量較多，它們中有不少今天仍活躍在廣大農村地區的一部分人嘴邊舌下。

(二) **借動物或非生物等來喻指人的。**主要有："濁才料"(1 回)、"混沌蟲"(1 回)、"不識時濁物"(2 回)、"濁東西"(2 回、"小猢猻"(4 回)、"老狗肉"(4 回)、"老豬狗"(5 回)、"老狗骨頭"(7 回)、"中看不中吃的王八"(19 回)、"臘槍頭"(19 回)、"汗邪的貨"(21 回)、"賊王八(22 回)"、"沒才料的貨"(28 回)、"王八羔子"(28 回)、"賊野狗"(61 回)等。這類罵詞在書中數量上相對少一些。

(三) **以鬼神、死亡、患病等詛咒人的。**主要有："混沌魍魎"(1 回)、"老殺才"(7 回)、"天殺的"(13 回)、"賊短命"(25 回)、"犯死的奴才"(25 回)、"見鬼倒死囚根子"(25 回)"倒路死的囚根子"(25 回)、"少死光棍"(27 回)、"賊萬殺的小奴才"(28 回)、"賊不逢好死的淫婦"(28 回)、"瘟死鬼"(28 回)、"牢成九慣的短命"(28 回)、"牢拉的"(31 回)、"怪攮刀子"(32 回)、"爛折脊樑骨的"(35 回)、"爛了賊王八的屁股門子"(35 回)、"賊餓不死的殺才"(38 回)、"少死的賊短命"(53 回)、"賊作死的短壽命"(58 回)、"死囚"(61 回)等等,數量也不少。

㈣ **在地位、身份、品行等方面貶損人的**。如:"小賤人"(5回)、"負心的賊"(6 回)"老奴才"(7 回)、"牢頭"(8 回)、"禿廝"(8 回)、"賊負心的"(8 回)、"賺餳奴"(11 回)、"怪小油嘴"(13 回)、"賊蠻奴才"(16 回)、"刁鑽的強資"(18 回)、"賊搗子"(19 回)、"賊潑婦"、"賊成精的"(25 回)、"賊沒廉恥的昏君強盜"(34 回)、"賊禍根子小奴才兒"(42 回)、"小歪剌骨兒"(43 回)、"賊野蠻流民"(50 回)、"怪碎花子"(52 回)、"沒些槽道的"(53 回)、"賊葬弄主子的奴才"(83 回)、"沒廉恥"(85 回)等等。這類罵詞是書中用得最普遍,出場頻率最高的,究其因,是因為在上述幾類罵詞中,這一類罵詞相對來說傷害性最小,攻擊力最弱、對抗程度最低,其中很大的一部分,貶斥人時用,相互打情罵俏時也用。《金瓶梅》中用得最多的罵詞就是這一類中的"淫婦"一詞。"萬惡淫為首",可在潘金蓮、王六兒之流看來未必如此,她們不僅愛聽西門慶之稱其為"淫婦",而且往往以"淫婦"自稱,當然更多的時候,她們還是喜歡將之贈送給她們的情敵。"淫婦"在書中實在是一個雙料得又雙料、兩栖得又兩栖的罵詞。"淫婦"一般多用於女性,但當確認某類男性也具備了女性的某種功能、性質的時候,那麼他(們)之被罵作"淫婦"也就很自然的了,如那位同西門慶不乾不淨的所謂"男寵"書童就一次又一次地成為玳安兒口中的"淫婦"而無招架之力、還擊之力(51 回)。"淫婦"一詞在《金瓶梅》罵詞中使用頻率高並不是說"淫婦"一詞老是在各種人嘴唇間簡單地重複,不是的,展現在我們眼前的是它的一而再再而三的翻陳出新，有第二代產品，更有第三、第四、第五、第六代產品，關於這一點，我們在下文中將有所展開。

　　《金瓶梅》中的罵詞絕大多數是由短語構成的，屬於詞的，只有諸如"淫婦"、"奴才"、"王八"、"花子"、"業障"、"牢頭"、"禿廝"、"歪刺骨"、"行貨子"等屈指可數的幾個。個中緣由即在於：短語容量大，結構鬆散，既可容納各種豐富、複雜的涵義——單個的詞往往無法包容得下，又可隨意組裝，轉換靈活，限制較少——結構、意義相對穩定的詞則無此優勢。其中疊床架屋式的偏正結構又以其無限的包容量、最大的自由度成爲《金瓶梅》罵詞的首選載體，前文提及的"淫婦"之所以能屢屢翻陳出新、不斷出現新生代產品，正得力於它的載體——偏正短語。在"淫婦"一詞前加上各種各樣的定語，便可隨心所欲地罵詈各種各樣的物件，這實在是一種便捷得不能再便捷的方法了：張四被楊姑娘罵急了，便以"你這嚼舌頭老淫婦"還擊(7 回)；潘金蓮的一聲"在人家使過了的九烀十八火的主子的奴才淫婦"使鬱積於胸中已久的因宋惠蓮爭寵而生的惡氣得以發洩；而龐春梅的"賊合遍街搗遍巷的瞎淫婦"(75 回)直罵得可憐的賣唱女申二姐淚水漣漣。其他的如："賊奴才淫婦"(11 回)、"萬不逢好死的嚼舌根老淫婦"(12回)、"奸倭的淫婦"(21 回)、"養漢淫婦"(26 回)、"賊不逢好死的淫婦"(28)、"狗不要的小淫婦"(44 回)、"賊胖禿淫婦"(51回)、"大摔瓜長淫婦"(61 回)、"大紫膛色黑淫婦"(61 回)、"水眼淫婦"(78 回)等等，形成了一個以"淫婦"一詞爲中心的大語族。可無限擴展的偏正短語，爲《金瓶梅》中形形色色的人物提供了施展各自罵詈本領的用武之地，而事實上他們在罵詞的生成、翻新上所體現出來的高超本領是令人驚歎不已的，重複使用同一罵詞的現象是少而又少見的：同"淫婦"一樣，"奴才"可以有各種各樣的奴才，"王八"也有各具特色的王八，"強盜"更是有形形色色的強盜，這些是書中的罵詞告訴人們的。第 25 回宋惠蓮曾對其丈夫說過這麼幾句話："你錯認了老娘，老娘不是個饒人的。明日，我咒罵了樣兒與他聽。"恐怕正是宋惠蓮嫻熟地掌握了罵詞生成的技法，才使她敢作這樣的自詡：做一下罵詈的示範。

《金瓶梅》人物語言中的罵詞，就交際功能而言，有所分別，主要有兩種：

㈠ **罵詈功能**。即使用罵詞攻擊、傷害他人的。最骯髒、粗野的也就是這一類罵詞了。《金瓶梅》中的各種人物之間充滿著矛盾，爭風吃醋、爭衡鬥法之事時有發生，無論是背後攻擊還是當面指斥，少不得罵詞連篇。第 28 回，為拾鞋之事，潘金蓮挑唆西門慶把小鐵棍兒打了個半死，招來了其母一丈青的"一頓海罵"：

> 賊不逢好死的淫婦、王八羔子！我的孩子和你有甚冤傳？他才十一二歲，曉的甚麼？知道毬生在那塊兒！平白地調唆打他怎一頓，打的鼻口都流血。假若死了他，淫婦、王八兒也不好，稱不了你甚麼願！

"整罵了一二日還不定。"

㈡ **戲謔功能**。即使用罵詞打情罵俏的。真可謂狗嘴裏吐不出象牙來，在《金瓶梅》形形色色人物口中，那一串串低級的罵詞，竟然不是用在雙方相互攻擊、糟蹋的當口，而是一種並無惡意的戲謔用語，用於雙方戲謔調情的時候。如西門慶常常"罵"潘金蓮的"怪小淫婦"、"怪小油嘴"，潘金蓮"罵"西門慶的"負心的賊"、"怪行貨子"、"刁鑽的強盜"等等。最典型的恐怕要數第 52 回應伯爵和妓女李桂姐打情罵俏的那一段，你來我問，短短千把字的對話中，出現了無數的罵詞，直讓人眼花繚亂：怪毬花子、賊小淫婦兒、你這狗材、汗邪了你、賊們攘的、汗歪了你、傻小淫婦兒、小淫婦兒、斷了腸子的狗材、白眉赤眼、花子、怪狗材、好個不得人意的攘刀子的，等等。

## 三、隱晦費解的市井隱語

　　市井是隱語理想的孳生地、繁衍所，而市井隱語則是市井習俗在人物語言中的積澱、投影。《金瓶梅》是一部描寫市井家庭生活的小說，自然要涉及不少的隱語；同詈詞一樣，隱語已成爲小說人物語言不可或缺的有機組成部分，沒有了它們，小說反映生活的真實性、廣泛性就要大打折扣。《金瓶梅》中的隱語絕大多數與"性"有關。隱語的運用，除了具有委婉含蓄的表達功能之外，還具有幽默風趣、隱晦曲折的表達作用。

　　㈠ **分佈情況**

　　《金瓶梅》中的隱語80%以上同"性"有關，其中絕大多數是有關"男陽"的。其餘的，不僅數量少，而且分佈不集中，也無規律可循，所以很難歸類。總之，隱語的分佈頗不均勻。

　　(1)同"性"有關的隱語。

　　1.有關"男陽"的。此類最多。

　　如"行貨"、"龜"、"鳥"(4回)、"蟲"(4回)、"刀兒"(35回)、"三寸貨"(51回)、"半邊俏"(52回)、"鞭子"(68回)、"王鸞兒"(86回)、"大榼頭子"(96回)等。

　　2.有關男女作愛的。

　　如"寒鴉兒過了，就是青刀馬"(32回)、"凹"(37回)、"牛耕地"(40回)、"鴉胡石、影子布、朵朵雲兒，了口噁心"(76回)等。

　　3.有關"女陰"的。

　　如："蓋子"(8回)、"身上喜"(25回)等。

　　(2)其他隱語。

　　如：絕好——色系子女(4回)

　　　　生日——驢馬畜(14回)

　　　　李——十八子(16回)

　　　　妻——秋胡戲(23回)

妓女——零布(32 回)

死——睡長覺(34 回)

內容涉及各個方面，比較蕪雜。至於如"硝子石望著南兒丁口心"(32 回)這樣的至今分歧極　大、沒有確解的隱語，更是難以歸類。

### (二) 構成方式

《金瓶梅》人物語言中的隱語基本上是借助於修辭格構成的，常見的有：

(1)借字法：借用某些漢字的形體以表達特殊的含義而形成的隱語。如：第 32 回妓女鄭愛香所說"因把貓兒(即書中妓女董貓兒——作者案)的虎口內火燒了兩醮，和他丁八著好一向了，這日只散走哩"以及第 68 回鄭愛月所說"一向董金兒也與他丁八了"中的"丁八"，即以字形暗指男女交合；[1] 又如第 37 回李瓶兒的貼身僕婦馮媽媽為西門慶和王六兒兩人牽線搭橋時對王六兒所說的"你若與他凹上了，愁沒吃的、穿的、使的、用的"中的"凹"也是巧妙地以象形字"凹"的字形隱指女性同男性發生性關係。

(2)借喻法：如第 68 回玳安戲文嫂時所說的"且留著那驢子，和你早晚做伴兒也罷了。別的也罷了，我見他常時落下來，好個大鞭子"中的"鞭子"即喻指驢的陽物；又如第 96 回眾打工的取笑陳經濟"你恁小小的，原幹的這營生，挨的這大橔頭子"中的"大橔頭子"即喻指男根，因為前一天晚上陳經濟被工頭侯林兒雞姦了；再如第 7 回，張四以"黃貓黑尾"[2] 斥責楊姑娘吃裏扒外，又以"焦尾巴"來詛咒楊姑娘無嗣絕後，均屬通過借喻辭格構成的隱語。

(3)借代法：如第 5 回喬鄆哥諷刺武大郎"我笑你只會扯我，卻

---

[1] 《金瓶梅鑒賞辭典》第 561 頁釋為"以字形喻男女情事"；傅憎享《金瓶梅隱語揭秘》第 52 頁注為"丁字不圓，八字不正"，"丁八"為"不規不矩"之義。

[2] 參見《金瓶梅鑒賞辭典》第 512 頁；傅憎享《金瓶梅隱語揭秘》第 187 頁以為"黃貓黑尾"與"焦尾巴"屬同義異構，似證據不足。

不道咬下地左邊的來"中的"左邊的"即代指"男陽",俗傳玄武大帝跟前有龜、蛇二將,龜將軍居左,蛇將軍居右,因爲"龜"常用來喻指男陽,所以市井中人便以"左邊的"隱指男陽,第 52 回中應伯爵所說的"半邊俏"也同"左邊的",其原理也相同。其他的,如 51 回的"三寸貨"隱指男陽,56 回的"孔方兒"隱指銀兩,59 回的"半門子"隱指"私娼館",均爲通過借代修辭格形成的隱語。

(4)析字法:如第 4 回王婆問西門慶:潘金蓮"風月如何",西門慶回答:"色系子女不可含。"這是析的"絕好"二字。又如第 2 回王婆向西門慶誇耀自己本事:"也會針灸看病,也會做貝戎兒。"中的"貝戎"析的是"賊"字。又如第 80 回韓道國、王六兒夫婦上門爲過世的西門慶燒紙,男仆來安進屋稟告,反討了吳月娘一頓臭罵,來安出來後只快快地說了一句話"娘捎出四馬兒來了。"這"四馬"析的是"罵"字。

(5)藏詞法:如第 14 回,潘金蓮過生日,孟玉樓對她說:"今日是你個'驢馬畜'"。這"驢馬畜"是"驢馬畜生"的藏尾說法,藏去了要說的本詞"生",即"生日"。第 23 回,宋惠蓮問西門慶:"你家第五的秋胡戲,你娶他來家多少時了?"這裏用"秋胡戲"代替藏去了的本詞"妻",元人石君寶著有雜劇《秋胡戲妻》,故有此說,宋氏話中所說"第五的秋胡戲"指得是潘金蓮。

(6)婉曲法:如第 25 回,吳月娘率眾姐妹打秋千時關照大家不要笑,並講了她少年時的一個故事:她家隔壁周台官家的周小姐,一天和她等幾個小姐妹打秋千,"也是這等笑的不了,把周小姐滑下來,騎在畫板上,把身上喜抓去了。話中的"身上喜"是"處女膜"的委婉說法。第 34 回,西門慶在李瓶兒房裏飲酒取樂,妒火中燒的潘金蓮"冷笑罵道:'賊強人!把我只當亡故了一般。一發在那淫婦屋裏睡了長覺也罷了'。"這裏"睡長覺"是"死亡"的婉轉說法,實際上是詛咒西門慶就死在李瓶兒房中吧。

以上是《金瓶梅》隱語中常見的一些構成方式，除此之外，還有借助"鑲嵌"、"切語"等辭格形成的隱語。因極少，凡一見或二見，所以不再列條討論了。如第 32 回鄭愛香罵應伯爵的"望江南巴山虎兒汗東山斜紋布"，即用的是鑲嵌格，這裏把"望巴汗斜"分別嵌進每個詞的開頭，實際上是在罵應伯爵"王八汗邪"。這種方式書中僅一、二見。

《金瓶梅》人物語言中的市井隱語的表達功能不外乎以下三個方面：委婉含蓄，幽默風趣和曲折隱晦。

在人們的日常交往中，並非什麼話都要求表達得清楚明白、一覽無餘的；出於各種交際目的，照顧到交際物件、交際場合的需要，在必要的時候，人們往往會採用一種不同於常態語言的婉轉的表述方法，如隱語，去傳情達義，從而起到委婉含蓄的表達作用。

第 28 回，潘金蓮數落陳經濟："你好小膽子兒!明知道和來旺兒媳婦子七個八個，你還調戲他，想那淫婦教你戲弄。"所謂"明知道和來旺媳婦子兒七個八個"是講陳經濟明明曉得西門慶同宋惠蓮不乾不淨。這裏潘金蓮不用"不乾不淨"、"不三不四"等字眼，而用了"七個八個"，正是爲了委婉含蓄：一者她是西門慶的妾、陳經濟的小丈母，二者對方恰是同自己不乾不淨的，她這樣說，既不傷害西門慶，又不刺激陳經濟，非常得體。

吳月娘曾有兩次使用隱語，一次是當著眾婦人稱"處女膜"爲"身上喜"(25 回)，一次是當著眾女僕稱男根爲"王鸞兒"，她警告與潘金蓮等淫亂的陳經濟："我把你這短命王鸞兒割了，教你直孤到老。"(86 回)，均是爲了使表達委婉含蓄，從而符合她女性、丈母娘的身份。

至於馮媽媽勸王六兒做西門慶的情人時，只能用含含混混的妙字"凹"(37 回)，說什麼都會讓據說"沒輸過身"的王六兒難堪；同樣，進屋稟告結果挨了吳月娘好一頓罵的小廝來安兒，爲了不讓前來弔唁的韓道國、王六兒夫婦以及陪著的吳大舅難堪，也只能用不帶刺激性的"四馬兒"來代替"罵"了。

這樣的例子實在太多了,看來人們的生活中有時還真需要委婉一些、含蓄一些呢!

幽默風趣是日常生活的調味劑,可以設想,人類生活中若缺少了幽默風趣,那是何等的單調、乏味、緊張、可怕,而隱語的運用則往往能起到這種調味劑的作用。應伯爵可以算得上是一個幽默風趣的主兒,雖然格調不是很高,畢竟是市井閒人嘛。他談吐中使用隱語,目的只有一個:逗大夥兒笑。

應伯爵戲弄的對象永遠是妓女。他可以幽默地稱妓女為"零布"(32回),"女又十撇"(76回),他的一句淫邪的隱語"寒鴉兒過了就是青刀馬"可以把在場的所有的人逗笑(32回),即使喝得酩酊大醉,他也沒忘記調戲李桂姐、鄭愛月:"雅胡石影子布兒朵朵雲兒了口噁心"(76回)[3]。

孟玉樓在書中只有一次用了隱語,不是追求含蓄,而是一種幽默。第14回,潘金蓮過生日,酒宴中途潘金蓮陪其母回房間,因離席時間長了一些,孟玉樓便"戲道:'五丫頭。你好人兒!今日是你個驢馬畜,把客人丟在這裏,你躲房裏去了,你可成人養的!'"在這裏孟玉樓以"驢馬畜"代指"生日",增添了言語表達的情趣。

我們在前文曾提到過王婆語言的幽默詼諧,這在隱語的運用上也同樣有所體現。"會做賊"本是一件難以啓齒的事情,可一經王婆之口道出:"會做貝戎兒",則顯得轉松,有趣。看來言談幽默確實是這位"書中第一媒婆"的特長。

聞一多先生曾經指出:"它(指隱語——作者案)的手段和喻一樣,而目的完全相反。喻訓曉,是借另一事物把本來說不明白的說得明白點。隱訓藏,是借另一事物把本來說得明白的說得不明白

---

[3] 此語殊難解釋,分歧也大。傅憎享先生認為此語與"寒鴉兒過了就是青刀馬"係同義異構。說見《金瓶梅隱語揭秘》第159頁。

點。"[4] 可謂道出了隱語在表達上的獨特功能——隱晦曲折，即把原來明白曉暢、人們習以爲常的語詞轉換成隱晦曲折、人們不易明白的語詞，從而控制語言資訊傳播的範圍。

　　第 32 回，李桂姐、鄭愛香兒和吳銀兒三個妓女在吳月娘屋裏閒聊，先談張小官兒同妓女董貓兒的事，用"丁八著好一向了"來表述兩人的關係；又談論起李桂姐的相好周肖兒，李桂姐數落了他一通後，罵他是"硝子石望著南兒丁口心！"三個妓女有說有笑，而邊上的吳月娘則如坐雲霧，不知其所雲，所以她說："你每說了這一日，我不懂，不知說的是那家話。"吳月娘之所以聽不懂，是因爲李桂姐等在談話中不時地插入了市井隱語。

　　如果說，李桂姐等用隱語交談是一種習慣，是無意的，只是客觀上直到了控制語言資訊的傳播範圍的話，那麼，第 16 回中應伯爵用"十八子"暗稱李桂姐則是有意的，爲的是不讓過多的人知道。

　　應伯爵生日，西門慶糾集了另外 8 位幫閒到應家赴生日宴席，席間西門慶小廝玳安兒進來傳話讓西門慶早點回李瓶兒那裏去，結果被應伯爵叫住，追問："端的誰使了你來?或者是你家中那娘使了你來?或是裏邊十八子那裏？"這"裏邊十八子"指的是西門慶剛疏籠的妓女李桂姐，因在座的人多，不少人不知道這檔子事，聰明的應伯爵便用了隱語；若只有西門慶、謝希大等，按應伯爵對妓女的一貫態度，那只能是"李家那小淫婦"，而不會是文縐縐的"裏邊十八子"，更何況是在掃他興的當口。

## 四、俚俗豐富的歇後語、諺語

　　我們在討論人物語言的平民化特徵的時候曾指出：《金瓶梅》

---

[4] 見聞一多《神話與詩·說魚》，古籍出版社，1956 年版。

人物語言中俗語——歇後語和諺語的數量是空前的。這並不是說，這兩種俗語只存在於人物語言中，事實上在敍述語言中也能見到它們；只是相對來說，人物語言中的俗語較之敍述語言中的要多得多，前者類型之豐富、結構之多樣，均非後者可比。

《金瓶梅》中用了多少條歇後語，眾說紛紜，有"50多條"說[5]，有"125條"說。[6]而據筆者隨手筆錄，則有131條之多，恐怕還不是全部，可能有遺漏。其中絕大多數出自各類人物的口中，它們在刻劃人物性格、渲染市井氣氛、增強語言的生動性和形象化等方面發揮了重要的作用。

從歇後語的構成角度——即發生學角度來分類，《金瓶梅》人物語言中的歇後語可分爲兩類。

㈠ **喻意類歇後語**：即由一個比喻及一個對比喻的限定性解釋構成的歇後語。例如："花木瓜——空好看"(1回)、"馬蹄刀木杓裏切菜——水泄不漏"(4回)、"促織不吃癩蝦蟆肉——都是一鍬土上人"(24回)、"東淨裏磚兒——又臭又硬"(25回)、"東瓜花兒——醜得沒時了"(32回)、"寫字的拿逃軍——一身故事兒"(37回)等，前半段是個比喻，後半段是個限定性解釋，"寫字的拿逃軍"，可以"多管閒事"去限定，也可如書中以"一身故事兒"去限制。

㈡ **諧音類歇後語**：由一個比喻及一個蘊含諧音雙關的限定性解釋構成的歇後語。例如："賣蘿蔔的跟著鹽擔子走——好個鹹(閑)嘈心的小肉兒"(20回)、"鬼酉上車兒——推(太)醜"(32回)、"接連三個觀音堂——廟(妙)，廟(妙)，廟(妙)"(54回)、"臘月裏蘿蔔——凍(動)了心"(91回)、"六月裏連陰——想他好晴(情)兒"(97回)等，前半段是個比喻，後半段是個蘊含諧音雙關的限定性解釋，"臘月裏蘿蔔"可以"甜得很"去限定，也可如書中以"凍了

---

[5] 見王強《〈金瓶梅〉中的歇後語》，《天津師院學報》，1981年6期

[6] 見《金瓶梅資料彙錄》第668頁，黃山書社，1986年版。

心"去限定，再借助"凍"與"動"的同音關係構成雙關，表面上講"凍心"，實質上深層的含義是"動心"。

《金瓶梅》不僅把大量的歇後語引入人物語言中，而且在運用時很有自己的特色，體現了作者在歇後語運用上的純熟技巧。

(一) **靈活多變，揮灑自如**。半段打比方，後半段予以解釋，這是歇後語傳統的固有的模式；而《金瓶梅》中的歇後語則往往不囿於成規，運用時靈活多變，揮灑自如。

1.省略

《金瓶梅》人物語言中的歇後語有結構完整的，如前文所引諸例，這是主流；也有省略後半段解釋的，如"養蝦蟆得水蠱兒病"(18回)、"銅盆撞了鐵刷帚"(43回)、"竹籃兒打水"(91回)等，由於省略了限定性解釋，就給有些歇後語的理解帶來了一點障礙，像"養蝦蟆得水蠱兒病"，結合語境來看，可以理解爲"自作自受"，也可以理解爲"好心沒好報"，究竟作何解，只有它的主人潘金蓮才知道。

2.避複

有的歇後語在文中不止出現一次，爲了避免簡單重複，歇後語的構成成分會有所變更。如第 26 回出自宋惠蓮口中的"燈草拐棒兒——原拄不定"到了第 46 回李嬌兒口中則成了"燈草拐杖——不定"；第 28 回出自龐春梅口中的"王媽媽賣了磨——推不的了"到了第 60 回潘金蓮口中則成了"王婆子賣了磨——沒的推了"；第 24 回出自惠祥口中的"促織不吃癩蝦蟆肉——都是一鍬土上人"到了第 85 回的小玉口中則成了"蝦蟆、促織兒——都是一鍬土上人"；第 20 回出自潘金蓮口中的"賣蘿蔔的跟著鹽擔子走——好個鹹嘈心的小肉兒"，到了第 30 回，還是出自潘金蓮口中，則成了"賣蘿蔔的拉鹽擔子——攘鹽嘈心"等等。更有甚者，乾脆將前半段全部換掉，實際上構成同義異形歇後語。如第 26 回中出現了"毯子心腸——滾下滾上"，第 72 回中則有"風裏楊花——滾上滾下"，喻體不同，而含義一致。

3.倒裝和斷取

為了表達的需要，有一部分歇後語解釋在前，比喻在後。如第86回潘金蓮所說的"為人還有相逢處——樹葉兒還落到根邊"，又如第 35 回玳安兒戲畫童時所說的："你娘養的你忒嬌——把 子兒拿繩兒拴在你手兒上，你還不吃"等，均屬倒裝。有時候，一個歇後語內涵豐富，而表達時只需用其中一部分含義，於是作者便採取了斷取的方法，在後半段解釋時有所取捨。如"關王賣豆腐——人硬貨不硬"包含兩方面的含義：人硬和貨不硬，而第 78 回潘金蓮數落其母潘姥姥時用這個歇後語則著重於"人硬"，即做人要有骨氣，於是在潘金蓮口中該歇後語一經斷取即成為"關王賣豆腐——人硬"，而將另一半含義"貨不硬"給刪除了。

(二) **數語連用，層層推進**

幾個歇後語連著使用，語急連貫，層層推進，是《金瓶梅》歇後語運用上最顯著的特色，而且全部集中在人物語言中。最常見的是兩個連用。例如：

> 那玉樓聽了只是笑，因說："你怎知道的這等詳細?"金蓮道："南京的沈萬三，北京的枯柳樹——人的名兒，樹的影兒，怎不曉得?雪裏消死屍——自然消他出來。"(72 回)

例中前一個歇後語說的是西門慶同如意兒勾搭之事已盡人所知，後一個歇後語講的是縱然想瞞也隱瞞得了一時瞞不了一世，如同殺了人埋在雪裏，雪一融化，屍體便會暴露在光天化日之下一樣。潘金蓮從正反兩個方面回答了孟玉樓略帶懷疑的提問，顯示了其伶俐的口才。又如：

> 李瓶兒說道："媽媽子，成日影兒不見，幹的什麼貓頭兒差事?……"婆子道："我的奶奶，你倒說的且是好，寫字的拿逃軍——我如今一身故事兒哩!賣鹽的做雕鑾匠——我是那閒人兒?"(37 回)

例中前一個歇後語馮媽媽從正面表白自己事情多，後一個歇後語則從反面強調自己實在忙得沒有空閒，一正一反，滴水不漏。

也有三個歇後語連用的。例如：

> 老婆甚是埋怨西門慶，說道："爹，你是個人！你原說教他去，怎麼轉了靶子，又教別人去？你乾淨是個毬子心腸——滾下滾上；燈草拐棒兒——原拄不定。把你到明日，蓋個廟兒，立起個旗杆來——就是個謊神爺。"(26回)

例中第一個歇後語是說西門慶心太活，一日三變，這是第一層，含有嗔怪的意思；第二個歇後語是說西門慶凡事不能作主，是個靠不住的人這是第二層，嗔怪的語氣有所加強；第三個歇後語是說西門慶是個愛說謊的人，一直在欺騙人，這是第三層，嗔怪的語氣尤強，帶有譴責的意味。更有四個歇後語連用的，這恐怕是從古到今我國文學作品中歇後語運用的絕唱。例如：

> 那潘金蓮見孩子沒有了，李瓶兒死了生兒，每日抖擻精神，百般的稱快，指著丫頭罵道："賊淫婦！我只說你日頭常晌年，卻怎的今日也有錯了的時節？你斑鳩跌了彈也——嘴答穀了！春凳折了靠背兒——沒的倚了！王婆子賣了磨——推不的了！老鴇子死了粉頭——沒指望了！卻怎的也和我一般？"(60回)

四個歇後語分別從四個方面，一層深一層地道出了李瓶兒目前的劣勢及不幸：死了兒子，看你還能說什麼；死了兒子，看你還依靠誰；死了兒子，看你還逞什麼能；死了兒子，看你還有什麼指望。四語連用，一氣呵成，語氣咄咄逼人，《金瓶梅》在歇後運用上的純熟技巧於中可見一斑。

《金瓶梅》人物語言中的歇後語在渲染市井氣氛、增強語言的生動性等方面所起的作用我們前文已有討論，這裏就不再重複了。我們所要重點討論的是這些歇後語在刻劃人物個性方面所發揮的重要作用。

促成人物語言個性化的語言手段是多方面的,而深深打上人物性格特徵烙印的歇後語不能不說是其中重要的手段之一。第69回,西門慶數落王三官兒:"今年不上二十歲,年小小兒的,通不成器。"吳月娘聽了譏諷他:"你不曾潛胞尿看看自家,乳兒鴉笑話豬兒足——原來燈檯不照自。你自道成器的,你也吃這井裏水,無所不爲——清潔了些甚麼兒?還要禁的人!"吳月娘三言兩語,切中要害,其性格中直率、不迎合又略帶尖刻的一面於中暴露無遺。

應伯爵是書中"天下第一幫閒",奉承拍馬,取悅主子是他的看家本領。爲了讓西門慶高興,他可以作踐自己,而粗俗的歇後語則往往可以助他一臂之力。崇禎本第一回,西門慶熱結十兄弟,置辦酒席,要應伯爵等也出一份子。應伯爵手頭拮据,可又怕直接說出來會引起主子的不快,便說:"哥說的是,婆兒燒香,當不的老子念佛——各自要盡各自的心,只是俺眾人們老鼠尾巴生瘡——有膿也不多"。爲了取悅于西門慶,他竟將自己等比作"老鼠尾巴上的瘡",將自己的錢比作瘡中的"膿",噁心之極。張竹坡在此歇後語下作了如下的評點:"寫盡幫閒醜態",應伯爵性格中狡黠、油滑、無恥的一面此中已見端倪。

類似這樣的例子不勝枚舉。有時候同一個場合,出自不同人之口、風格迥異的歇後語一下子便顯示了其不同的個性。例如:

> 金蓮道:"你不知道,不要讓了他。如今年世,只怕睜著眼兒的金剛,不怕閉著眼兒的佛。老婆漢子,你若放些松兒與他,王兵馬的皂隸——還把你不當合的"。玉樓戲道:"六丫兒,你是屬麵筋的——倒且是有勒(勁)道。"(35回)

潘金蓮潑辣、驕橫,她口中的歇後語只能是粗鄙偏激如"王兵馬的皂隸——不當合的"那一類;而孟玉樓則乖巧、平和,她口中的歇後語也必然是無關痛癢、游離事外、插科打諢、諸如"你是屬麵筋的——倒且是有勒道。"兩者對比,兩人性格上的差異昭然若揭。

　　《金瓶梅》中歇後語的數量之多已屬罕見，而諺語的數量更是令人咋舌，竟多達 360 多條。（蔡國梁先生的統計爲 348 條，詳見《金瓶梅資料彙錄》第 669 頁；筆者隨手筆錄，共得 364 條，恐還有遺漏。）其中大部分由固定詞語"常言"、"古人雲"、"自古"、"常言道"、"自古道"、"常言說得好"、"正是"、"真是"、"原來"等引導，也有一部分，無任何標記，同其他辭彙糾纏在一聲，這就給識別工作帶來了麻煩。這些諺語大部分出現在人物語言中，它們往往寓深刻的哲理於淺近的口語中，將豐富的市井習俗濃縮在片言隻語中，言簡意賅，令人回味。

　　從結構上來看，《金瓶梅》人物語言中的諺語可以分成以下五種類型：

　　㈠　**單句式**：即由一個單句構成的諺語。如"樹倒無陰"(91回)、"籬牢犬不入"(2回)、"一客不煩二主"(3回)、"表壯不如裏壯"(2回)、"鳳凰無寶處不落"(7回)、"不看僧面看佛面"(14回)、"好心倒做了驢肝肺"(27回)、"爲驢扭棍傷了紫荊樹"(25回)、"做了一日和尙撞了一日鍾"(26回)等，其中以五字諺、六字諺、七字諺較爲常見。

　　㈡　**雙句式**：即由兩個單句形式構成的諺語。如："便得一片橘皮吃，切莫忘了洞庭湖。"(3回)、"幼嫁從親，再嫁由身。"(5回)、"求只求張良，拜只拜韓信。"(7回)、"家雞打的團團轉，野雞打得貼天飛。"(12回)、"穿青衣，抱黑柱。"(44回)、"養兒不在屙金溺銀，只要見景生情。"(13回)等，其中以八字諺、十字諺、十四字諺最爲常見。

　　㈢　**三句式**：即由三個單句形式構成的諺語。如："娶淫婦，養海青，食水不到想海東。"(80回)、"捉姦見雙，捉賊見贓，殺人見傷。"(9回)等。

　　㈣　**四句式**：即由四個單句形式構成的諺語。如："妻大兩，黃金日日長；妻大三，黃金堆積山。"(7回)、"男兒沒信，寸鐵無鋼；女人無性，爛如麻糖。"(85回)等。

(五) **五句式**：即由五個單句形式構成的諺語。如："常言一雞死了一雞鳴；誰打羅，誰吃飯；誰人常把鐵箍子戴，那個長將席篾兒支著眼。"(86回)等。

上述五種類型中，以單句式和雙句式最爲常見。

《金瓶梅》人物語言中的諺語往往寓意深遠，具有深刻的哲理性。如"母狗不掉尾，公狗不上身"(76回)、"蒼蠅不鑽那沒縫的蛋"(19回)等說得是同一個道理：內因是事物發展變化的根據，外因是條件，外因通過內因起作用。"牡丹花兒雖好，還要綠葉扶持"(76回)則講的是個體同集體的關係，"畫虎畫花難畫骨，知人知面不知心"(76回)、"世間海水知深淺，惟有人心難忖量"(91回)等則又道出了社會的複雜、世態人情的變幻莫測，這些諺語即使在今天，仍給人以啓迪和警醒。

《金瓶梅》人物語言中的諺語不少來自於街巷里弄，也就必然對市井的倫理、習俗有所反映。如"幼嫁從親，再嫁由身。"(5回)便反映了當時的婚姻習俗：女子初次嫁人由爹娘作主，而重新嫁人則可由自己定奪。孟玉樓就是憑此順順當當地改嫁西門慶，又嫁李衙內的。"言不褻不笑"(66回)反映了市井談吐的低級、粗俗。"好子弟不嫖一個粉頭，粉頭不接一個孤老"(15回)則反映了當時花街柳巷中人的價值取向和行動準則，"做官不貧，賴債不富"(19回)則道出了當時的人們對"做官"、"賴債"的認識和評判。"穿青衣，抱黑柱。"(44回)則反映了市井中人對主人、僕人間所應遵循的規矩的一種認可、一種約定俗成。"寧可折本，休要餓損"(62回)則是當時商販商旋生活經驗的總結，而"天不著風兒晴不的，人不著謊兒成不的"(72回)，以及"逢人且說三分話，未可全抛一片心"(72回)則反映了當時的人們待人處事的原則，從中也折射出當時社會環境的險惡。

諺語是人們長期以來生活、生產經驗的總結在語言中的結晶和積澱，由於來自於民間口語，且在千百年的流傳中不斷修正、完善，使它往往具有簡潔、凝煉的特點，前面所舉的例子中不乏有這方面的佳例。又如"使心用心，反累已身。"(59回)、"有勢休要使盡，有話休要說盡"(76回)、"千里長棚，沒個不散的筵席。"(80回)"家無營活計，不怕鬥量金"(96回)等等均言簡意賅，雖片言隻語，卻包含著極為豐富的內涵。

此外，同歇後語一樣，諺語在刻劃人物性格、增強語言表達的生動性方面也起著極為重要的作用，其具體表現同歇後語並無二致，這裏就不再討論了。

徜徉在《金瓶梅》人物語言的語詞密林裏，我深為作者調遣語詞的功力所折服。這些語彙以其特有的形態、功能，賦予了《金瓶梅》人物語言獨特的品質、特殊的魅力；同時，它們作為一種特殊的語彙成分，在《金瓶梅》人物語言中留下了一道道奇特的風景和處處鮮目的標誌，從而使之成為有別於《水滸傳》等人物語言的獨特的"這一個"。

# 第九章　人物語言功用的再度拓寬

　　小說人物語言是反映人物個性，構造故事情節的重要手段，這是人物語言的主要功能。而一些高明的作家在抓住人物語言的主要功能之外，還注意有所拓寬，將敘述語言的一些功能巧妙地轉移給人物語言，從而賦予人物語言一些特殊功能。以人物語言爲主體的《金瓶梅》便是如此。

## 一、不動聲色地貼幾處標籤

　　小說作品，尤其是現實主義的小說作品，比較忌諱作者過多地參與進去，作喋喋不休的評論、說明，而注重讓情節本身說話，追求來自情節的自然而然的流露。而我國明代的白話小說，受話本影響，作者猶如說話人，常常忍不住要跳將出來說上幾句，這樣做對作者固然省力，但卻破壞了作品的現實主義格調，影響了作品反映生活的真實性、客觀性。《金瓶梅》的作者顯然試圖擺脫傳統的巨大影響，不落窠臼，而將本擬由自己在敘述語言中交待的對各種人物的一部分意見、看法，巧妙適當地安排進了各種人物的語言中，使人物語言在反映人物性格特徵的同時，又具備了評價導向功能——不動聲色地貼上幾處標籤。

　　《金瓶梅》人物語言的評價導向功能首先體現在作品人與人之間的相互品評中。潘金蓮是受人品評最多的一個，內容涉及方方面面：

　　(1)風月：色系子女不可言(西門慶語，4 回)；他房裏彈唱姐兒出身，甚麼事兒不久慣知道得(王婆語，4 回)。

(2)口才：嘴似淮洪一般，誰問誰也辯他不過(孫雪娥語，11 回)；自古嘴強的爭一步。六姐，也虧你這嘴頭子，不然嘴鈍些也成不的(吳月娘語，43 回)。

(3)品行：你看賊小淫婦兒，躍在泥裏把人絆了一交，他還說人踹泥了他的鞋。恰是那一個兒(指李瓶兒——作者案)就沒些嘴抹兒(西門慶語，21 回)。你不知這淫婦，單管咬群兒(同上)。你看看孟家的和潘家的，兩家一似狐狸一般，你原鬥的過他了(李桂姐語，44回)。你不知淫婦，說起來比養漢老婆還浪，一夜沒漢子也成不的。背地幹的那齣兒，人幹不出，他幹出來(孫雪娥語，11 回)。女婦人家，通把個廉恥也不顧。單管兩頭和番，曲心矯肚，人面獸心(吳月娘語，75 回)。有天下人心恨，不似俺這短壽命(潘姥姥語，78 回)。

以上這些，要是由作者一一道出，該是多麼的乏味，煞風景，給人的感覺只能是作者的偏見、戴著有色眼睛看人、硬貼標籤不可信等等；而如今融合在人物的語言中，在一定的情景中，由人物自然而然地道出，便顯得自然、客觀、得體、真實。從這些人物的評價中，我們也就慢慢地，逐漸地讀懂、瞭解了潘金蓮這個人物。

除了潘金蓮之外，作品中的主要人物均有他人的評語。如花子虛、吳月娘說李瓶兒的"好個性兒"、"好個溫克性兒"(10 回)以及潘姥姥說李瓶兒的"好人，有仁義的姐姐，熱心腸兒"(78 回)。潘金蓮說龐春梅的"死鬼把他當心肝肺腸兒一般看待!說一句聽十句，要一奉十，正經成房立紀老婆且打靠後。他要打個小廝十棍兒，他爹不敢打五棍兒"。(85 回)；西門慶說吳月娘的"好性兒"(16回)；吳月娘說玳安的"兩頭戳舌，獻勤出尖，外合裏表，奸懶貪饞，背地瞞官作弊"(46 回)；宋惠蓮說西門慶的"毬子心腸，滾上滾下"等(26 回)以及李瓶兒說西門慶的"仗義疏財，伶牙俐齒"、"是醫奴的藥一般"(19 回)等等。這些書中人物的評倫，為我們把握人物的個性特徵提供了極好的依據和可靠的前提。

　　作品人物語言的評價導向功能還體現在通過相面、算命等當初視同科學、爲人們所信服的神秘、超人之術來集中揭示人物的命運生涯，概括人物一生的行爲品性，傳遞作者的一些觀點、意見。作品中凡兩次相面、算命，第一次是在第 29 回，西門慶請一位叫吳神仙的高僧來家中相面，其結果是：

　　西門慶：行如擺柳，必主傷妻；魚尾多紋，終須勞碌。眼不哭而淚汪汪，心無慮而眉縮縮，若無刑克，必損其身(以上面相)。細軟豐潤，必享福逸祿之人也。兩目雌雄，必主富而多詐；眉抽二尾，一生常自足歡娛；根有三紋，中歲必然多耗散；奸門紅紫，一生廣得妻財；黃氣發于高曠，旬日內必定加官；紅色起于三陽，今歲間必生貴子。淚堂豐厚，亦主貪花；谷道亂毛，號爲淫抄(以上手相)。

　　吳月娘：面如滿月，家道興隆；唇若紅蓮，衣食豐足，必得貴而生子；聲響神清，必益夫而發福(以上面相)。幹姜之手，女人必善持家；照人之鬢，坤道定須秀氣。淚堂黑痣，若無宿疾必刑夫；眼下皺紋，亦主六親若冰炭(以上手相)。

　　孟玉樓：三停平等，一生衣祿無虧；六府豐隆，晚歲榮華定取。平生少疾，皆因月勃光輝；到老無災，大抵年宮潤秀。口如四字神情徹，溫厚堪同掌上珠。威媚兼全財命有，終主刑夫兩有餘。

　　潘金蓮：發濃鬢重，光斜視以多淫；臉媚眉彎，身不搖而自顫。面上黑痣，必主刑夫；人中短促，終須壽夭。舉止輕浮惟好淫，眼如點漆壞人倫。月下星前長不足，雖居大廈少安心。

　　李瓶兒：觀臥蠶明潤而紫色，必產貴兒；體白肩圓，必受夫之寵愛。常遭疾厄，只因根上昏沉，山根青黑，三九前後定見哭聲；法令細纏，雞犬之年焉可過？

　　龐春梅：五官端正，骨格清奇；發細眉濃，稟性要強；神急眼圓，爲人急燥。山根不斷，必得貴夫而生子，兩額朝拱，主早年必戴珠冠。行步若飛仙，聲響神清，必益夫而得祿，三九定然封贈。但乞了這左眼大，早年克父；右眼小，周歲克娘；右口角下只一點黑痣，主常沾啾唧之災；右腮一點黑痣，一生受夫愛敬。

　　雖然有些地方講得有點玄虛，但還是為我們把握人物的性格及命運發展脈絡提供了不少有益的線索。其中尤其對西門慶、潘金蓮、龐春梅等三人的評說，比較切實，揭示了人物個性和命運中的一些本質的、重大的方面。作為一種補充，第 46 回，一位鄉里算命婆又對吳月娘、孟玉樓、李瓶兒三人作了如下的評說：

　　吳月娘：為人一生有仁義，性格寬洪，心慈好善，看輕佈施，廣行方便。一生操持，把家做活，替人頂缸受氣，還不道是。喜怒有常，主下人不足。正是喜樂起來笑嘻嘻，惱將起來鬧哄哄。雖是一時風火性，轉眼卻無心。

　　孟玉樓：為人溫柔和氣，好個性兒。你惱那個人也不知，喜歡那個人也不知，顯不出來。一生上人見喜下欽敬，為夫主寵愛。只一件，你饒與人為了美，多不得人心。命中一生替人頂缸受氣，小人駁雜，饒吃了還不道你是。你心地好了去了，雖有小人也拱不動你。

李瓶兒：為人心地有仁義，金銀財帛不計較，人吃了、轉了他的，他喜歡；不吃他、不轉他，倒惱。只是吃了比肩不和的虧，凡事恩將仇報。你盡好匹紅羅，只可惜尺頭短了些，氣惱上要忍耐些，就是子上也難為。

　　這是一次實打實的、不饒彎子的評說，比較準確地概括了這三個女人的個性特徵和生活道路上的重大事件。這與其說是出自一位鄉下算命婆子的口，倒不如說是作者對這三人的主觀評價，其中的指點、導向意味是十分濃郁的。

　　近人黃摩西曾在他的《小說小話》中指出："小說之描寫人物，當如鏡中取影，妍媸好醜令觀者自知，最忌攙入作者論斷。……故小說雖小道，亦不容著一我之見。"《金瓶梅》將作者對人物的評價融入人物語言中，無疑是隱藏作者論斷的一種嘗試，雖頗為有限，且欠成熟，但彌足珍貴。

## 二、機變靈活地展開情節

　　故事情節的敍述可以採取多種方式，最簡單的就是順序，按照事件發展的時間的先後順序來展開故事情節，其優點是層次清晰，脈絡分明，缺點是，一味使用，會帶來敍述的單調、乏味，缺乏吸引力。《金瓶梅》在敍述方式上作了大膽的嘗試和有益的探索，作品在基本採用順序方法的同時，經常採用插敍、補敍等手法，使作品的敍述多姿多彩，機變靈活，誠如張竹坡所指出的"《金瓶梅》每于極忙時，偏夾敍他事入內"。《金瓶梅》"善用曲筆逆筆，不肯另起頭緒用直筆順筆也。夫此書頭緒何限，若一一起之，是必不能之數也。"(《金瓶梅讀法》)而人物語言在此中也起著一定的作用。

　　《金瓶梅》中的插敍有一部分是由人物語言承擔的。第 77 回，西門慶讓玳安捎個口信給賁四嫂，他將去"看看她"，看她有什麼反應，玳安領命而去。按照一貫的寫法，如第 37 回同樣領命而去的馮媽媽給王六兒捎信，第 68 回肩負同樣使命的玳安兒去尋文嫂以及文嫂受託去試探林太太等等，這時候，作品應將鏡頭對準玳安兒了，敍述他如何去試探，賁四嫂又是如何反應的。可事實上，作品並沒這麼處理，而是敍述西門慶接下去的行蹤、活動。正當西門慶在書房同夥計王經呆在一塊兒的時候，玳安回來了，他趁王經去後邊取茶的瞬間向西門慶彙報："小的將爹言語對他說了。他笑了，約會晚上些，伺候等爹過去坐坐，叫小的拿了這汗巾兒來。"說完，喝了王經端來的茶就走了，一切又恢復原樣，西門慶又繼續他的行蹤。這裏把玳安去試探賁四嫂的過程通過人物語言的插入而道出，這樣做，既使主要人物活動的敍述、描寫免受肢解、割裂，保持其連續性、完整性，又避免一味順敍直寫帶來的雷同、重複，從而顯得錯落有致、章法多變。

　　小說《金瓶梅》為了設置懸念，吸引讀者，有時故意先敍述事情的經過，而將事情發生的原因秘而不宣，待事情過去了，再找機會補上，這就是我們所說的補敍，它同插敍有別，同倒敍也有不同。作品中的補敍有一部分也是由人物語言承擔的。第 21 回，吳月娘夜裏燒香祈禱，感動了西門慶，夫婦終於和解，孟玉樓、潘金蓮等籌宴慶賀，席間，彈唱了一首《南石榴花》“佳期重會”，西門慶聽了，便問：“誰教他唱這一套詞來？”丫頭回是潘金蓮讓唱的，西門慶就數落潘金蓮：“你這小淫婦，單管胡枝扯葉的。”而潘金蓮又不承認。至此，不光是讀者，就是在場的其他人都丈二和尚摸不著頭腦：這曲子怎麼了？作品沒有任何交待，歡宴繼續下去。第二天，西門慶在孟玉樓房裏評論潘金蓮和李瓶兒性格上的差異，順便談起：“恁一個小淫婦，昨日教丫頭每平白唱‘佳期重會’，我就猜是他幹的營生”。孟玉樓茫然：‘佳期重會’是怎的說？”西門慶解釋：“他說吳家的不是正經相會，是私下相會，恰似燒夜香有意等著我一般。”原來如此，前一天給人們留下的疑惑、懸念淡然冰釋。這樣寫既突出了潘金蓮的聰明——正如孟玉樓所說的：“六姐他諸般曲兒都知道，俺每卻不曉的。”，又使懸念迭起，前後照應，增強了作品的吸引力。

　　除此之外，有時候人物的行為動作，敍述語言中並沒表述，卻在人物語言中體現出來。第 32 回，有這麼一段對話：

　　　伯爵道：這小歪剌骨兒，諸人不要，只我將就罷了。

　　　桂姐罵道：怪壞刀子，好乾淨嘴兒，攛人的牙花也擱了。爹，你還不打與他兩下子哩，你看他恁發訕。

　　　西門慶罵道：怪狗才東西！教他遞酒，你鬥他怎的！

應伯爵的動手動腳，粗魯地同李桂姐親嘴，雖然作品並沒加以敍寫，卻由李桂姐、西門慶的話語裏清楚明白地道出。張竹坡在此點評道：“伯爵戲處又於桂姐口中映出。”評得非常精細。

## 三、人物口中的人物、環境

　　描寫似乎是敘述語言的專利，而《金瓶梅》的人物語言也同樣具備描寫功能，其中有人物的肖像描寫、物品的外觀描寫和環境的描寫等。

　　《金瓶梅》中有一些人物的肖像特徵，在敘述語言中也有簡單的勾勒，但沒有人物語言中的描摹來得生動、具體、傳神。賁四嫂就是一個典型例子。

　　賁四嫂第一次出場是在第 74 回，其中有一段她的肖像描寫，出自于西門慶的眼中："五短身子，穿綠段襖兒、紅裙子，勒著藍金綃箍兒，不搽胭粉，兩個密縫眼兒"。是一種平板、靜態的描寫，不生動，也不太為人注意。關於賁四嫂的又一次肖像特徵描寫是在第 78 回，出自潘金蓮口中："我見那水眼淫婦，矮著個靶子，象個半頭磚兒也是的，把那水濟濟眼擠著，七八拿杓兒舀。"潘金蓮不愧是個伶牙俐齒的女人，經她一形容，一誇張，賁四嫂外貌肖像中兩個最主要的特徵、也是欠缺——身材矮(像半截埋在土中的箭靶似的)、水眼(眼中的水多得幾乎可以拿杓兒舀)便具體、傳神地出現在我們面前，這種動態的、略帶誇張的描寫較之前番平板、靜態的描寫無疑要生動得多，也頗能引人注目。

　　至於有些人物在敘述語言中沒有肖像描寫，他的外貌特徵如何，我們無從瞭解；倒是他周圍的人在議論他時給我們提供了有關他外貌肖像的蛛絲馬跡，成為我們瞭解該人物肖像特徵的唯一的珍貴的依據。王三官娘子是讓西門慶心儀已久的人兒，被張竹坡立為西門慶的"意中人"之一(《雜錄》)。本來應該在第 78 回出場——應邀到西門慶府上赴宴觀燈，後因為家中無人，沒有到場，因而自始自終沒在作品中露過面，也就不可能有她的肖像描寫，但我們還是知道，她是一位非常漂亮的少婦，這是從第 77 回、妓女鄭愛月的口中得來的信息："爹(指西門慶——作者案)，你還不知，三官娘子生的怎樣標致，就是個燈人兒沒他那一段兒風流妖豔。今年十九歲。”這是作品提供的關於這位元西門慶意中人的所有資料，而且是由人物語言提供的。

物品的外觀描寫在敘述語言中極爲常見，在人物語言中似不多見。《金瓶梅》第45回“應伯爵勸當銅鑼”中，就爲我們提供了敘述語言同人物語言有機結合而以人物語言爲主描繪物品外形的成功一例。

西門慶聽從應伯爵的勸說，用三十兩銀子當下了白皇親家的一座大螺鈿大理石屏風、兩架銅鑼銅鼓連檔兒。這是怎樣的一件物品呢？

(1)屏風

敘述語言：三尺闊五尺高可桌放的螺鈿描金大理石屏風，端的黑白分明。左右看視，金碧彩霞交輝。

人物語言：恰好似蹲著個鎮宅獅子一般。只一架屏風，五十兩銀子還沒處尋去(應伯爵語)。這屏風買得巧，也得一百兩銀子，少了他不肯(謝希大語)。

(2)銅鑼銅鼓及架子

敘述語言：銅鑼銅鼓吹打起來，端的聲震雲霄，韻驚魚鳥。

人物語言：兩架銅鑼銅鼓，都是彩畫金妝，雕刻雲頭，十分齊整(應伯爵語)。休說屏風，三十兩銀子還攬給不起這兩架銅鑼、銅鼓來。你看這兩座架子做的這功夫，朱紅彩漆都照依官司裏的樣範。少說也有四十斤響銅，該值多少銀子(謝希大語)？

屏風、銅鑼兩樣寫法：屏風，敘述語言實寫，人物語言虛寫；銅鑼等，敘述語言虛寫，人物語言實寫，剛好相反。這樣寫，敘述語言同人物語言巧妙銜接，虛寫與實寫交相更迭，既多方位、多角度地描寫了屏風、銅鑼等的做工精細、價值不菲，又避免了單純由敘述語言來承擔描寫的陳陳相因、傳統保守。

西門家翡翠軒前小山的山腰上有一山洞叫藏春塢雪洞，在作品中出現多次，潘金蓮曾在洞內同陳經濟幽會過，西門慶則不止一次在洞內同妓女、僕婦偷歡過，可洞內的環境如何，有什麼東西，作品敍述語言中沒有描寫，我們只能通過人物語言中提供的有關情況，對洞內的環境作一管窺。

西門慶：我和他往那山子洞兒過一夜。你吩咐丫頭拿床鋪蓋，生些火兒那裏去。不然這一冷怎麼當。

潘金蓮：賊奴才淫婦，他是養你的娘。你是王祥寒冬臘月行孝順，在那石頭床上臥冰哩！

宋惠蓮：西門慶，冷鋪中舍冰，把你賊受罪不渴的老花子，就沒本事尋個地方兒，走在這寒冰地獄裏來了。口裏銜著條繩子，凍死了往外拉。

從上述三人的對話中，可以推知：該山洞內有一石床，床上沒有鋪蓋，洞內奇冷，雖然生了火，也無濟於事。這是人物語言發揮描寫功能對人物活動環境給予適當描寫的典型例子。

當然，需要指出的是，人物語言的這三種特殊功能更多的時候是同敍述語言的同類功能融合在一起，相輔相成，共同完成作品的人物塑造和情節的鋪展、延伸的。

# 第十章　《金瓶梅》敘述語言的宏觀世界

　　《金瓶梅》的敘述語言，是一個萬花筒，又是一盤大雜燴。萬花筒云云，是說她文字表達往往錦團花簇，氣象萬千，具有較高的藝術水準和較強的藝術表現力；大雜燴云云，乃是說她泥沙俱下，良莠混雜，有精華，也有糟粕。因此，評價《金瓶梅》的敘述語言，需堅持實事求是的原則，一切從文本出發，一味褒揚固然不足取，全盤否定更是要不得。

## 一、敘述語言的家庭成員

　　從宏觀角度而言，《金瓶梅》的敘述語言可以分為以下三個部分：陳述語言、描寫語言和評論語言。

　　陳述語言是用來介紹人物的身世及性格特徵，鋪敘情節變化發展的一種敘述語言。作品第二回介紹西門慶身世情況的那一段文字就是典型的陳述語言：

> 原是清河縣一個破落戶財主，就縣門前開著個生藥鋪。從小也是個好浮浪子弟，使得些好拳棒，又會賭賻，雙陸象棋，抹牌道子，無不通曉。近來發跡有錢，專在縣裏管些公事，與人把攬說事過錢，交通官吏。因此滿縣人都懼怕他。那人覆姓西門，單名一個慶字。

　　《金瓶梅》中的陳述語言具有平實、簡潔和幽默風趣的特點。

　　平實簡潔是作品陳述語言的最主要的特色，無論是介紹人物，還是鋪敘情節，均平實無華、要言不煩。第 19 回，蔣竹山遭打被抓後：

> 李瓶兒在房中聽見外邊人攘，走來簾下聽覷，見地方捲的竹
> 山去了，氣了個立睜。使出馮媽媽來，把牌面幌子都收了。
> 街上藥材被搶了許多。一面關閉了門戶。家中坐的。

三言兩語，就把蔣竹山被抓前後，李瓶兒的舉動、心理、採取的緊
急措施以及當時因店面中無人許多藥材被搶的混亂場面敍述得清
清楚楚，有條不紊，顯示出大家的手筆。前文所引的關於西門慶身
世情況的鋪敍也同樣顯示了作品陳述語言平實簡潔的特點。

　　由於受話本的影響，插科打渾不止限於人物語言中，也出現在
陳述語言中，作者在這裏儼然成了說話藝人，這固然影響了作品的
現實主義格調，但在表達上則產生了幽默風趣的效果。第 12 回，
琴童因同潘金蓮偷情被痛打一頓後趕出西門家，這時作品陳述道：

> 那琴童磕了頭，哭哭啼啼出門去了。這小廝，只因昨夜與玉
> 皇殿上掌書仙子廝調戲，今日罪犯天條貶下方。

語帶揶揄，幽默風趣。同一回中，李桂姐欲會會潘金蓮，而潘金蓮：

> 聽見他來，使春梅把角門關閉，煉鐵桶相似，就是樊噲也叫
> 不開。

樊噲爲漢高祖劉邦手下名將，以力大勇猛粗豪著稱。以 “就是樊噲
也叫不開” 來形容潘金蓮房門關得嚴實，顯然是大詞小用，殺雞用
牛刀，富於幽默感，讓人忍俊不禁。

　　描寫語言是用來對人物、事件和環境進行具體描繪和著意刻劃
的一種敍述語言。第 7 回，對孟玉樓住處的一段環境描寫就是一個
典型例子：

> 裏面儀門紫牆，竹槍籬影壁，院內擺設榴樹盆景，台基上靛
> 缸一溜，打布凳兩條。薛嫂推開朱紅槅扇，三間倒坐客位，
> 正面上供養著一軸水月觀音、善財童子，四面掛名人山水，
> 大理石屏風，安著兩座投箭高壺。上下椅桌光鮮，簾櫳瀟灑。

《金瓶梅》中的描寫語言因描寫物件的差異而呈現不同的特點。環

境描寫、事物描寫，大多詳盡、細密，竭盡鋪張之能事，層層渲染，處處誇飾。環境描寫可見前例；事物描寫，如第 10 回對西門慶筵席的描寫，試引其中片斷：

> 水晶盤內，高堆火棗交梨；碧玉杯中，蕩泛瓊漿玉液。烹龍肝，炮鳳腑，果然下箸了萬錢；黑熊掌，紫駝蹄，酒後獻來香滿座。更有那軟炊紅蓮香稻，細膾通印子魚。伊魴洛鯉，誠然貴似牛羊；龍眼荔枝，信是東南佳味。

又如第 15 回，對獅子街燈市的描寫，涉及彩燈達幾十種，試舉幾種：

> 金蓮燈、玉樓燈，一片珠璣；荷花燈、芙蓉燈，散千圍錦繡。繡球燈，皎皎潔潔；雪花燈，拂拂紛紛。秀才燈，揖讓進止，存孔孟之遺風；媳婦燈，容德溫柔，效孟薑之節操。和尚燈，月明與柳翠相連；通判燈，鍾馗共小妹並坐。

不厭其煩，一一道來，以多為上，以全取勝，直讓人目不暇接。與環境描寫、事物描寫不同，作品動作描寫、心理描寫則要簡練、生動得多。前者如第五回潘金蓮“藥鴆武大郎”那一段描寫：

> 那婦人揭起席，將那藥抖在盞子裏。把那藥帖安了。將白湯沖在盞裏，把頭上銀簪兒只一攪，調得勻了。左手扶起武大，右手便把藥來灌。

生動傳神地摹寫了潘金蓮毒死武大的每個細節及整個過程，刻劃了潘金蓮的心狠手辣；同時，行文簡練，不鋪張，不誇飾，並一再省略主語，給人一種緊張、連貫、迅速、一氣呵成的感覺。後者如第 9 回吳月娘初見剛進西門家門的潘金蓮的一段心理活動描寫：

> 小廝每家來，只說武大怎樣一個老婆，不曾看見，今日果然生的標致，怪不的俺那強人愛他。

寥寥數言，既虛寫了潘金蓮的美貌，又貼切、傳神地刻劃了吳月娘的溫和與寬宏。作品描寫語言中最複雜的是人物肖像描寫，隨意性較大，第 7 回孟玉樓的外貌描寫、第 9 回潘金蓮的肖像描寫及第 20

回李瓶兒的肖像描寫都是那樣地不厭其詳,類似於前面所說的環境描寫等;而第 9 回中對吳月娘的肖像描寫只有四句話:

> 生的面若銀盆,眼如杏子,舉止溫柔,持重寡言。

嚴格地說,後兩句寫的是品性,真正涉及外貌的只有前兩句,簡單到不能再簡單。兩者在行文的繁簡處理上,真有天壤之別。

評論語言是作者對人物、事件給予評價、發表議論的一種特殊的敘述語言。儘管《金瓶梅》的作者曾將一部分評論巧妙地滲透進了人物語言中,但還是有不少留在了敘述語言中,成為作品敘述語言的重要構成部分。

《金瓶梅》的評論語言除了具備一般小說評論語言都具有的帶有強烈的傾向性這個特點之外,還具有自身的一些特點。

小說的評論語言一般多位於情節展開之後,先有人物的活動、事件的發生,然後才有作者對人物、事件發表的意見。《金瓶梅》中的評論語言則相對靈活,可位於情節展開之後,也可位於展節展開之前,有時兩者兼及。第 78 回,玳安同西門慶的相好賁四嫂奸宿前,先有一小段評論:

> 看官聽說:自古上樑不正則下樑歪,此理之自然也。如人家主子行苟且之事,家中使的奴僕皆效尤而行。

爾後,敘述玳安同賁四嫂的苟且之事。完了之後又是一段議論:

> 有這等的事!正是:對人不用穿針線,那得工夫送巧來。有詩為證:滿眼風流滿眼迷,殘花何事濫如泥?拾琴暫息商陵操,惹得山禽繞樹啼。

有點類似於議論文:先是總論,再提供論據,最後議論收煞。將小說散文化了。《金瓶梅》評論語言的位置靈活若此。

《金瓶梅》中的評論語言,每每韻文、散文相間,且以韻文為主體,這也是它的一大重要特色。第 12 回,潘金蓮私僕受辱,作者為此發表議論:

> 為人莫作婦人身,百年苦樂由他人。潘金蓮這婦人,平日被

西門慶寵得狂了，今日討得這場羞辱在身上。

前一半爲韻文，後一半爲散文。而更多的時候是全爲韻文。同一回，李桂姐要會會潘金蓮，潘金蓮閉門不見，作者於是評論道：

廣行方便，爲人何處不相逢；多結冤仇，路逢狹處難迴避。

李桂姐因當初纏住西門慶不讓去看潘金蓮，並背地作法詛咒潘金蓮，同潘金蓮有隙，故而有今日的閉門羹。作者這裏從一正一反兩個方面對此事發表了自己的觀點，用的是韻文。

通常說來，小說中的評論語言往往針對作品中具體的人物、事件。而《金瓶梅》中的一些評論語言往往游離作品，似乎專門爲讀者設置的，具有明顯的勸戒作用。如第 12 回，巫婆劉婆子將符水鎮物送與潘金蓮。潘金蓮按其所授之術，與西門慶同床共枕，過了一日又一日，歡會如常。這時作者告誡讀者：

看官聽說：但凡大小人家，師尼僧道，乳母牙婆，切記休招惹他，背地甚麼事不幹出來。古人有四句格言說得好：堂前切莫走三婆，後門常鎖莫通和，院內有井防小口，便是禍少福星多。

按照情節，劉婆子是幹了一件好事，幫潘金蓮籠住了漢子，作者的評議理應順著褒揚劉婆子幾句才是，但事實上卻是對劉婆子這類人給予了徹底否定。這顯然是作者怕讀者效尤而打的預防針，等於在說：我這裏寫的是小說，不必相信，實際上牙婆等，均爲歹人，不要接近她們。作品中類似的勸戒實屬不少，當然大多數是屬於酒、色、財、氣的。數百年來論者就是據此構擬了一個又一個《金瓶梅》的創作意圖說，這已不是本章的話題了。

## 二、把貼近生活作爲第一要義

《金瓶梅》的敘述語言是極有自己的特色的。它除了具備一切成功的小說作品敘述語言都具備的共性，諸如生動性、形象性、準確性、概括性等等之外，還展現出其獨特的個性，即口語化、活本腔、靈活性。顯然，作者把貼近生活作爲其敍述語言的第一要義。

《金瓶梅》敍述語言的口語化是十分明顯的。如果說，在它之前的《水滸傳》的敍述語言，雖已相當口語化了，但還不時地夾雜一些文言語彙、句式的話，那麼，《金瓶梅》的敍述語言則在口語化的方向上又向前邁出了一大步、極其可貴的一大步。具體表現在口語詞、方言詞、民間俗語和口語句式等的大量選用上。

作品敍述語言的口語化，首先得力於作爲敍述語言辭彙主體的口語詞。我們來看下面的一小段：

> 忽有薛嫂兒領了個奶子來，原是小人家媳婦兒，年三十歲，新近丟了孩兒，不上一個月。男子漢當軍，過不的，恐出征去無人養贍，只要六兩銀子，要賣他。月娘見他生的乾淨，對西門慶說，兌了六兩銀子留下，起名如意兒，教他早晚看奶哥兒。又把老馮叫來暗房中使喚，每月與他五錢銀子，管顧他衣服。(30回)

該段中用了不少口語辭彙，如稱奶媽作"奶子"，稱妻子作"媳婦兒"，稱死作"丟"，稱丈夫作"男子漢"，稱應徵入伍作"當軍"，稱男孩子作"哥兒"，稱產婦坐月子的房間作"暗房"等等，不一而足。這些口語詞替代書面語詞在書中大量運用，充斥於敍述語言中，就大大加強了敍述語言的口語色彩。讀著這樣的語段，我們仿佛在聽一位目不識丁的老街坊講述一段他曾經歷過的生活往事，而絲毫感覺不到這是文人在進行小說創作。

作品敍述語言中的口語詞以動詞、名詞居多。動詞如"過(生日)"之被稱作"做(生日)"，"站(起身來)"之被稱作"立(起身來)"，"傳遞(物品)"之被稱作"打發(物品)"，"寫(文書)"之被稱作"做(文書)"(以上第14回)等；名詞如"器皿"之被稱作"家火"，"廚房"之被稱作"廚下"，"詳情"之被稱作"備細"(以上第1回)，"臉皮"之被稱作"面皮"，"妻子"之被稱作"渾家"，"茶館"之被稱作"茶局子"(以上第 2 回)等，其中不少還活躍在當今人們的口語中，它們爲敘述語言的口語化提供了扎實的基礎和充分、有力的保證。

　　作品敘述語言的口語化，還得力於方言詞語的大量運用。我們這裏所說的方言詞是指那些地方色彩濃郁，只限於在某些方言地區使用的，尚未進入民族共同語的詞語。以同我們前面所說的口語詞區別開來，如"渾家"從已有的文獻運用的情況來看並不限於山東或徐州一個地方使用，所以，我們將之歸作口語。[1] 這些方言詞，以山東、徐州一帶的居多，也有一些是吳方言詞。前者多有論述，不必多說，筆者爲吳中人氏，便談談後者。第 1 回講武松"掇條凳子"烤火以及第 2 回講武松"掇杌子打橫"中的"掇"、"杌子"均爲吳語詞。"掇"，音"得"或"篤"，義謂用雙手端，捧。《蘇州諺語選·附錄》"掇"條下注稱："兩手捧起東西稱掇。"《常熟昭文合志·方言》也稱："兩手舉器曰掇。凡可掇之器即名爲掇，如錫掇、瓷掇之類是也。"今蘇州六縣市方言中仍有此語。有論者指爲浙江溫嶺方言辭彙或徐州方言辭彙，不夠確切、典型[2]。同樣，"杌子"，一種矮方凳，也爲吳方言詞語，今仍流行於蘇州六縣市，"杌"與白讀的"月"音同，有論者指爲魯西方言詞及武漢方言詞，也不夠確切。[3] 其他的如"作成(成全)"(3 回)、"好殺(好極)"(9 回)、"事體(事情)"(10 回)、"不著家(經常在外)"(13 回)、"田雞(青蛙)"(21 回)，"日頭(太陽)"(2 回)、"作死(尋死)"(31 回)、"不搬陪(不般配)"(41 回)、"物事(東西)"(67 回)、"狠殺(狠極)"(43 回)、"不尷不尬(不三不四)"(57 回)等等，這些吳方言詞語會同那些作爲作品方言辭彙主體的山東、徐州方言詞語，大量地分佈

---

[1] 目前有些論者在討論《金瓶梅》方言辭彙時，收詞有失之過寬，如"渾家"就是一例。"現代漢語詞典"在"渾家"一詞的釋義時，比較審慎，並不認定爲方言詞，而注爲"多見於早期白話"，這種態度當爲可取。

[2] 見李申：《金瓶梅方言俗語彙釋》第 567 頁，北京師範學院出版社，1992。

[3] 見李申：《金瓶梅方言俗語彙釋》第 282 頁。

在敍述語言中，成爲作品敍述語言口語化的又一大源泉。

　　除了口語詞、方言詞之外，促使《金瓶梅》敍述語言口語化的又一個重要因素是結構鬆散、簡單的口語句式的大量選用。在作品的敍述語言中，那種繞口令式的具有較多附加成分的書面語句式是找不到的，構成敍述語言主體句式(或稱典型句式)的是如下的一些句子：

1.當下吳大妗子、潘姥姥、李瓶兒上坐，月娘和李嬌兒主席，孟玉樓和潘金蓮打橫。孫雪娥回廚下照管，不敢久坐。(14回)

2.西門慶聽了，心中越怒，險些不曾把李老媽媽打起來。多虧了應伯爵、謝希大、祝日念三個死勸，活喇喇拉開了手。西門慶大鬧了一場，賭誓再不踏他門來，大雪裏上馬回家。(20回)

3.那伯爵得了這消息，急急走去，回他每話去了。到早飯時分，四家人都到家，個個撲著父兄家屬，放聲大哭。每人去了百十兩銀子，落了兩腿瘡，再不敢妄生事了。(35回)

　　這些句子簡短、明快，有些是漢語句型中特有的“名·名”結構，如例1.中的個別句子；有些是省略句，如例2.、例3.中的不少句子；還有的是口語中才會有的不夠凝煉的語句，如例3.中的“急急走去，回他每話去了”中的兩個“去”，總覺得多了一個“去”字，略嫌囉嗦。而且句子內部結構鬆散，句與句之間也沒有加強邏輯聯繫的成套使用的關聯詞語，偶而用一下，也是單用。這種拉家常式的、沒有長定語、不要求嚴密的邏輯性的、有時還略顯拖遝的口語句式成爲作品敍述語言最常用、占主體地位的句式，也就大大強化了作品敍述語言的口語化傾向。在敍述語言的口語色彩上添上重重一筆的還有夾雜於口語句式中的民間俗語。

　　《金瓶梅》敍述語言中的俗語在數量上沒有人物語言中的多，且成分單一——基本上是民謠，用法單一——以單用爲常見，但其通俗化的功能未變，濃烈的口語色彩依舊。如第 47 回，苗青欲害東家苗員外，作者便議論道："常言道：不著家人弄不得家鬼"；苗青害死苗員外，奪了東家貨物發賣，作者又感歎道："常言：人便如此如此，天理未然未然"；西門慶收下了苗青的賄賂，將要為苗青開脫前，作者又議論道："常言道：火到豬頭爛，錢到公事辦"。這些諺語來自於群眾中間，通俗易懂，同其前後的口語句式組接時，非常和諧勻貼，渾然一體，絲毫沒有突兀、格格不入之感。

明代的長篇白話小說同宋元話本的深厚的血緣關係是不用我們在這裏耗費筆墨加以論證的。作為第一部文人創作的白話小說的《金瓶梅》，雖不同於《三國演義》、《水滸傳》、《西遊記》等源於"說話"的小說，但其受"說話"的影響自然依然是巨大的，深入肌理的，其敘述語言中依然不時顯露出來的濃濃的話本腔，便是這種影響的表徵。

作品敘述語言的話本腔的一大表現，是傳統"說話"套語的不時運用，這些套語往往成為引出或轉換話題、連接相關敘述語言的便捷手段。

1. "話說"：多用於引出話題，一般位於每一回的開頭，全書100回中有94回卷首用"話說"引出下麵的話題。

2. "卻說"、"且說"等：多用於轉換話題，一般位於章回中間某一節的開頭；有時偶爾也位於卷首，引出話題，如第6回卷首的"卻說"和第46回卷首的"且說"。與其用法相同的還有"單表"和"卻表"。

3. "只說"、"話分兩頭"、"按下……單表……"、"不說……單表……"、"不題……"、"且不說"、"按下一頭"等：只用于轉換話題，位於章回中間某一節的開頭。

4. "……此事表過不題"、"此事不說"、"……不題"、"……不說"等：只用于轉換話題，位於章回中間某一節的末尾。

5. "看官聽說"、"話休絮煩"、"話休饒舌"、"有話則長，無話則短"等：用於連接相關敘述語言，起過渡的作用，可位於某一節的開頭，也可位於節中，除"看官聽說"外，一般都單獨成句。這些套語前後話題不變。

以上這些"說話"藝人常用的套語，穿插於全書的章回段落中，爲敍述語言增添了濃濃的話本腔，不時給人一種置身於書場、劇院聽書賞藝的感覺。

作品敍述語言的話本腔的另一大表現，是散文體、韻文體的交替運用。爲了吸引觀眾，"說話"藝人往往說唱結合，說了一段之後，必輔之以唱，已成程式。作爲這種影響在小說中的投影、遺存，便是在散文體的敍述語言中嵌入了大量的詩詞曲賦。我們來看下面這一段：

> 當下桂姐踢了兩跑下來，使的塵生眉畔，汗濕腮邊，氣喘吁吁，腰肢困乏，袖中取出春扇兒搖涼，與西門慶攜手並觀，看桂卿與謝希大、張小閑踢行頭，白禿子、羅回子在傍虛撮腳兒等漏，往來拾毛。亦有《朝天子》一詞，單道這踢圓的始末爲證："在家中也閑，到處刮涎。生理全不幹。氣毬兒不離在身邊，每日街頭站。窮的又不趨，富貴他偏羨。從早辰只到晚，不得甚飽餐。轉不的大錢，他老婆常被人包占。"
>
> (15回)

這是作品敍述語言中散、韻交替的典型一例。我們可以設想，在一長段生動、形象的說白之後，再來上一段小曲清唱，該是怎樣的一種韻味。這種醇厚的話本韻味，瀰漫在全書的每一個章回中，對今天的讀者來說，或許是一種冗贅，純屬多餘；可在當時，實乃一種時尚，說不定還頗能迎合讀者呢！當然，小說畢竟不是劇本，韻文的過多過濫，往往會破壞小說的藝術真實，有損於小說語言的完整統一，關於這個問題，我們下面將有專章討論。

除了口語化、話本腔之外，《金瓶梅》敍述語言的另一個重要特點就是靈活性。我們所說的靈活性，是指敍述語言的活潑、多樣，主要表現在辭彙成分的多樣化和敍述方式的靈活性。

關於辭彙成分的多樣化，前面，在討論口語化特點的時候已提到過敘述語言中的幾種主要辭彙成分：口語詞、方言詞、俗語等。陳此之外，還有一部分文言語詞、行業語詞等，後者我們將有專節討論，這裏先談談前者。

《金瓶梅》敘述語言中的文言詞語數量不多，且分佈頗有規律。其中的一部分出現在有關西門慶官場應酬的章回中，如第 49 回 "西門慶迎請宋巡按" 中，就有這麼一段：

> （曾公）因蔡太師所陳七事，內多乖方舛訛，皆損下益上之事，即赴京見朝覆命，上了一道表章。極言天下之財，貴於通流，取民膏以聚京師，恐非太平之治……蔡京大怒，奏上徽宗天子，說他 "大肆倡言，阻撓國事"。那時將曾公付吏部考察，黜爲陝西慶州知州。陝西巡按禦史宋盤，就是學士蔡攸之婦兄也。太史陰令盤就劾其私事，逮其家人，鍛煉成獄，將孝序除名，竄於嶺表，以報其仇。

內中有不少文言詞語，也有諸如 "上了一道表章"、"奏上徽宗天子"、"就是學士蔡修之婦兄也" 等半文半白的語句。這些文言詞語以及半文半白語句構成的敘述語言，烘托了那麼一種同西門家庭日常生活的市井氣形成鮮明對比的官場假斯文氣，同時也與該章回中西門慶、宋禦史等官場中人滿口之乎者也的斯文談吐相諧調，相照應，顯示了作品在辭彙的選擇、調配上的靈活性、適應性。

還有一部分文言詞語則出現在一些評論語言及韻文體的描寫語言中。前者如第 35 回：

> 爲人之父母，必須自幼訓教子孫，讀書學禮，知孝順父母，尊敬長上，和睦鄉里，各安生理。切不可縱容他少年驕惰放肆……似此人家，使子陷於官司，大則身亡家破，小則吃打受牢，財入公門，政出吏口，連累父兄，惹悔耽憂，有何益哉！

後者如第 11 回對兩名彈唱妓女的描寫：

> 歌喉宛轉，聲如枝上流鶯；舞態蹁躚，影似花間鳳轉。腔依
> 古調，音出天然。舞回明月墜秦樓，歌過行雲遮楚館。高低
> 緊慢，按宮商吐玉噴珠；輕重疾徐，依格調鏗金戛玉。

這些文言語詞的選用，從積極方面來說，使作品的敘述語言的辭彙構成呈現出豐富性和多樣性。

除了辭彙成分的多樣化之外，作品敘述語言的靈活性還體現在敘述方式的靈活性。敘述方式，就語言層面而言，是句、段的組合、排列方式。按情節發展先後，即時間順序，來組合、排列句、段是我國早期白話長篇小說敘述語言常用的方式，《金瓶梅》的敘述語言主要採用的也是這種方式，但同時也兼采並納其他方式，最常見的是逆時排列，將本應排列在前面的詞語移至後面，往往以“原來”一詞導引，追敘、補敘先前發生的事情。如第 39 回，先敘寫了正月初八日事情，再敘寫初九日的事情，爾後寫道：

> 原來初八日，西門慶因打醮，不用葷酒。潘金蓮晚夕就沒曾
> 上的壽，直等到今晚來家就與他遞酒。

又如第 45 回，先敘寫當日早晨西門慶的活動，爾後又以“原來”引導，詳細補敘了應伯爵前一日去黃四家的所作所為，然後接著又繼續寫當日西門家發生的事情。這樣安排句、段，既使行文波瀾起伏，富於變化，又使敘述語言呈現出組合上的多樣化、靈活性。

# 第十一章　《金瓶梅》敘述語言的
# 微觀世界

　　《金瓶梅》敘述語言中的辭彙成分呈現出多樣的特色，各種辭彙成分，亮相展現自己的特質和風采，從而構成了作品辭彙的百花園，——有香花也有毒草的百花園。而猥詞、韻文、行業語詞便是這百花園中的幾枝奇花異草。

## 一、責難頗多的猥詞

　　討論《金瓶梅》的敘述語言，夾雜於其中的猥詞淫語是無法回避的。作爲一種標記性的存在，猥詞帶給作品敘述語言的似乎是無盡的責難，這已成爲一種永恆，猶如古代劓刑後的臉龐給主人帶來的無休止的羞辱一樣。其中魯迅的評價較爲溫和："故就文辭與意象以觀《金瓶梅》，則不外描寫世情，盡其情僞，又緣衰世，萬事不綱，爰發苦言，每極峻急，然亦時涉隱曲，猥黷者多。後或略其他文，專注此點，因予惡諡，謂之'淫書'；而在當時實亦時尚。"然，《金瓶梅》作者能文，故雖間雜猥詞，而其他佳處自在。"（《中國小說史略》）在對全書語言作基本肯定的前提之下，委婉地道出了其"間雜猥詞"的缺陷。《金瓶梅》敘述語言中的猥詞的類別及分佈情況如何，功能情況如何，這些都是需要加以討論的問題；在這個基礎上再去考察猥詞的得失，就會顯得從容一些，客觀一些。

　　作品敘述語言中的猥詞，從內容上看可以分爲兩大類：一類是敘述變態的作愛或猥褻過程的語詞(簡稱作"Ⅰ"類)，主要是對作愛或猥褻方式、動作、姿態、情狀的描述；一類是描寫性器、淫器的(簡稱作"Ⅱ"表)，主要是對男女性器官、各種淫具淫藥的運用方法及功能效果的描繪。從形式上看，猥詞也可分爲兩類：一類是韻文，往往運用借代、比喻等手法，相對來說，隱晦含蓄一些；一類是散文，往往作直捷、寫真式的描摹，姿肆粗俗。

作品敍述語言中的猥詞的分佈呈不均衡狀態，這一點，張竹坡早有論述："《金瓶梅》說淫話，只是潘金蓮與王六兒處多，其次則瓶兒，他如月娘、玉樓只一見。而春梅惟於點染處描寫之"。(《金瓶梅讀法》)講的是事實，只是張竹坡這裏爲舉例性質，所述不夠全面。據我們考察、統計，猥詞最集中的是有關西門慶同潘金蓮性交的描述，最長的一處竟達 1507 字(51 回)；其次是有關西門慶同王六兒偷歡過程的描述，最長的一處達 692 字(37 回)，細的分佈情況見下表，(凡西門慶、陳經濟等同潘金蓮、龐春梅等苟合的描寫，表中只出後者，不列前者，以免重複計算)。

| 人物 | 潘金蓮 | 王六兒 | 李瓶兒 | 如意兒 | 賁四嫂 | 鄭愛月 | 宋惠蓮 | 書童 | 林太太 | 陳經濟 | 應伯爵 | 孟玉樓 | 吳月娘 | 孫雪娥 | 龐春梅 |
|---|---|---|---|---|---|---|---|---|---|---|---|---|---|---|---|
| 處數 | 44 | 11 | 7 | 5 | 4 | 4 | 3 | 3 | 3 | 2 | 1 | 1 | 1 | 1 | 1 |

作品敍述語言中的猥詞，有一部分(在Ⅰ類中)客觀上確實起到了刻劃、塑造人物以及揭露時弊的作用。

作品中像西門慶、潘金蓮、王六兒等人的淫邪、放蕩固然可以從他們的污言穢語中獲悉，而更直接的是在他們"人幹不出，他幹出來"(孫雪娥語)的種種穢行中得以充分展現。設若沒有翡翠軒葡萄架下的拙劣表演(27 回)和深閨中浴板上的無恥行徑(29 回)等等描述，潘金蓮的"千古第一淫婦"是要大打折扣的；同樣，設若沒有第37回、38回等處王六兒的低級趣味、愛好和變態性行爲等的描寫，王六兒的淫邪、無恥也只能是一個抽象的概念，流於空泛。第54回，妓女韓金釧兒在湖山石下小解，而此時應伯爵的一個下流動作，則生動、具體地揭示了這位幫閒卑污的靈魂和庸俗下流的潛意識，爲我們把握這個人物的性格特徵提供了極爲重要的參數和依據。在這些場合，猥詞客觀上起到了刻劃人物形象的功用。

作品中大量猥詞的出現也同作品誕生之時的時代特徵、社會背景有關。茅盾在他那篇著名的《中國文學內的性欲描寫》中指出："明自成化後，朝野競談'房術'，恬不爲恥。方士獻房中術而驟貴，爲世人所欣慕……社會上即有這種風氣，文學裏自然會反映出來。《金瓶梅》等書，主意在描寫世情，刻畫頹俗，與《Bel－A m i》相類，其中色情狂的性欲描寫只是受了時代風氣的影響，不足爲怪。"確實如此，作爲時代的一面鏡子的小說作品，作爲那麼一個道德淪喪、人欲橫流的時代的產物的《金瓶梅》，運用一定數量的猥詞(Ⅰ類)，通過西門慶同其周圍女人淫亂活動的描寫，折射出了當時社會的風尚，從而在客觀上起到了揭露時弊的作用。尤其是西門慶同王招宣之妻林太太苟合過程的描寫：爲人敬仰、莊嚴肅穆的招宣府第，竟然是藏汙納垢、皮膚濫淫的骯髒場所，而貌似高貴賢節的林太太竟然又是養漢偷人、茺淫無恥的免費暗門子，以點顯面，由表及裏，揭示了整個社會——從底層市民到上層貴族——的頹廢與墮落，切中時弊，發人深省。

但是，我們應該看到，大量的猥詞也確實給作品敘述語言帶來了極大的負面影響，成爲作品文學語言的糟粕之所在。Ⅰ類猥詞，在刻劃人物形象的同時，也過多地帶上了作者對男女性事賞玩、傾心的陰暗心理，從而產生壞人心術、誘人墮落等消極影響；至於Ⅱ類猥詞，則純粹是一種不良心態下的發洩，或者說是爲了迎合部分讀者的低級趣味和變態心理，於人物、於情節無多大益處。

　　總之,說《金瓶梅》敍述語言中的猥詞毫無用處,是不夠實事求是的;而反過來說這些猥詞具有如何重要、如何巨大的意義、作用,則更是無視客觀事實的溢美之詞。誠如前文所述,猥詞在刻劃人物、反映時弊上具有一定的作用,只是它的這些積極作用較之它給作品帶來的消極影響、負面效果要微不足道得多,兩者不可同日而語。從這個意義上說,它的存在,無疑是一種糟粕。

## 二、毀譽參半的韻文

　　《金瓶梅》中存在著大量的韻文,這是作為說唱藝術的詞話的固有特徵。其中有相當一部分是當時流行的詞曲。我們這裏討論的是敍述語言中的韻文,不包括出自人物口中的那些詩詞曲文。

　　作品敍述語言中的韻文,就分佈情況而言可以分為兩大類:一類是位置固定的韻文,像位於章回之首的入話詩、位於章回之末的收煞詩,100回,回回都有,千篇一律;一類是位置靈活的韻文,散佈在情節敍述中,行蹤自由,具有較大的隨意性。從文體來看,這些韻文又可分為詩體、詞體、賦體、曲體等,其中以詩體最為常見,其數量超過詞、賦、曲的總和。

　　這些韻文的功能之一是導入正文,引出話題。這主要是就那100首人話詩而言的。其中的一部分類似於今日長篇小說中的 “楔子”,起引出正文話題的作用。如第47回的開頭:

> 風擁狂瀾浪正顛,孤舟斜泊抱愁眠。雞鳴叫徹寒雲外,驛鼓清分旅夢邊。詩思有添池草綠,河草無約晚潮邊。憑虛細數誰知己,惟有故人月在天。此一首詩,單題塞北以車馬為常,江南以舟楫為便,南人乘舟,北人乘馬,蓋可信也。

入話詩以及詩後的題解,均為引出一個話題——行舟,以與正文揚州苗員外水路赴東京、途中被害一事相銜接。又如第60回的入話詩:

> 赤蠅緣盡再難期，造化無端敢恨誰。殘淚驚秋和葉落，斷魂
> 隨月到窗遲。金風拂面思兒處，玉燭成灰墮淚時。任是肝腸
> 如鐵石，不生悲也自生悲。

直與正文李瓶兒喪子之後的悲哀憂戚的描述融爲一體。

另有一部分，則以凝煉的語言，對本章的主要情節作一番蜻蜓點水式的概括介紹。如第 34 回的入話詩：

> 自恃官豪放意爲，休將喜怒作公私。貪財不顧綱常壞，好色
> 全忘義理虧。狎客盜名求勢利，狂奴乘飲弄奸欺。欲占後世
> 興衰理，今日施爲可類知。

前六句點出了該章主要情節：應伯爵盜名貪財，演出了一幕“勸捉放曹”；西門慶以勢壓人，顛倒黑白；書童見錢眼開，宴請李瓶兒，欺騙主子等等。頗類似於今日小說作品的內容簡介。

敘述語言中的韻文的又一個功能是鋪敍景物，刻劃人物。這是就那些散見於各章回中的韻文而言的。鋪敍景物，我們在討論描寫語言時已提及，這裏就不再援例展開了。下面重點談談作爲刻劃人物的手段的那部分韻文。

一種情形是刻劃人物的醜態，這類韻文往往語含譏諷，辭顯誇張，讀後令人噴飯。最典型的是第 12 回描寫應伯爵、謝希大、孫寡嘴、常時節、祝日念等幫閒在李家妓院大吃大喝醜態的那一段：

> 人人動嘴，個個低頭。遮天映日，猶如蝗蝻一齊來；擠眼掇
> 肩，好似餓牢才打出。這個搶風膀臂，如經年未見酒和肴；
> 那個連二筷子，成歲不逢筵與席。一個汗流滿面，恰似與雞
> 骨朵有冤仇；一個油抹唇邊，把豬毛皮連唾咽。吃片時，杯
> 盤狼籍；啖良久，箸子縱橫。杯盤狼籍，如水洗之光滑；箸
> 子縱橫，似打磨之乾淨。這個稱爲食王元帥，那個號作淨盤
> 將軍。酒壺番曬又重斟，盤饌已無還去探。正是：珍羞百味
> 片時休，果然都送入五臟廟。

從一、二兩句的遠景到下面的一個又一個特寫，有層次、論先後地

描寫了這群幫閑在宴席上的種種醜態，從而刻劃了其貪婪、下作的品性。因醜化時略帶誇張，猶如一幅幅漫畫，具有極強的諷刺意味，讓人忍俊不禁。

一種情形是刻劃人物的心理，往往縝密細緻，入木三分。最典型的是第 52 回陳經濟設計勾搭潘金蓮，沒想到被人攪和了，心理悶悶不樂，胡思亂想：

> 我見他戴花枝，笑撚花枝。朱唇上不抹胭脂，似抹胭脂。逐日相逢，似有情兒，未見情兒。欲見許何曾見許，似推辭未是推辭。約在何時？會在何時？不相逢，他又相思；既相逢，我反相思。

非常真實傳神地寫出了單相思中的陳經濟疑惑、多慮、矛盾、痛苦的心理特徵，顯示了作者在人物心理刻劃上的功力。

此外，韻文還常被用來總括情節，評論是非。這主要是就那 90 來首收煞詩而言的，當然也包括一些在章回中間具有同樣功能的韻文。

總括情節的韻文有兩類：一類是總括整個一回的情節，好比是一回的小結。如第 37 回，主要寫了兩件事，一件是媒婆馮媽媽牽線做媒，將韓道國女兒韓愛姐說給了蔡京府中的翟管家；一件是馮媽媽替西門慶搭橋，讓西門慶勾搭上了韓道國之妻王六兒。兩件事均突出了馮媽媽的忙碌，於是在該回結尾便有一首總括詩：

> 媒人婆地裏小鬼，兩頭來回抹油嘴；一日走勾千千步，只是苦了兩隻腿。

將該回中馮媒婆的奔波忙碌、腳不沾地、“成日影兒不見”(李瓶兒數落她語)作了一番略帶嘲弄的小結。另一類則不是總括整個章回的，而是總括一回中某一情節的，常見的是對章回結束前的一個情節的小結。如第 40 回，寫了許多事情，而最後一個情節是西門慶請趙裁縫等為吳月娘、潘金蓮、李瓶兒等眾妻妾裁制衣服，於是該回的結尾詩寫道：“正是：金鈴玉墜裝閨女，錦綺珠翹飾妹娃。”

這是對最後一個情節的小結，而不是對整回的小結。又如第 62 回，主要是寫李瓶兒的過世，以及過世後西門慶的極度哀痛，不思茶飯，而章回結束前一個情節是應伯爵憑他那如簧巧舌硬是讓西門慶從悲傷中解脫出來，而該回的收煞詩恰恰是這最後一個情節的總括："正是：數語撥開君子路，片言題醒夢中人"，卻與該回的主要情節無涉。在作品的收煞詩中，總括最後一個情節的情形較之總括整回情節的，要多得多。

　　至於散佈於章回中間的那些總括性的韻文，則均是對距韻文最近的某個情節的小結，而不是對韻文之前所有情節的總結，全書無一處例外。如第 26 回中間，小廝鈚安彙漏來旺遞解徐州的消息導致宋惠蓮最終自縊身亡，西門慶查知後欲鞭打他，遭潘金蓮阻攔，作品中寫道：

　　　　那鈚安得手，一直往前去了。正是：兩手劈開生死路，翻身跳出是反閂。

顯然文中的這兩句詩，是對鈚安求助潘金蓮而得以免受皮肉之苦這個情節的小結，而同前文來旺兒被陷害，遞解徐州，以及宋惠蓮同孫雪娥口角，最終自縊等一系主要情節無干。

　　除了總括情節以外，收煞詩中還有較大的一部分是傳遞作者的觀點、思想，討論人物、事件的是是非非的，較之前者，它們往往帶有強烈的傾向性和勸誡意味。關於這一點，可以參見前面的有關討論。需要說明的是，有的時候，所謂總括情節、評說是非，往往是融合在一處的，你中有我，我中有你，很難截然分開。我們把兩者歸為一類，也正是出於這種考慮。

　　如果說，敘述語言中的猥詞的得與失是三七開——即失多於得的話，那麼敘述語言中的韻文的得與失雖然也可以三七開，卻剛好相反——得大於失。作為一種特殊的語言手段，它確實起到了其他成分所無法起到的特殊功用，這些前面均已有所討論。我們接著要探討的是，韻文得失"三七開"中那屬於"三"的部分，即韻文運用中的負面效果。

## (一) 呆板、公式化

這是敍述語言中的韻文最顯著的弊病之一。每一回前的入話詩和結尾的收煞詩，由於形式上的千篇一律，已讓人有厭倦之感；而散見於章回中的那些韻文，在形式上依然遵循著某種不成文的規則，凡總括、評說，一律用"正是"引出，凡鋪敍、描寫，也一律用"但見"明示，已成定式，絕無半點變化，給人一種呆板、公式化的感覺。這種形式上的呆板同就整體而言具有靈活性、生動性特質的敍述語言頗不諧調，這當然並不意味著我們要否認一部分韻文內容上的生動、詼諧，也並不意味著否認在一連串口語化的敍述中適當插入一小段韻文而所能起到的特殊的效果。我們這裏強調的是韻文，作為一個整體，在形式上存在的弊端。

## (二) 繁瑣、冗贅

這是描寫性韻文最常見的弊病。一部分描寫人物特徵、環境佈置、物品外觀等的韻文往往極盡鋪張之能事，面面俱到，繁瑣冗贅，而且不少是空話、套話，令人不堪讀。如第二回鋪敍王婆的本事的那一段：

> 開言欺陸賈，出口勝隨何。只憑說六國唇槍，全仗話三齊舌劍。只鸞孤鳳，霎時間交仗成雙，寡婦鰥男，一席話搬唆擺對。解使三重門內女，遮麼九級殿中仙。玉皇殿上侍香金童，把臂拖來；王母宮中傳言玉女，攔腰抱住。略施奸計，使阿羅漢抱住比丘尼；才用機關，交李天王樓定鬼子母。甜言說誘，男如封涉也生心；軟語調和，女似麻姑須亂性。藏頭露尾，攛掇淑女害相思；送暖偷寒，調弄嫦娥偷漢子。

實際上講的是王婆作為一名出色的媒婆所擅長的牽線搭橋的本領，卻用了154個字，不少句子顛來倒去，比這喻那，說的是一個意思，完全可刪。這部分韻文文字上的拖遝、冗余於此可見一斑。

## (三) 重複、雷同。

其實上文的"繁瑣冗贅"已包含"重複雷同"的成分在裏邊，所不同的是，上文談的是同一處韻文內部的重複、冗餘，而我們這裏談的是在不同章回中韻文運用上的重複、雷同。

先談重複。有一部分韻文，多半是總括、評論性的，在不同的章回中重複運用，給人一種行文粗糙、不夠嚴謹的感覺，如"兩手劈開生死路，翻身跳出是反閘。"第 22 回李銘處用，第 26 回鈇安處也用。第 30 回結尾，寫西門慶升官生子後，眾親鄰朋友都來送禮趨附，於是作者感歎道："時來頑鐵有光輝，運退真金無豔色。"而同樣的感歎又出現在第 31 回西門慶上任前後擺宴收禮的時候。"誰人挽得西江水，難洗今朝一面羞。"既用在第 33 回結尾得知妻子同兄弟有姦情並被抓的韓道國身上，也用在第 76 回結尾覺察到西門慶在疏遠他而搬家的溫秀才身上。類似的重複，偶爾為之尚可，多了，則未免失之草率。

再談雷同。有一部分描寫人物肖像以及男女情事的韻文，往往雷同，尤其是後者，每每以敵對雙方戰鬥作比，往往給人一種似曾相識的感覺。我們來比較下面兩面韻文。

例一：第 12 回，潘金蓮同琴童偷姦，作品寫道：

> 一個不顧綱常貴賤，一個那分上下高低。一個色膽歪邪，管甚丈夫利害；一個淫心蕩漾，從他律犯明條，一個氣喑眼瞪，好似牛吼柳影；一個言嬌語澀，渾如鶯囀花間。一個耳畔許雨意雲情，一個枕邊說山盟海誓。百花園內，翻為快活排場；主母房中，變作行樂世界。霎時一滴驪精髓，傾在金蓮玉體中。

例二：第 83 回，潘金蓮同陳經濟偷情，作品寫道：

> 一個不顧夫主名分，一個那管上下尊卑。一個氣喘吁吁，猶如牛吼柳影；一個嬌聲嚦嚦，猶似鶯囀花間。一個椅上逞雨意雲情，一個耳畔說山盟海誓。一個寡婦房內，翻為快活道場；一個丈母根前，變作行淫世界。一個把西門慶枕邊風月，

　　盡付於嬌婿；一個將韓壽偷香手段，悉送於情郎。正是：寫
　　成今世不休書，結下來生歡喜帶。

除了開頭一、二句和結尾一、二句不同以外，其他各句，無論是句
式結構，還是用字選詞，基本雷同，缺少變化。至於像第 29 回那
段描寫＂潘金蓮蘭湯午戰＂的韻文、第 37 回西門慶同王六兒之間
的＂戰鬥＂場面描寫以及第 78 回中的＂西門慶兩戰林太太＂的緊
張熱鬧場面的鋪敘，其遺詞造句均有不少雷同之處，給人一種老調
重談的感覺，越到後頭，越缺乏新鮮感、吸引力。

## 三、行業語詞大匯聚

　　作爲第一部反映市井生活的長篇小說，《金瓶梅》第一次將大
量的行業詞話，融入了它的敍述語言中，種類繁多、數量可觀的行
業詞語，無疑地構成了敍述語言中一道奇特的風景。

　　《金瓶梅》敍述語言中的行業詞語就涉及的行業、集團而言主
要有以下幾大類。

　　**(1)服飾類**：作品中最多的一類行業詞語，如：扣身衫子、鸚
哥綠絲袖襖、毛青布大袖衫兒、白紗挑線鑲邊裙等(以上服裝類)；
氈笠兒、纓子瓦楞帽兒、雲頭巧緝山牙白綾高底老鴉鞋兒、粉頭皂
靴、大紅光素段子白綾高底羊皮金雲頭鞋兒等(以上鞋帽類)；金井
玉樓杆圈兒、排草梳兒、金玲瓏簪兒、胡珠環子、金馬鐙戒指等(以
上飾件類)。

　　**(2)飲食類**：民以食爲天，中國的飲食文化向來繁榮、發達，
作品中出現大量飲食類詞語也就在情理之中了。如：香茶木樨餅
兒、餃窩窩、黃米麵棗兒糕、粉團、壽桃等(以上點心類)；和合湯、
胡桃松子泡茶、福仁泡茶、藥五香酒、茉梨花酒等(以上飲料類)銀
絲鮓湯、糟鵝胗掌、奶罐子酪酥伴的鴿子雛兒、韭菜酸筍蛤蜊湯、
山藥膾的紅肉圓子(以上菜肴類)。

(3)**生物類**：人類賴以生存的自然環境是五光十色、豐富多彩的，這在作品的生物類詞語中得到了充分的反映。如吊睛大白虎、惣猱、玳瑁貓兒、紫燕、錦雞、貂鼠等(以上動物類)，瑞香花、薔薇、松柏、紫荊、千葉桃、十姐妹、辛夷、木槿花樹等(以上植物類)。

(4)**醫藥類**：作品以平凡人的日常生活作為自己的反映物件，且每每涉及性事，於是便有了大量的醫藥類專科詞語。如：陰寒、胃虛氣弱、血少肝經王、火在三焦、熱入血宮、慢風等(以上疾病類)；眉攢、脖根、關尺、心口、天癸等(以上中醫穴脈術語類)；降火滋榮湯、加味地黃丸、朱砂丸藥、接鼻散、金箔丸等(以上中藥類)。

(5)**宗教類**：如鬼子母、佈施、善財童子、道場、業障、禪心、宿世、三皈等(以上佛教類)；三魂、枉死城、回背、鎮物、丹書、七真、中元醮、經事等(以上道教類)；煞印格、紙脈、勾絞、刑夫、貴造、傷官、城頭土、命宮等(以上星相類)。

(6)**經貿類**：如故衣行、解當鋪、印子鋪、粘梅花處、標行、印經處等(以上店鋪類)；放官吏債、走標船、科兌、押合同、打背工等(以上商業活動類)；雪花官銀、太仆寺馬價銀、白金、崇甯大觀通寶、鵝眼錢等(以上貨幣類)。

(7)**官制類**：樞密、裏正、押司、守備、府尹、御前班直、提點太一宮使、資政殿大學士等(以上官職類)；太仆寺、大理寺、省院、鹽運司、講議財利司、冬曹、經歷司、光祿等(以上官署類)。

(8)**司法類**：如杖限、枷號、脊杖、極典、掘鎖、淩遲等(以上刑罰類)；鐵葉團頭枷、篾板子、麻杖、夾棍、長枷等(以上刑具類)；防送公人、司吏、押牢禁子、提刑、緝捕、刑名官等(以上司法人員類)；升廳、取供具結、填圖解繳、覆審、根勘等(以上司法過程類)。

(9)**曲藝類**：如龍笛、冰弦、阮、玉磬、檀板、箜篌、方響、鳳管等(以上樂器類)；外、副末、淨、小生、貼旦、小旦等(以上角色類)；翠盤舞、細腰舞、簫韶、天魔舞、霓裳舞、觀音舞等(以上舞蹈類)；步戲、南戲、雜耍、百戲、說因果、慢曲、評話、雜劇等

(以上戲種曲種類)以及舉不勝舉的曲牌名。

(10)傢俱類：如杌子、打布凳、豆青磁涼墩兒、醉翁椅、雲南瑪瑙漆減金釘藤絲匋矮矮東坡椅兒、螺鈿交椅等(以上坐具類)；南京描金彩撥步床、黑漆歡門描金床、螺鈿廠廳床、雲母床、大理石黑漆縷金涼床等(以上臥具類)；春台、廂成水晶桌、螳螂蜻蜓腳一封書大理石心壁畫的幫桌兒、琴桌、棋桌、八仙瑪瑙籠漆桌兒等(以上桌子類)。

這些行業語詞構成了作品敘述語言中的一個不可忽視的辭彙群體，發揮著其獨特的作用。

作為敘述語言中的一種特殊成分，行業語詞往往具有其他語詞所不具備的特殊功能。

### (1)真實性功能

行業語詞的運用往往有助於強化作品的藝術真實，給人一種寫實感。讀者在接讀這些由行業語詞加盟的語段時，往往把作者看作是知情人、從而對有關情節深信不疑。

### (2)準確性功能

行業詞語是各種行業、集團經過長期的社會的生產的實踐活動逐漸約定俗成的，往往內涵單一，義界清晰。用它們來表述有關事物，往往準確、貼切，不致含混、歧義，而換用其他詞語，則無法達到這樣的表達效果。

### (3)渲染、烘托功能

行業詞語的運用往往具有渲染，托環境氣氛的功能。如司法類語詞，往往造成一種肅殺、整飭的氣氛；醫藥類語詞，往往渲染了一種沉重、憂傷的氣氛；傢俱類語詞，則往往給人一種溫馨、親切的感覺；宗教類語詞，則更多地渲染了一種肅穆、神秘的氛圍；飲食、服飾類語詞則渲染了一種輕鬆、愉悅的氣氛；而戲曲類語詞則烘托出了一個熱鬧活潑、喜慶祥和的世界；等等。各類行業詞語，受其行業特徵的影響、薰陶，因而具有各不相同的人文色采，從而在所渲染的環境氣氛上也各不相同。

### (4)明時代、別地域功能

行業詞語往往成為作者明確朝代、區別地域的手段，因為朝代的不同、地方的不同也會在行業詞語上體現出來。如《金瓶梅》描寫的是宋代的社會生活，所以作品中便有大量的充分反映宋代社會特徵的行業詞語；同時，故事發生在山東清河縣城，因此，這些行業詞語又帶上了我國北方的地域色彩，並打上了市井生活的烙印。行業詞語的時代性、地域性在飲食類、官制類、司法類、經貿類、曲藝類等詞語中表現得尤為突出。

先談時代性。作者為了如實地給讀者提供故事發生的社會時代背景，有意識地運用了不少宋代特有的行業詞語，從而體現了鮮明的時代性。如“押司”、“府尹”、“知寨”、“資政殿大學士”、“兵馬都監”、“大觀通寶”、“鵝眼錢”、“青苗法”等均為宋代經濟生活中特有的事物。這些時代色彩濃郁的行業語，確實起到了明示朝代的作用。但是，或許是出於疏忽，作者在情節展開中，還是使用了不少作者所處時代——明代才出現的行業語詞。

再談地域性。不同的地區，人們的生活方式也存在差異。以飲食為例，南方以稻米為主食，北方以麥面為主食，作品描寫的是山東某個集鎮一群山東人的生活，自然要考慮山東人以麥面為主食、間雜稻米的飲食習慣，所以作品飲食類詞語中便有大量的麵粉製品的名稱；北方人善飲，男的自不用說，女的如李瓶兒輩也是海量，所以有關酒的名目也就特別繁多。飲食而外，戲曲也如此——山東人自有山東人的愛好，如“步戲”，為山東一帶流行的地方戲曲，能流行，自然受歡迎，因此得以在作品中出現；又如“雜耍”、“百戲”，粗獷豪放，符合豪爽的北方人的口味，山東沂南漢墓出土了大量的百戲壁畫，內容涉及跳劍、戴竿、走索、擬獸舞、馬戲等，形象生動，場面壯觀，當年“百戲”在山東一帶的流行盛況於中可見一斑，因此，“雜耍”、“百戲”也自然多次在作品中出現。這

些帶有濃烈的地方氣息的行業語詞也同樣賦予了作品濃郁的地方
色彩，從而起到了明示地域範圍的作用。

# 第十二章《金瓶梅》中的
# 非語言交際

　　陳原先生曾經指出："語言，如果說它是社會最重要的交際工具的話，那麼，除了語言之外，非語言交際方式也是很重要的交際工具。"[1] 而且事實上，"社會交際常常混和了語言和非語言兩種工具"。[2] 社會交際的這兩個方面在以現實社會生活為反映物件的小說作品中是大量存在的。其中有關語言交際的，我們及我們的前輩已有了較多的論述；而非語言交際，尤其是文學作品中的非語言交際，則較少論及。我們曾結合當代文學作品，討論過語言交際在文學作品中的表現特徵和輔助功能。[3] 而其實在古代的小說作品，如《金瓶梅》中，關於人物之間非語言交際的描寫已經相當豐富了。

## 一、各種非語言交際手段紛紛亮相

　　《金瓶梅》中的非語言交際的類型已相當齊備，眼睛語、手勢語、身勢語以及類語言等紛紛登場亮相，同有聲語言一道，構成作品中社會交際的交響樂、大合唱。

　　所謂"眼睛語"也就是通常所說的"遞眼色"，它是通過眼睛的神色來傳遞各種資訊的一種非語言交際的方式。"眼睛是心靈的

---

[1] 參見陳原：《社會語言學》第 180 頁，學林出版社，1983 年版。

[2] 參見陳原：《社會語言學》第 177 頁。

[3] 參見甯宗一《論"非語言交際"在文學作品中的表現特徵和功能》，載《文學語言研究論文集》，華東化工學院出版社，1991 年版。

窗戶"，這幾乎成了東、西方人所共知的常識。史載唐朝星相大師袁天罡，僅憑武則天的一雙眼睛便洞察了這個女人的本質，並預知了她的未來，這當然是一種迷信說法，但眼睛"會說話"，可以傳遞各種資訊，卻是不爭的事實。《金瓶梅》的敍述語言中有不少有關以"眼睛語"進行資訊、情感交流的生動描寫。

第 20 回，"西門慶家中吃會親酒"，席間應伯爵提議：讓新嫂子——李瓶兒出來見見面。西門慶則推託："小妾醜陋，不堪拜見，免了罷。"可眾人不允，迫於無奈，西門慶讓小廝玳安去叫，狡黠的玳安進去了一會兒，出來回說："六娘道，免了罷。"可應伯爵卻不相信他真的進去叫了，仍逼著他去請。這時作品寫道："那玳安到下邊，又走來立著，把眼看著他爹不動身。"究竟要不要去請李瓶兒，玳安實在拿不了主意，可又不敢開口請示：一者等於不打自招——承認剛才確實如應伯爵所言，是虛晃一槍；二者怕陷西門慶於難堪——他深知西門慶嘴上答應，心裏則不情願。情急之中，只能用"眼睛語"向西門慶請示。西門慶讀懂了他的意思，終於吩咐："對你六娘說，收拾了出來見見罷。"

我國自古就有"眉目傳情"的說法。尤其在漫長的封建社會中，青年男女交往阻隔，縱然有機會相見，也無緣交談，於是"眼睛語"便成了他們交流情感、互遞愛慕的最直捷的交際方法。即使是潘金蓮、西門慶這樣的淫婦蕩夫，在與傾慕的異性初期交往時，迫于禮儀道德的制約，也不是一上來便動手動腳的，"眼睛語"往往是他們最初的交際手段。第一回，勇猛力大、高大魁梧的武松，使得他的嫂子潘金蓮對其一見鍾情。一上來便用言辭勾挑，顯然過於唐突——所以她"甚是言語撇請"，而含蓄的"眼睛語"則可以肆無忌憚——"婦人陪武松吃了幾杯酒，一雙眼只看著武松身上。武松乞他看不過，只低了頭，不理他"。可以想見，潘金蓮的眼神是如何的火辣辣了，其中雖然蘊含了千言萬語，但是其主旨是十分明瞭的，不然，武松這樣的粗人爲何不敢正視，而要"低了頭"呢？

潘金蓮顯然用含蓄的"眼睛語"十分清楚地表明瞭她的愛慕之情——俗謂"勾引";而武松則不恰當地以表示不置可否的"低頭不理"的非語言交際方式表明了他的拒絕,最終引來了潘金蓮的得寸進尺,導致了一場無趣。

潘金蓮的眉目傳情在小叔子那兒遭受重創,卻在王婆的餐桌旁結出了奇花異果:王婆設計留下潘金蓮一人陪西門慶閑坐,有意勾搭潘金蓮的西門慶頻頻發起"眼睛語"攻勢:"這西門慶一雙眼,不轉睛只看著那婦人";而潘金蓮情竇初開,"也把眼來偷睃西門慶"(第 3 回)。一男一女在空房裏眉來眼去,其結果可想而知了。在這裏,兩人的"眼睛語"交際實在是他們從餐桌走向炕頭的第一步,也是極爲關鍵的一步。《金瓶梅》中涉及男女偷歡的情事頗多,而不少均始於眉目傳情。潘金蓮先是與琴童"兩個朝朝暮暮,眉來眼去,都有意了",爾後才有潘金蓮房中的髒事(12 回);西門慶同李瓶兒偷情也是"兩個眼意心期,已在不言之表"在先,爾後才有"密約"、"爬牆"、"偷歡"這檔子風流韻事的(13 回)。其他的,如潘金蓮之通陳敬濟、西門慶之初見王六兒、西門慶之通林太太、韓愛姐之勾挑陳敬濟等等,莫不是"眼睛語"傳情在先,皮膚濫淫繼之的。"眼睛語"在男女勾搭偷情這個特殊的交際領域中的作用實不可低估。

所謂"手勢語",是指通過手勢動作來傳遞資訊的一種非語言交際的方式。"手勢語"不同於手部動作,前者具有表意性,用來傳情達意,而後者僅僅是一種"手"的活動,其中一小部分具有交際功能,即屬於"手勢語",而大部分則不擔當交際任務,是一種普通動作。在《金瓶梅》中,普通的手部動作是大量的,而相對來說,"手勢語"則要少得多。

第 4 回,西門慶在勾搭上潘金蓮之後的第二天,"又來王婆家討茶吃"。這時,武大尚沒出門,王婆推託借瓢前去打探虛實,潘金蓮請她屋裏坐,王婆一面推託家裏無人——這是說給武大全家人聽的,一面暗"向婦人使手勢"——這是背著武大、迎兒,"說"給潘金蓮一人"聽"的。潘金蓮從王婆的"手勢語"中得"知西門慶來了在那邊",急不可耐,"一力攛掇武大吃了飯,挑擔出去了",便到王婆家中同西門慶相會。

西門慶在他人跟前同其貼身小廝玳安之間相互聯絡的常用手段,除了前文所述的"眼睛語"之外,便是"手勢語"了。第78回,西門慶宴席散後送應伯爵等眾客人到大門口,看"見玳安在旁站立,捏了一把手"。這是西門慶在"詢問"他剛勾搭上的賁四嫂那邊的動靜。機靈的玳安"就知意,說道:'他屋裏沒人'。這西門慶就撞入他房內",遂其雨意雲情了。西門慶在這裏用"手勢語",是怕他人覺察——畢竟做賊心虛;而玳安的簡潔回答,則是有恃無恐——縱使別人聽到了,也不知其所雲,這是他們主僕之間的秘密和默契。所謂"身勢語"是指以身體動作來傳遞資訊的一種非語言交際的方式。廣義的"身勢語"也包括"手勢語",我們這裏談的是狹義的不包括"手勢語"的"身勢語"。據前人研究,"身勢語"多達一千種以上,其中有靜態的,也有動態的。《金瓶梅》中的"身勢語"絕大多數是動態的。

第12回,"西門慶在院中貪戀住桂姐姿色,約半月不曾來家"。潘金蓮忍受不了性饑渴,讓玳安給西門慶捎了個帖兒,請他回家。不料帖兒讓李桂姐當眾截留,並由幫閒祝日念當場朗讀。聽了那些想啊思呀的情話,李桂姐一言不發,而用她的"身勢語"清楚地表明瞭她的妒忌和怨艾:"撤了酒席,走入房中,倒在床上,面朝裏邊睡了"。這顯然是"說"給西門慶"聽"的。西門慶也不含糊,他"見桂姐惱了,把帖子扯的稀爛,眾人前把玳安踢了兩靴腳",最後把桂姐抱到酒席上。西門慶以此向桂姐及李家人表明,他現在心裏只有李桂姐,並沒裝著其他女人。

除了動態的"身勢語"之外,《金瓶梅》中也有一小部分"身勢語"是靜態的。

第 77 回，西門慶同王經在書房內坐著。這時玳安進來欲向西門慶稟告來自賣四嫂那邊的消息，因 "見王經在傍，不言語"。走到了西門慶跟前，卻幹立著，一聲不吭，這種無聲的靜姿所表達的意思是再明確不過了。西門慶接 "讀" 了玳安的 "身勢語" 後，立即 "使王經後邊取茶去"，從而為玳安的開口掃清了障礙。

《金瓶梅》中眾男女之間爭風吃醋、磕磕碰碰之事時有發生，如果說，"眼睛語" 是他們勾搭、調情初期常用的非語言交際方式的話，那麼 "身勢語" 則是他們——主要是女人們傳遞怨憤、流露不滿的慣用的非語言交際方式。潘金蓮睡在床上不理睬陳經濟的呼喚和表白，是因為她以為陳經濟與孟玉樓有一手，真吃著醋呢(82回)；龐春梅 "容妝不整，雲鬢斜歪，睡在炕上"，不理睬西門慶的叫喚，是因為同吳月娘慪氣，更氣不憤吳月娘之稱她為奴才，而希望西門慶為她撐腰(76 回)；而李桂姐 "裏被便坐在那床上，面朝裏，見了西門慶，不動一動兒"，西門慶問她 "也不答應"，是因為前一天她在西門慶府上想見見潘金蓮，結果吃了閉門羹，懷恨在心，而希望西門慶去懲處潘金蓮(12 回)等等。應該說，這些女人依床而設的 "身勢語"，均使她們得到了憑有聲語言不一定能得到或得不到的東西。看來，床是屬於女人的，在那裏，她們是很少打敗仗的。

所謂 "類語言" 是指人發出的有聲音而無固定語義的一種非語言交際方式，如各種哭聲、呻吟聲、歎息聲以及叫聲等。[4] 與前面的 "眼睛語"、"手勢語"、"身勢語" 等不同的是，它與有聲語言一樣通過作用於人的聽覺來傳遞某種資訊，只不過它是不分音節的，帶有一定的模糊性。《金瓶梅》中的 "類語言" 是極其豐富的。

先以 "笑" 為例。《金瓶梅》為人們提供了各種各樣、含義不同的 "笑"。第 1 回，潘金蓮獻給她鍾情的小叔子武松的 "迎著

---

[4] 見陳原：《社會語言學》第 180 頁

笑"，必定是一種充滿柔情的笑，媚態可掬。第 2 回，王婆對著西門慶的幾次哈哈大笑，是她在暗處、西門慶在明處，西門慶猜不透她的心機，而她對西門慶的心思、舉措洞若觀火的得意至極的笑。第 4 回，西門慶假裝拾箸，乘機在潘金蓮的繡花鞋頭捏了一把時，潘金蓮的"笑將起來"，則是一種淫蕩的、勾人的、放肆的笑，在這笑聲中，一切道德的、倫理的約束均化爲烏有，剩下的只是赤裸裸的情欲。第 5 回，西門慶將武大踢傷，武大揚言要等武松回來"說話"，就在西門慶嚇得"苦也"、"苦也"叫喚的時候，王婆的一串冷笑，猶如黑夜中的火光，給西門慶、潘金蓮帶來了希望、鼓起了勇氣——置武大於死地以求生。第 23 回宋惠蓮同西門慶在藏春塢雪洞內奸宿了一夜後回自己的房間，路上碰到小廝平安，這平安看見她後只是笑，直笑得宋惠蓮渾身不自在，進而不許他笑，顯然這是一種詭秘的意味深長的彼此又心照不宣的笑，當事者雙方均明白其中的含義。《金瓶梅》中幾乎每一回都有飽含特殊涵義的"笑"，在各種笑聲中完成交際、敷演人生。

與"笑"相對的是各種表意有別的"哭"。第 8 回，潘金蓮對玳安的哭，表達了她遭西門慶冷落後的心酸以及對玳安的信任；第 12 回，潘金蓮私通琴童招來了西門慶懲罰時的哭，一者試圖以此表明自己受了冤枉，二者以柔克剛，從而化解西門慶的蠻氣和怒氣；第 58 回，磨鏡老漢面對不安的近乎關懷的詢問而哭，則是以哭代答，以圖換取孟玉樓、潘金蓮的同情和施捨；等等。

此外，還有如吳月娘在樓梯上滑倒時的驚叫聲(33 回)，車淡等人受刑時的號哭、呻吟(34 回)，李瓶兒生活在潘金蓮陰影下的無奈的長歎(61 回)等等，它們同前面所述的各種笑聲、哭聲，一起構成了《金瓶梅》多姿多彩的"類語言"世界。

## 二、非語言交際的獨特妙用

《金瓶梅》中的非語言交際，就其功能而言，主要有兩種：一種是交際功能，一種是表達功能。

作爲一種交際工具，同有聲語言一樣，非語言交際自然具有交際功能，具體體現在：

(1)直接替代有聲語言進行交際。

在日常生活中常有這樣的情形：張三在開會，李四去找他，爲了不影響會議的進行，李四並不大聲招呼，而只是招招手或點點頭。在這裏，運用非語言交際顯然比使用有聲語言更爲合適。《金瓶梅》中的情事多半是在偷偷摸摸的情況下進行的，所以非語言交際的這種直接替代有聲語言進行交際的功能就格外突出。

第 22 回，潘金蓮從房中出來，看到丫環小玉站在上房門前，就問她："你爹在屋裏?"只見"小玉搖手兒，往前指"，潘金蓮就明白了——西門慶不在上房，而在後院，而且必定同某個女人(實際上是宋惠蓮)樂著呢。小玉不開口回答，而用手勢語，顯然是怕家中其他人聽到。

第 34 回，西門慶正在書房裏同書童偷歡，平安前來送轉帖，"只見畫童兒在窗外台基上坐的，見了平安擺手兒。那平安就知西門慶與書童幹那不急的事"。畫童的手勢語，一者讓平安走路輕點兒，二者要他別進書房去送帖子，以免打擾西門慶的好事。此時此地畫童若用有聲語言，則事後非挨揍不可。

(2)輔助有聲語言更好地傳情達意。

有一部分非語言交際同有聲語言配合著使用，實際上在意義上構成重複，只不過表意的重心落在了有聲語言上，而非語言交際則起一種輔助交際的功用——往往對有聲語言有所強調。

第 82 回，陳經濟去找潘金蓮，潘金蓮因誤解陳經濟同孟玉樓有勾搭而不理他，陳經濟慌了，便反復解釋，"被婦人反手望臉上搧了一下，罵道："賊牢拉負心短命，還不悄悄的，丫頭聽見!""。潘金蓮的手勢語同有聲語言表達的意思是一致的——不讓陳經濟再嘮叨下去，怕被丫頭聽見，因爲他們的勾搭是亂倫，丟人的事。這裏的手勢語對下面的話語是一種強調，提起對方注意。可以推測，手勢語之後，陳經濟的嘮叨必然戛然而止。

第 85 回，媒婆薛嫂弄清楚陳經濟找她是求她幫著爲陳潘牽線搭橋時，"拍手打掌笑起來，說道：'誰家女婿戲丈母，世間哪里有此事! 姑夫，你實對我說，端的你怎麼得手來?'"。薛嫂的"手勢語"——"拍手打掌"在這裏主要是表示驚歎——即話語的前半段之意；而緊接著的"類語言"——"笑起來"則是一種帶著欣賞意味的戲弄——正是後半段話語的深層含義。在這裏非語言交際同有聲語言密切配合，相得益彰——非語言交際強化了有聲語言的含義，而有聲語言又限定了非語言交際的表義域。確乎是非語言交際起輔助交際功用的典型一例。

人的心理活動在日常生活中通常是難以察覺的，常言說"人心隔肚皮"、"知人知面不知心"就是這個意思。但是在作家的筆下，人的心理活動往往就成了可感知的東西，而且常常被披露得精細入微，毫釐不爽，內心獨白和思維活動過程的描述通常是戲劇、小說分別採用的最爲直捷、簡單的手法，前者典型的如西方的莎士比亞戲劇中的大段獨白以及我國元明清戲曲中的唱詞等等，後者典型的如中西方的意識流小說中人物思維活動的描寫。而除此之外，恐怕誰也不能否認非語言交際也同樣具有刻畫人物心理的功能——有人稱之爲"無聲的獨白"，真可謂一針見血，恰切之致。具體表現在：

(1)揭示人物特定情景中的心理變化。

第 26 回，宋惠蓮聽到她丈夫來旺被西門慶陷害"遞解徐州去了"的消息之後，一氣之下便欲上吊自盡，被眾人解救了下來，這時吳月娘等紛紛來安慰她，這宋惠蓮先是"坐在地下，只顧哽咽，白哭不出聲來"——人在經受了巨大的精神刺激、打擊之後的一刹那，往往會精神恍惚、舉止失常，而宋惠蓮的非語言交際恰切地展示了她極度悲傷之初的恍惚、失常；爾後便"低著頭，口吐涎痰不答應"吳月娘的叫喚——這裏的非語言交際揭示了她恍惚期過去，開始調整自己的心理、恢復正常思維的努力；最後，經過了一段時間的恢復，她便"大放聲，排手拍掌哭起來"——刻劃了她最初的失常排除、思維正常之後的極度痛苦和悲傷。這裏宋惠蓮沒有講一句話，而她由極度悲傷到恍惚失常，又由恍惚失常到恢復理智，最後又陷入極度悲傷的心理活動過程卻由她的"身勢語"、"手勢語"、"類語言"給形象、生動地揭示了出來。

(2)刻劃人物的內心情感。

西門慶同李瓶兒之間非同尋常的深厚情義在第62回中得到了淋漓盡致的體現，李瓶兒病入膏肓，西門慶前往探視。李瓶兒"說著，一把拉住西門慶手，兩眼落淚，哽咽，再哭不出聲來。那西門慶亦悲慟不勝，哭道：'我的姐姐，你有甚話，只顧說，'兩個正在屋裏哭……"。這是全書中男女情感交流中最動人的一個場面，而展現在這個動人的情面中的，是李瓶兒同西門慶兩人的非語言交際：李瓶兒因自己預感不久于人世，為自己再也不能同西門慶廝守、相伴而傷心不已；而西門慶則受李瓶兒感染，為自己將失去這個深愛著的——如果承認他們之間也有愛的話(這個問題不在本章討論之列)——可人的、溫柔的小妾而痛苦萬狀。他們兩個此時此刻的內心情感在他們的非語言交際中得到了充分的揭示。

同樣在該回中，當聽到潘道士對他說李瓶兒即將死去時，西門慶"低首無語，滿眼落淚，哭泣哀告：'萬望法師搭救則個。'"而當他再進李瓶兒房間時，"李瓶兒雙手摟抱著西門慶脖子，嗚嗚咽咽悲哭，半日哭不出聲"，而西門慶則也以痛哭相向。這一連串的非語言交際，再次將西門慶、李瓶兒那種生離死別、不忍相舍的濃烈情感渲染得淋漓盡致、真切動人。看來在刻劃人物的內心情感方面，非語言交際的作用較之有聲語言是有過之而無不及的。陳原先生曾指出："眼睛所傳達的感情有時比有聲語言還深刻，眼睛甚至能傳達超過有聲語言所能傳達的感情。"[5] 這話同樣也適合於"眼睛語"之外的其他非語言交際方式。

我們曾經在前面討論過人物語言的個性化問題。其實，能否揭示人物的性格特徵，固然與人物個性化的語言分不開，同時也跟人物個性化的非語言交際密切相關，因爲不同人物的身份、地位、性格等等的不同，使得他們不但在語言表達上有所差異，而且在非語言交際運用上也必然所有不同。老舍先生在談到這個問題時曾作過這樣的形象化的表述："即以吸煙而論，我准知洋車夫、中學生、中年婦女與浪漫的老詩人各有各的方法與樣子；若一概以跳舞廳中闊少——頗以洋人爲標準——則謬矣。"[6]《金瓶梅》的作者未必深諳個中的奧秘，但由於其真實地再現了生活，因此使作品中人物的非語言交際也打上了鮮明的個性化標記。潘金蓮在吳月娘面前造謠中傷李瓶兒，當西門大姐將此告訴李瓶兒後，李瓶兒只會"半日說不出話來，對著大姐吊眼淚"(51 回)。李瓶兒將她心中的憤懣、委屈以非語言交際的方式傳遞給了西門大姐。(而事後，西門大姐在吳月娘面前替李瓶兒澄清時正是將李的"望著我哭哩"作爲一條重要依據。)李瓶兒的柔弱、遲鈍的個性在她的非語言交際中也得到了充分的體現。換了潘金蓮則斷然不會就此甘休。當她聽到孫雪娥在吳月娘面前說她的不是——還不是無中生有了，她便差點同孫雪娥打起來，被勸開後，她精心設計了一整套成系列的非語言交際手段："卸了濃妝，洗了脂粉，烏雲散亂，花容不整，哭得兩眼如桃，倘在床上"，來迎接回家的西門慶。西門慶一見她的架勢，果然問她："怎的來？"正中下懷的潘金蓮以"放聲號哭起來"這精彩的一筆結束了她的非語言交際。於是潘氏大獲全勝、如願以償——西門慶狠揍了可憐的孫雪娥(11 回)。潘氏的潑辣及工於心計也同樣滲透在了她的非語言交際中。李瓶兒、潘金蓮的性格差異不唯在有聲

---

[5] 見陳原：《社會語言學》第 183 頁。
[6] 見老舍：《老舍論劇》第 238 頁，中國戲劇出版社，1981 年。

語言中，就是在非語言交際中，也昭然若揭、涇渭分明。

　　陳原先生曾預言：“古往今來的文學作品裏，關於體態語言的描寫，也是可以排列起來加以邏輯的或數理的概括的(語言的概括或數學公式的概括)，而且這一定是很有興味的”。[7]《金瓶梅》中的非語言交際就是一個很好的例證。只是這項工作任重而道遠，這裏僅僅是一種嘗試、一種探索，艱難的跋涉尚在後頭。

[7] 見陳原：《社會語言學》第 180 頁。

# 第十三章　中國小說語言
發展史上的里程碑

　　作爲第一部創作題材由歷史演義、英雄傳奇轉向現實社會、日常生活的長篇"世情小說"(魯迅語)，作爲第一部創作方式由民間藝人集體編創轉爲文人個體獨立創作的白話長篇巨制，《金瓶梅》在中國小說發展史上的里程碑地位，早已成公論，毋須再費唇舌。而其里程碑意義，不僅僅體現在題材的突破、創作方式的轉換以及由此反映出來的文學創作觀念的變化等等方面，也同樣體現在其文學語言的承前啓後、繼往開來。

## 一、從《水滸傳》到《金瓶梅》

　　眾所周知，《金瓶梅》一書是由《水滸傳》第 23 回至 26 回約四萬多字的武松打虎、西門慶與潘金蓮通姦、武松殺嫂祭兄等故事情節敷演而成的，因此，《金瓶梅》同《水滸傳》的密切聯繫是一目了然、不言而喻的。然而，這種聯繫上的直觀性對有關這種聯繫的深入探討、準確把握來說未必是一件好事。事實上，自《金瓶梅》問世至今，有關它同《水滸傳》兩者聯繫的探討，比如在創作手法上，《水滸傳》對《金瓶梅》具有怎樣的方法論啓示；《金瓶梅》究竟從《水滸傳》中借鑒了多少東西，明的暗的；它又是如何借鑒的；哪些是屬於借鑒中的發展、創新；哪些則屬於借鑒中的倒退、失誤，等等，始終是《金瓶梅》研究中的一個盲點，加以關注並給以研討的甚少。至於兩者在文學語言上的有機聯繫——即就文學語言而言,從《水滸傳》到《金瓶梅》,究竟經歷了一種怎樣的發展、演變,後者對前者有哪些繼承、借鑒,又有哪些創新超越——的討論,更是罕見。而這正是我們不揣淺陋意欲澄清的。

### ㈠ 《金瓶梅》文學語言中的借鑒與模仿

《金瓶梅》對《水滸傳》的借鑒是多方面的,而反映在文學語言上,則主要是語彙上的借鑒以及部分章回中的一些描寫性語段的模仿。

### (1)語彙上的借鑒

《金瓶梅》中的一些鮮活的辭彙成分十分明顯地是從《水滸傳》的辭彙中吸取了養分,呈現出其一脈相承性。例如,《水滸傳》中以"挨挨搶搶"一詞描寫人的推推擠擠,相互摩擦的情狀,非常別致:

> 宋江等五個,向人叢裏挨挨搶搶,直到城裏。(72回)

《金瓶梅》在描寫大人物跟前的小人物的舉止時,吸納了該詞:

> 奶子如意兒無人處常在根前遞茶遞水,挨挨搶搶,捃捃捏捏,插話兒應答。(65回)

而且還賦予了該詞新的內涵——增加了"形容行動小心謹慎,循規蹈矩"這個義項,表示這個意義時,也可寫作"挨挨排排":

> 他挨挨搶搶又到根前,扒在地下磕頭。(93回)

> 西門慶還未敢闖進,交瞿管家先進去了,然後挨挨排排走到堂前。(55回)

又如"打抹"表"用眼色示意"在《水滸傳》之前似無用例,而《水滸傳》中則經常出現:

> 你倒不攛掇押司來我屋裏,顛倒打抹他去。(21回)

《金瓶梅》描寫西門慶的遞眼色時,也選用了"打抹"一詞:

> 西門慶聽見笑得慌,跪在神前又不好發話,只顧把眼睛來打抹。(53回)

又如,表示"胡言亂語"之義的"六說白道"在《金瓶梅》中多次使用：

> 你安分守己，休再吃了酒口裏六說白道的。(26回)

> 你這丫頭也跟著恁張眉瞪眼兒六說白道的。(59回)

"說"與"道"同義，"六"同"白"則毫不相干，組合上總覺不和諧。其實，"六"本作"綠"，"綠"同"白"相對，頗爲諧調，而《水滸傳》正是這樣用的：

> 那婆子吃了許多酒，口裏只管夾七帶八嘈。正在那裏張家長，李家短，白說綠道(有的本子也作"說白道綠"——作者案)。(21回)

《金瓶梅》中的"六說白道"正是從《水滸傳》中的"白說綠道(或"說白道綠")"演化來的，孰爲源，孰爲流，一目了然。應該說，《金瓶梅》的作者在借鑒《水滸傳》的語彙時，總體上說，還是審慎、嚴肅的，而不是一味地照抄照搬，最典型的例子是，《水滸傳》第 24 回講到潘金蓮勾搭武松不成，在武大面前大罵武松時，作品寫道：

> 武大見老婆這等罵，正不知怎地，心中只是呫呫不樂，放他不下。

而《金瓶梅》在模仿這一段描寫時，稍事修改成：

> 武大見老婆這般言語，不知怎的了，心中只是放去不下。(1回)

兩下對比，可以發現，《金瓶梅》將《水滸傳》中的"呫呫不樂"一語刪去了。是不是嫌該語表現力欠佳?不是的，關鍵還是在於力圖製造些行文上的變化，避免字面上的完全雷同。結果，"呫呫不樂"出現在《金瓶梅》第 52 回：

> 事情不巧，(陳經濟)歸到前邊廂房中，有些呫呫不樂。

作者又想借鑒又不想使這種借鑒過於直觀、明朗的心思不難察覺。因此，《金瓶梅》中的一些語詞，無論從形式還是從內容，相對於《水滸傳》來說，均有不同程度的變化、發展。除了前面所引數例

外，又如，表"催促"之義的詞，《水滸傳》中有三個：催並、催
儹、催趲，而《金瓶梅》中則有借鑒，又有變化、發展：

> 卻說常時節，自那日席上求了西門慶的事情，還不得個到
> 手，房裏又日夜催迸了的。(56 回)

> (荊統制)也在出月往淮上催儹糧運去也。(79 回)

> 陳經濟催逼說："夜深了，看了快些家去罷。"(24 回)

例中的"催迸、催儹"是借鑒，"催逼"則體現了借鑒中形式上的
變化。而且，還出現了"催邀"一詞：

> 西門慶使排軍、玳安、琴童兒來回催邀了兩三遍，又使文嫂
> 兒催邀。(78 回)

西門慶"請眾官娘子吃酒"，大家都到了，"只有何千戶娘子、王
三官母親林太太並王三官娘子不見到"，於是他先後派了四撥人去
"催邀"。這"催邀"既含"催促"義，又含"邀請"義，並非一
般的催促，這是借鑒中的發展、創新。內容上的變化、發展較之形
式上的似不易覺察，但仔細比較，還是不乏其例。例如"伴當"一
詞，《水滸傳》中只有名詞義項：夥伴或僕從：

> 只是少一個粗心大膽的伴當，和我同去。(61 回)

而《金瓶梅》中不僅有名詞義項，一如上例：

> 軍牢執藤棍喝道，家人伴當跟隨，抬著衣匣，後邊兩頂家人
> 媳婦小轎兒，緊緊跟著大轎。(96 回)

而且還有動詞義項，表"結伴、搭檔"之義：

> 只有吳月娘與孫雪娥，兩個伴當，在那裏整辦嗄飯。(57 回)

有時還把"伴當"拆開來使用，類似於今天所謂的"離合詞"：

> 俺每是沒時運的人兒，漫地裏載桑人不上，他行騎著快馬，
> 也不上趕他。拿甚麼伴著他吃十輪兒酒，自下窮的伴當兒伴
> 的沒褲兒。(23 回)

例中"伴當兒"是動賓片語，即結伴、做同伴。將"伴當"拆說成
"伴"加"當兒"，一使語言略顯波俏，二是爲了順勢引出下文的

"伴的沒褲兒"。有的辭書將"兒"隸屬"伴當"，將"伴當兒"作名詞的"伴當"解[1]，殊爲不妥。這是一種情況。還有一種情況是，《水滸傳》中有的詞語有幾種形式或幾個義項，到了《金瓶梅》中，或只剩下一種形式，另一種消失了，或只剩下一個義項，還有的義項轉移給其他詞語了。如《水滸傳》中"常便"，又作"長便"，而《金瓶梅》中只用"長便"，前者的兩個義項中，表"事情原委"的那個義項，在後者中已沒有了，而只剩下表"長久之計"的那個義項：

> 你們不可遲滯，早處長便。(8回)

(2)一些描寫性語段的借鑒模仿。

較之語彙上的借鑒，《金瓶梅》在一些描寫性語段——主要是韻文——上對《水滸傳》的借鑒、模仿，尤爲彰著、惹眼——限於韻文結構組合上的特殊性，有時想變換卻難以變換之故。有些基本上是直接搬來的，如：

> 古人有八句詩道：神融南來鞭火龍，火旗焰焰燒天紅。日輪當午凝不去，萬國如在紅爐中。五嶽翠幹雲彩滅，陽侯海底愁波竭。何當一夕金風起，爲我掃除天下熱。(《水滸傳》16回)
> 人口有一隻詞，單道這熱：祝融南來鞭火龍，火雲焰焰燒天紅。日輪當午凝不去，方國如在紅爐中。五嶽翠幹雲彩滅，陽侯海底愁波竭。僅當一夕金風發，爲我掃除天下熱(《金瓶梅》27回)

有些則是部分照搬，部分自創，——依然顯示了作者意欲擺脫、避免借鑒的過於直觀的努力，如：

> 扶肩搭背，交頸並頭。紛紛不辨賢愚，攘攘難分貴賤。張三蠢胖；不識字只把頭搖；李四矮矬，看別人也將腳踏。白頭老叟，盡將拐棒挂髭須；綠鬢書生，卻把文房抄款目。(《水

---

[1] 見白維國主編的《〈金瓶梅〉詞典》第21頁。

滸傳》3 回)

> 扶肩擠背，紛紛不辨賢愚；換睹並觀，攘攘那分貴賤。張三
> 蠢胖，只把氣籲；李四矮矬，頻將腳躧。白頭老叟，盡將拐
> 棒拄髭須；綠鬢佳人，也帶兒童來看殯。(《金瓶梅》65 回)

前例是代州雁門縣城十字路口眾人看榜場面的描寫，後例是清河縣
城萬人空巷觀看西門慶為已故的李瓶兒出殯的盛大場面的描寫。後
例同前例相比，一些關鍵地方——涉及看榜與看殯的特徵與差異
的，均作了必要的更換。還有一些語段，從語句上看，頗不相同，
但模仿的味道還是很濃，例如：

> 武松進到房裏，卻待脫衣去睡，只聽得後常裏一片聲叫起賊
> 來。武松聽得道：“都監相公如此愛我，他後堂裏有賊，我
> 如何不去救護”。武松獻勤，提了一條哨棒，經搶入後堂裏
> 來。只見那個唱的玉蘭，慌慌張張走出來指道：“一個賊奔
> 入後花園裏去了！”武松聽得這話，提著哨棒，大踏步直趕
> 入花園裏去尋時，一周遭不見。複翻身卻奔出來，不提防黑
> 影裏搬出一條板凳，把武松一交絆翻……(《水滸傳》30 回)

> (宋惠蓮)只聽得到後邊一片聲叫趕賊。老婆忙推來旺兒醒來。
> 來旺兒酒還未醒，楞楞睜睜扒起來，就去取床前防身稍棒，
> 要往後邊趕賊。婦人道：“夜晚了，須看個動靜，你不可輕
> 易就進去。”來旺兒道：“養軍千日，用在一時。豈可聽見
> 家有賊，怎不行趕！”於是拖著稍棒，大步走入儀門裏面。
> 只見玉簫在廳堂臺上站立，大叫：“一個賊往花園中去了！”
> 這來旺兒徑往花園中趕來。趕到廂房中角門首，不防黑影裏
> 抛出一條凳子來，把來旺兒絆倒了一交。(《金瓶梅》26 回)

該兩例中，相同的語句沒幾個，但看了前例看後例，總給人一種似
曾相似的感覺，兩者很明顯存在著某種血緣關係。

### (二) 《金瓶梅》文學語言的創新、超越

若一味地模仿、借鑒，《金瓶梅》絕對不會有今日的輝煌，也

絕對不會成爲里程碑之作。事實上，相對於借鑒、模仿，《金瓶梅》的文學語言更注重的是創新與超越——它們滲透在作品文學語言的每一個層面。正是這種創新與超越，才賦予了作品的文學語言里程碑意義。

　　同先於它問世的《三國演義》相比較，《水滸傳》在人物語言上的長足進步是更加著力於人物語言的個性化，並取得了令人矚目的成就。《水滸傳》長於通過人物語言揭示人物個性，往往"能使讀者由說話看出人來"(魯迅語)。即使是那些性情相近的人物，也能在揭示其共性的同時，刻劃出其個性中的獨特性、差異性，從而避免了千篇一律、眾人一面(《三國演義》中不同程度地存在著)的弊病，達到了"人有其性情，人有其氣質，人有其形狀，人有其聲口"(金聖歎語)的境界。如李逵、魯智深均有粗魯、豪爽的一面，而李逵粗得魯莽冒失，魯智深則粗中有細，可謂智勇雙全，其同中有異異中有同的個性化語言歷來傳爲佳話，反映了《水滸傳》在人物語言設計、營構上的卓越建樹。《金瓶梅》繼承了《水滸傳》注重於以人物語言刻劃人物個性的藝術特長，後出轉精，再創輝煌，體現了其在如何處理、把握人物語言問題上的積極探索和獨特貢獻。具體表現在：

　　(1)增大了人物語言在作品文學語言中的比重，使之第一次成爲作品文學語言的主幹——第一次成爲長篇巨制中在數量上能夠同敍述語言分庭抗禮的重要部分。我們隨手統計了《金瓶梅》前 21 回中的若干章回有關 "人物語言" 同 "敍述語言" 在數量上的分佈比例情況，茲錄如下：[2]

---

[2] 考慮到第 1 回至第 6 回，第 8 回至第 10 回或多或少地借鑒了《水滸傳》中的相關情節，不夠典型，故統計時不選用。另外，需要說明的是，表中的 "字數" 不包括標點，是純字數。我們平時稱《金瓶梅》近百萬字，是包括標點在內的。

| 語言類別 ＼ 字數 ＼ 章回 | 7回 | 11回 | 12回 | 13回 | 14回 | 15回 | 16回 | 17回 | 18回 | 19回 | 20回 | 21回 |
|---|---|---|---|---|---|---|---|---|---|---|---|---|
| 人物語言 | 3938 | 2304 | 4200 | 2887 | 3720 | 1848 | 3701 | 2141 | 2487 | 3456 | 3780 | 5387 |
| 敘述語言 | 2254 | 2880 | 4488 | 3040 | 3388 | 2808 | 2523 | 2685 | 3401 | 4223 | 4076 | 4175 |

從表中可以看出，人物語言同敘述語言之比，幾近乎1：1，這是《金瓶梅》之前以及幾乎同時的《三國演義》、《水滸傳》、《西遊記》等所無法達到的。究其因，是因為後者或鋪敘歷史演義，或陳述英雄傳奇，或敘講神魔故事，基本上均以精彩紛呈、扣人心弦的故事情節吸引讀者，情節是中心，情節是一切，而在情節的敘述過程中凸現人物。在它們的文學語言中，敘述語言所占的比重要大大高於人物語言，呈一邊倒這勢。而《金瓶梅》將筆觸伸向了現實社會底層的市井平民階層，它描寫的是一群平庸的男女的平庸的生活、平淡的瑣事，人物是中心，人物是一切，由人物的活動帶動情節的伸展，通過人物的言行交往反映、揭示社會生活的某些本質。這就迫使它要保證人物語言的質和量，從而彌補因缺乏吸引人的緊張的故事情節而帶來的不足。在注重人物語言的個性化的同時，加大人物語言在文學語言中的分配比重，是《金瓶梅》在探索世情類長篇小說人物語言的設計、建構上的重大突破和獨特貢獻，對以後的世情類小說，產生了巨大的影響，也提供了成功的經驗和極好的借鑒。

(2)注意揭示人物性格的複雜性，使人物形象立體、豐滿。《金瓶梅》不僅著力於不同人物語言的性格差異一如《水滸傳》；而且更前進了一大步——追求同一人物性格的多面性甚而至於矛盾性在人物語言中的生動展示和準確刻劃。比如潘金蓮的語言既展示了她奸險、陰暗的一面，同時也展示了她天真爽直的一面；吳月娘的語言既展示了她慈善、寬容的一面，也展示了她忌妒、使氣的一面；

孟玉樓的語言告訴我們，她是一個大好人兒，——潔身自好，與人無爭，又是一個小人——專事挑撥，搬嘴弄舌；至於西門慶，其性格上的矛盾性真可謂一言難盡。《金瓶梅》揭示人物性格複雜性的不懈努力和成功實踐，使得作品的人物形象的塑造，不僅鮮明、突出，而且具有一定的深度和力度，這是對它以前的一些文學作品人物形象類型化、僵化的一次反撥，一種超越，一種歷史性的值得為之喝彩、為之謳歌的超越。

　　讓來自於社會下層平民的鮮活、質樸的口語成為作品文學語言的基本體式，是《金瓶梅》繼人物語言之後在《水滸傳》文學語言基礎上的又一大發展。我們知道，作為我國小說史上第一部白話長篇小說，《水滸傳》的文學語言帶有明顯的口語化傾向，無論是在人物語言中，還是在敘述語言中，口語化程度已達到了相當的水平；但是，由於受傳統小說語言體式的影響，比如早於它成形問世的《三國演義》便是用淺近的文言寫成的，《水滸傳》的口語體中不時地夾雜淺近的文言，從而形成它基本的語言體式：即以口語為主體的夾雜有部分淺近文言的白話體。《金瓶梅》則在繼承《水滸傳》文學語言口語化傾向的基礎上，更向前邁進了一大步：剔除以往白話作品語言中的文言成分，使作品語言的口語化趨向於更純粹、更徹底，從而在文學語言發展的口語化方向上達到了前所未有的高度，取得了令人矚目的進展。試比較：

> 當日眾頭領悶悶不已，眾軍亦無戀戰之心，人人都有還山之意。當晚二更時分，天色微明，十五個頭領，都在寨中納悶，正是蛇無頭而不行，鳥無翅而不飛，嗟咨嘆惜，進退無措。忽聽的伏路小校，慌急來報："前面四五路軍馬殺來，火把不計其數"。林沖聽了，一齊上馬。三面山字火把齊明，照見如同白日，四下裏呐喊到寨前。林沖領了眾頭領，不去抵敵，拔寨都起，回馬便走。曾家軍馬，背後卷殺將來，兩軍且戰且走。走過了五六十裏，方才得脫。（《水滸傳》60回）

西門慶番來覆去盼難叫，巴不得天亮，比及天亮，又睡著了。
次日清辰，何千戶家童僕起來，伺候拿洗麵湯手巾，王經、
玳安打發西門慶梳洗畢，何千戶又早出來，陪侍吃了薑茶，
放桌兒請吃粥。西門慶問："老公公怎的不見?"何千戶道：
"家公公從五更鼓進內去了。"須臾拿上粥，圍著火盆，四
喋齊整小菜，四大碗熱爛下飯。吃了粥，又拿上一盞肉員子
餛飩雞蛋頭腦湯，金匙，銀廂雕漆茶鍾，一面吃著，分付出
來伺候備馬。(《金瓶梅》71 回)

那韓道國先在家中，不見胡秀，只說往鋪子裏睡去了；走到
段子鋪裏，問王顯、榮海，說他沒來，韓道國一面又走回家，
叫開門，前後尋胡秀，那裏得來。只見王經陪玳安、琴童三
個在前邊吃酒。這胡秀聽見他的語音來家，連忙倒在席上，
又推睡了。不一時，韓道國點燈，尋到佛堂地下，看見他鼻
口內打鼾睡，用腳踢醒，罵道："賊野狗，死囚，還不起來！
我只說先往鋪子裏睡去，你原來在這裏挺的好覺兒，還不起
來跟我去?"那胡秀起來，推揉了揉眼，睏睏睜睜，跟道國
往鋪子裏去了。(《金瓶梅》61 回)

從以上三個語段可以看出，《水滸傳》的語言中不時間雜文言語詞，
如"之"、"亦"、"嗟吝"、"抵"、"得脫"等等，以及文
言句式，如"且……且……"等；而《金瓶梅》的語言極其口語化，
甚至還帶著一點生活語言的原始性，與"且……且……"句式相對
應的是它用了"一面……，……"的口語句式。

當然，毋庸諱言，《金瓶梅》中也有一些語段夾雜了不少文言
詞語與句式，但與《水滸傳》的情況自有不同：《水滸傳》中夾雜
文言的口語作為一種語言體式，其分佈大致是均勻的，並非集中於
某一二個人或某一個場面，像上述所引語段並非特殊情況，而帶有
某種普遍意義。《金瓶梅》中的文言詞語自有它的特殊用法：主要
用在有關西門慶官場應酬的幾個有限的章回中，藉以烘托官場中的

假斯文氣、刻劃官場中的西門慶的一副道貌岸然的嘴臉。這種夾雜文言的口語並不構成作品文學語言的基本體式，而只是一種偶爾用之的語言手段而已。

除了語言體式上的重大發展之外，《金瓶梅》在語言成分的選擇上也同樣顯示了它的創新意識。類似於泥腿杆子的民間俗語之進入長篇小說文學語言這個神聖的殿堂並非朝夕之間的事情，也經歷了一個發展過程：《三國演義》因受其語言體式的影響，俚俗的歇後語、民諺等顯然無插足之地；到了《水滸傳》中，部分民諺開始進入作品的文學語言中，由於數量有限，頗不顯眼，至於生動性、形象感尤強的歇後語則很少使用，而且不論是民諺還是歇後語等，大多相對來說頗為文氣，帶有些許書卷氣，如前面所引《水滸傳》語段中的“蛇無頭而不行，鳥無翅而不飛”等。及至《金瓶梅》，民間流行的俚俗的歇後語、民諺等才被大量地吸納進了作品的文學語言中，成為作品文學語言頗為惹眼又頗具特色的重要的構成成分之一，其類型之豐富、結構之多樣，均是空前的，而且往往土俗有加，甚至還帶上了些許生活語言的原始性和自然主義的色彩。粗俗的歇後語、民諺等在渲染作品的市井文化氛圍、傳遞平民生活氣息、展示人物不同個性等方面起到了普通語詞所無法起到的作用。

## 二、從《金瓶梅》到《紅樓夢》

可能都是世情小說、且都以一個家庭作為觀照點來反映社會現實生活的緣故吧，《金瓶梅》給予《紅樓夢》的啟示和影響，《紅樓夢》對《金瓶梅》的繼承和借鑒，較容易受到人們的關注。最早做這種“索隱”工作的，便是據說是曹雪芹摯友的脂硯齋，他在評點《紅樓夢》時曾先後三次提到《金瓶梅》：一次是在第 13 回描寫賈珍為過世的兒媳秦可卿購置名貴棺木那一段之後：“寫個個皆到，全無安逸之筆，深得《金瓶梅》奧。”一次是在第 28 回薛蟠、賈寶玉、馮紫英及妓女雲兒等在馮紫英家飲酒作樂那一段之後："此段與《金瓶梅》內西門慶、應伯爵在李桂姐家飲酒一回對看,未知孰家生動活潑?"還有一次是在第66回,柳湘蓮得知賈璉給他牽線搭橋的女子是賈珍的小姨時竟脫口而出:"你們東府裏除了那兩個石頭獅子乾淨,只怕連貓兒狗兒都不乾淨。我不做這剩忘八"。脂硯齋在此批道:"奇極之文,趣極之文。《金瓶梅》中有雲'把忘八的臉打綠了',已奇之極,此雲'剩忘八',豈不更奇。"從文學語言角度來看,第一次涉及的是人物語言,第二次討論的是人物語言和敘述語言,第三次講的是詞語的奇妙組合。這些確實都是《金瓶梅》文學語言中的長處,也確實是它可供《紅樓夢》學習、借鑒之處。

　　誠如《金瓶梅》從《水滸傳》的語彙中學習、借鑒了不少東西一樣,《紅樓夢》也從《金瓶梅》的語彙庫中吸取了不少有益的成分,充實並構成自己獨特、奇妙的文學語言世界。

### (1)燒糊了的卷子

《紅樓夢》第46回中有這麼一段:

1.賈母笑道:"你帶了去,給璉兒放在屋裏,看你那沒臉的公公還要不要了!"鳳姐兒道:"璉兒不配,就只配我和平兒這一對燒糊了的卷子和他混罷。"說的眾人都笑起來了。

例中賈母開玩笑要把鴛鴦許配給賈璉,引出了王熙鳳的一句妙喻:將自己和平兒喻為"燒糊了的卷子"。不少學者每每談及《紅樓夢》設喻或用語的巧妙而富於獨創性時,就情不自禁地要提到此例。殊不知,此語的發明權不在《紅樓夢》,而在《金瓶梅》:

2.西門慶道:"你怎的不出去?"春梅道"娘每都新裁了衣裳,陪侍眾官戶娘子,便好看。俺們一個一個隻像燒糊了卷子一般,平白出去,惹人家笑話。"(41回)

例1.、例2.用法基本一致。

### (2)開果子鋪

開果子鋪，常用來形容挨打後的臉部的慘狀，或說醜態，用此語時常常帶有對被打者的厭惡和調侃。人們可能都對《紅樓夢》中薛蟠挨打那一段精彩的描寫記憶猶新：

3.湘蓮走上來瞧瞧，知道他是個笨家，不慣捱打，只使了三分氣力，向他臉上拍了幾下，登時便開了果子鋪。(47 回)

薛蟠此時臉上被打得青紫紅腫，用陳列著五顏六色的果品的果子鋪去形容是再貼切、形象不過了。但此語也並非《紅樓夢》獨創，《金瓶梅》中已有先例：

4.西門慶乘著喜歡，向婦人道："我有一件事告訴你，到明日教你笑一聲。你道蔣太醫開了生藥鋪，到明日，管情教他臉上開果子鋪出來。"(19 回)

例 4.用得尤爲精彩：由蔣太醫今日開著的生藥鋪順勢聯繫到他明日臉上即將"開張"的果子鋪，更具調侃、譏諷的味道。

**(3)扭股(兒)糖**

《紅樓夢》第 24 回描寫賈寶玉調弄鴛鴦：

5.寶玉便把臉湊在那脖項上，聞那香油氣，不住用手摩挲，其白膩不在襲人之下，便猴上去涎皮笑道："好姐姐，把你嘴上的胭脂賞我吃了罷。"一面説著，一面扭股糖似的粘在身上。

這一段描寫非常精彩，"猴"名詞用作動詞，"粘"由用於物而移用於人，都顯得形象而又風趣，這些暫且不論，我們重點要談的是"扭股糖"。"扭股糖"是飴做成的一種軟糖，[3] 因其形狀扭曲，且具韌性，所以常用來形容人或物體粘乎、彎曲的樣子，或比喻性子執拗的人。例 5.中以此來摹寫賈寶玉當時的粘粘乎乎、輕薄狎昵的舉止、情態，準確貼切。而類似的用法早在《金瓶梅》中就已存在：

[3] 見《金瓶梅鑒賞辭典》第 862 頁。

6.俺這個好不順臉的貨兒，你著他順順兒，他倒罷了。屬扭孤
　兒糖的，你扭扭兒也是錢，不扭也是錢。(20回)

這是潘金蓮在孟玉樓跟前評價西門慶的爲人的一段話，以 "扭孤兒
糖" 來形象表述西門慶執拗的性格。[4] 雖然例 5.、6.中 "扭股(兒)糖"
的義有別，但用法大體一致：均是用來描寫人的情態或性狀的，兩
者的一脈相承的關係不難察覺。

　　以上只是舉例性質，《紅樓夢》在語彙上得益於《金瓶梅》之
處，遠非三言兩語所能一一索隱、列舉的。當然，話又得說回來，
較之於學習、借鑒，《紅樓夢》的語彙更多的是創新，不少詞 的精
確選擇、巧妙組合，已達到了爐火純青的地步。《紅樓夢》不僅在
我國古代小說發展史上，而且也在我國古代小說語言發展史上留下
了最爲絢麗璀璨的一頁。關於這些，前人之述詳備，這裏不再援例
討論。

　　《金瓶梅》在人物語言設計營構上的長足進步是開始注重人物
性格複雜性的生動刻劃。這無疑給了《紅樓夢》以極大的啓示。《紅
樓夢》在這個方向上走得更遠，推出了一批有血有肉的、個性鮮明、
複雜的人物群像，既體現出繼承性，更顯示出發展性。

　　賈寶玉就是一個複雜的個體，他的談吐往往顯示出他聰明、俊
逸的一面，也每每露出愚鈍、庸俗的一面；王熙鳳的陰險潑悍眾人
皆知，但即便是這樣的一個人物，她的談吐中也還存在著溫情可愛
的一面；薛蟠可是個心狠手辣的紈絝子弟，有幾條人命在身，但從
他的言談中也不難感受到他孝順、俠義、寬容的一面；林黛玉的怪
僻、尖刻實在是出名的，而同賈寶玉獨處時的叮囑嘮叨中又顯示出
她溫柔體貼的一面；賈政一貫自命清高，道貌岸然，而第 75 回描
寫中秋賞月結鼓傳花時賈政所講的一個粗俗的笑話，則刻劃出了這
位多烘先生內心深處的骯髒和庸俗，等等等等。應該說，在反映人

---

[4] 此例中 "扭孤兒糖" 釋義有分歧，今參考李申先生所釋，釋爲性子執拗的人。
詳見《金瓶梅方言俗語彙釋》第 304 頁。

物性格的多面性上所取得的成就，《紅樓夢》要遠遠高於《金瓶梅》；而反過來，設若沒有《金瓶梅》的前期努力和實踐可供參考與借鑒，《紅樓夢》在人物語言的設置上要達到今天這樣的高度的，可以說是不可能的，至少是很困難的。《紅樓夢》問世後，有人爲了證實《紅樓夢》同《金瓶梅》的有機聯繫，將王熙鳳同潘金蓮對號入座，將賈璉同西門慶對號入座，如此等等，未免失之簡單，流於牽強，但就人物語言及其行爲所反映的複雜個性來說，難道就沒有絲毫的借鑒、聯繫？恐怕也不能簡單否定，畢竟無穴不起風啊！

　　誠如我們在前一節指出的將大量活躍在民間口頭的歇後語、民諺等吸納進作品的文學語言中，實在是《金瓶梅》對長篇小說文學語言構成的一大貢獻。平子在《小說新語》中談及《金瓶梅》俗語的運用時曾經指出：“至《金瓶梅》則純乎語言之小說，文字積習，蕩除淨盡。讀其文者，如見其人，如聆其語，不知此時爲看小說，幾疑身入其中矣。”對一掃文字積習的俗語的運用給《金瓶梅》文學語言所帶來的巨大的感染力給予了高度的評價。在俗語的運用上，《紅樓夢》繼承了《金瓶梅》的傳統：一方面有選擇地引進《金瓶梅》中富有極強的表現力的俗語，爲我所用，如《紅樓夢》中的“千里搭長棚，沒有個不散的筵席”、“當家人，惡水缸”、“妻賢夫禍少，表壯不如裏壯”、“便宜不過當家”、“蒼繩不抱無縫的蛋”、“生米做成熟飯”、“拼著一身剮，敢把皇帝拉下馬”、“一子悟道，九族升天”等等，均採自《金瓶梅》中。即便是引進，《紅樓夢》也不是完全照搬，而處處顯示出自己的創新，如《金瓶梅》寫來旺酒醉後罵西門慶的“我教他白刀子進去，紅刀子出來”(25回)一語到了《紅樓夢》也同樣是酒醉的焦大罵賈蓉時則成了“咱們紅刀子進去，白刀子出來”，醉態可掬，傳神逼真，自在《金瓶梅》之上。一方面另闢蹊徑，從民間採集《金瓶梅》中所不具備的俗語，充實自己的語彙，如“妻不如妾，妾不如偷”、“胖子不是一口吃的”、“牛不吃水強按頭”、“嫁出的女兒潑出的水”、“聾子放炮仗"、"倉老鼠向老鴰去借糧"、"病來如山倒,病去如抽絲"、"水來伸手,飯來張口"、"得饒人處且饒人"、"瘦死的駱駝比馬大"、"新婚不如遠別"等等。需要說明的是,無論是引進還是採集,《紅樓夢》均對俗語作了必要的"雅化"工作——進行了必要的藝術加工,以便同書中典雅、凝重的貴族化氛圍相協調,通俗而不粗魯,誠如薛寶釵評價林黛玉的語言表達時所說的:"用'春秋'的法子,把市俗的粗話,撮其要,刪其繁,再加潤色比方出來,一句是一句。"(《紅樓夢》(42 回)

就文學語言而言,《紅樓夢》從《金瓶梅》中獲得的啓示和借鑒遠不止上述這些。比如《金瓶梅》的一些描寫語言往往逼真、細膩,有時甚至走向反面—略嫌拖逕囉嗦,而《紅樓夢》則吸取其精華,剔除其冗贅,使之盡善盡美,因此,兩者中的不少場面描寫語言往往具有許多相似之處,對此前人多有論述,這裏就不再詳細展開了。又比如《金瓶梅》中文言詞語的運用自有其特殊的用法,且分佈也極不均衡;《紅樓夢》也繼承了這種利用特殊的語言成分從而達到特殊表達效果的語言技巧,文言詞語的運用在人物形象的刻劃、特定場景和氣氛的摹畫等等方面取得了意想不到的藝術效果,歷來成爲《紅》迷及《紅》學界的美談。如此等等。總之,在文學語言的每一個層面,均能看到兩者的一脈相承性。任意誇大這種一脈相承性,以爲《紅樓夢》"全脫胎於《金瓶梅》",以爲沒有《金瓶梅》便沒有《紅樓夢》,固然不足取;而一味貶低《金瓶梅》,無視或否認兩者之間的歷史繼承性,也不是科學的、實事求是的態度。

從《水滸傳》到《金瓶梅》,從《金瓶梅》到《紅樓夢》,中國小說語言走過了一段極不平常的里程,這也是中國古代小說語言發展史上最爲壯觀、最爲輝煌的一段里程。而《金瓶梅》則以它所處的特殊地位——這是由它肩負著的承(前)傳(後)使命決定的——以及它所取得的卓越的語言藝術成就奠定了它的里程碑意義。

# 第十四章　走向 21 世紀的
# 《金瓶梅》研究

## 一、反思 "金學"：《金瓶梅》呼喚對它審美

關於《金瓶梅》的價值儘管眾說紛紜，但我們仍然執著地認爲，無論是把它放在中國世情小說的縱坐標或世界範圍同類題材小說的橫坐標中去認識和觀照，它都不失爲一部輝煌的傑作。只是由於過去那舊有的狹窄而殘破的閱讀空間，才難以容納它這樣過於早熟而又逸出常軌的小說精品。

值得慶幸的是，近二十年來，隨著學術氣氛的整體活躍，《金瓶梅》研究才開始沿著復蘇、建構、發展的軌跡演進，其研究方法才由單一走向多樣，由封閉走向開放；課題也由狹窄走向寬闊；小說文本與美學也不斷勾連整合，於是《金瓶梅》研究才真正建構成一項專門的學問了，這就是今人泛稱之 "金學"。

縱觀小說文化的研究，流別萬殊，而目的則在於探求社會、歷史、文化藝術的共同規律與特殊規律。學術研究究非陳陳相因，而在生生不息。隨著社會的變革，文藝觀念、小說美學的研究模式的更新也就將同步前進。對於《金瓶梅》這樣一部駭俗驚世的奇書，我們需要創造性的美學研究，而且應該顯示出新時期審美的和歷史眼光的新光芒。所謂《金瓶梅》研究的審美發現，就是要以敏銳的哲理和美學的眼光，透視複雜的內容和它的小說藝術的形式革新，見前人所未見，道前人所未道，"炒冷飯" 式的議論，是不足以稱之爲《金瓶梅》高品位的美學研究的。因爲任何真正科學意義上的

《金瓶梅》的研究，其成果都應成爲指引讀者進入新的境界的明燈。首先在關於《金瓶梅》的作者問題上，近年來頗有令人矚目的突破。我們看到了不少文史大家以檢驗師的敏銳目光與鑒別能力，審視著歷史上、古籍中和作品裏的一切疑難之點，對此作了精細入微的考證，汰僞存真的清理，儘量做到"論事必舉證，尤不以孤證自足，必取之甚博，證備然後自表其所信"[1]，其沉潛往復，頗有乾嘉學派大師們的餘韻。當然，在作者問題上至今還未獲得共識，可是，這些學者的精耕細作的收穫是不容忽視的。

不可否認，在《金瓶梅》作者的研究中，也有個別學者用力雖勤，但其弊在瑣屑冷僻，無關宏旨的一事之考，儘管可以竭研究者之精思，而小說著作者背後的藝術現象往往被有意或無意地置之腦後。這倒不是說我們對於作家本身行狀注意得太多，而是感覺到我們忽視了本不應忽視的對作家心理狀態的研究和追尋。現在學術界越來越認識到小說很重要的一面在於情感性，而情感性又和作家的心理有著密切的聯繫，不瞭解作家的心理，我們對於小說作品中許多情感現象就會莫名其妙。而過去我們不十分熟悉的心理批評在這方面恰恰可以補充我們的不足。這種批評模式強調文學是作家心理欲望的表現，因此它選擇的批評途徑是直指作家的內心，揣摩作品中蘊含的作家個人的心理情緒，尋求作家個人經歷在作品中的印記，挖掘作家塑造人物形象的深層微妙意圖。人們完全可以不同意這一批評模式的理論根據——"聲名狼藉"的佛洛依德精神分析學說，但是卻完全有理由借鑒這一模式所採用的方法。如果僅僅因爲佛洛依德學說"毒素"太多，而拒絕借鑒心理分析手法，那很可能不是一種明智之舉。過去我們有些有關《金瓶梅》作者的考據文章常常和作家本人的生活道路、特殊心態、創作意圖對不上號，同文學文本幾乎完全沒掛上鉤。這說明只憑對作者的一星半點兒的瞭

---

[1] 梁啓超《清代學術概論》。

解，類似查驗戶籍表冊，那是無以提供對《金瓶梅》文本做出全面公允的評價的。因為事實是，作品是作家特定心境下的產物，後來人不經心理分析的想當然議論，往往不如作家的朋友的一些"隨意"評論來得貼切，比如欣欣子的一篇序，他的某些揭示，不時令人拍案，至於張竹坡等人的"讀法"和評點，其精彩處也非一般考據所可比擬，它們對我們瞭解小說作者的狀態，特別是創作心緒是大有裨益的。

從別一種意義來說，一部長篇小說往往就是作者的一部"心史"。果戈里就曾說："坦率地說出一切，所有我最近的著作都是我的心史。"[2] 羅貫中、施耐庵、吳承恩和笑笑生的傑作的紙底和紙背，大多蘊藏著人民的鬱勃心靈，同時又表現了他們個人感情的噴薄和氣質的涵茹。當然這一切又都是時代狂飆帶來的社會意識在傑出作家身上的結晶。但是，如果我們不透過其作品追溯其心靈深處，又如何能領會這些傑出作家以自己的心靈所感受的時代和人民的心靈呢?彭·瓊生說莎士比亞為"本世紀的靈魂"，那麼我們可以說，眾多的優秀小說家的傑作也是他們所處時代的"靈魂"。因此，從最深微處說，中國小說也是一門中國社會心理學，一門形象的社會心理學。對待具有心史性質的小說，我們必須深入小說家的靈魂，把握他們的心理脈搏，同時還要透過作家的感情深處乃至一個發人深思的生活細節作為突破口，去縱觀時代風尚和社會思潮。所以有必要看重心史這個側面，這樣，我們的作者生平行狀的考察就可以得到進一步的深入，我們就可以從那紛紜呈現的歷史表像的背後發現一些新的東西，而且必然有助於真正把握《金瓶梅》的精髓。

至於對《金瓶梅》文本，我們當然也不能說研究得很充分了。我們目前的《金瓶梅》研究注意的熱點還是集中在它的認識價值

---

[2] 魏列薩耶夫：《果戈里是怎樣寫作的》。

上，這可能和這樣一種不十分全面的論斷有關，比如一位“金學”研究者就曾斷言：“《金瓶梅》的價值在認識方面，而不在審美方面。”其實這也是一種誤解。僅從敘事學的角度去審度《金瓶梅》的敘事法的審美變革及其審美價值，就是一個重要課題。《三國演義》《水滸傳》《西遊記》都堪稱是經典敘事規則的嫻熟運用。所謂經典敘事具有引導讀者向小說同化的內容和形式，即表現主觀願望與客觀現實之間的衝突，展示懷有願望的主體對願望客體的永恆追求，然而客觀現實總是阻礙和拖延願望的實現。《水滸傳》中一百單八將的逼上梁山是如此，《西遊記》西天取經，遭遇八十一難更是如此。它們一開始，敘事就總是打破主體的平衡狀態，讓主體與其願望物件之間存在一段“最初距離”，在主體實現願望的過程中，設置一系列障礙、假像、破壞、不幸等中間環節，主體總是一步一步地克服困難，越過障礙，最終達到目標。情節的發展儘管一會兒奇峰千仞，一會兒跌落平陽，但仍然還是從不平衡狀態恢復到平衡狀態。故事中主體願望與客觀障礙之間的衝突和張力是經典故事的推動力，願望主體追求願望客體的過程，對於讀者深層心理具有一種深深的魅力，它吸引著讀者向主人公認同，向故事同化，並參與故事的發展過程。

可是，《金瓶梅》卻打破了這種經典敘事模式，這當然同《金瓶梅》的題材有別於上述諸傑作有關，決定了它不可能採取那些作品運用的經典敘事模式，同時我們也應看到《金瓶梅》創造性地選取了吸引讀者把自己投射於故事中去的敘事方式，這就是在平凡的生活中“看”出獨特的故事來，而其技法則是根據普通生活塑造出故事角色，故事創作者的本事就體現在通過角色一目了然地“公開經歷”，於是，西門慶、應伯爵、陳經濟、潘金蓮、李瓶兒、春梅等等人物，一步追一步，一層深一層地開掘、發現，提出其人生未知領域的疑問。在這裏全然沒有經典敘事模式中懷有願望的主體對願望客體的永恆追求，沒有一連串客觀現實阻礙和拖延願望的實現，也沒有敍事開始打破主體的平衡狀態，讓主體與其願望物件之間存在"最初距離"，情節發展似也沒有太大的升降，甚至令人感到"平鋪直敍"。進一步說，它也沒有《三國演義》《水滸傳》《西遊記》數百個故事中可以概括出來的"諸葛亮式""曹操式""劉備式""林沖式""武松式""李逵式""唐僧式"和"孫悟空式"那種性格類型和情節類型，它似空無依傍，又都一個個地生成爲獨特的人物，構築爲一個個性格的歷史——情節。因此，《金瓶梅》的藝術創造的精髓恰恰在於創作者對活生生的現實的切身體驗和獨特感悟。總之，笑笑生自覺或不自覺地並未完全運用或者說他在關鍵處幾乎改變了經典小說敍事常見的引導方法，這種引導方法實際當屬當今小說美學中所說的控制審美距離的方法，即在作者、敍述者、人物和讀者之間拉開距離。如果我們從研究者角度來審視，這種審美距離控制主要有如下幾種：理智的距離，即指上述四者對事件理解上的差別；道德的距離，指四者道德觀念上的差距；情感的距離，即指上述四者對同一物件厭惡、同情等不同情感的區別；時間的差距，指作家寫作、敍述者敍述、人物的活動及讀者閱讀之間時間上的差距；身體的差距，指作品中人物與讀者形體上的差異，如西門慶的偉岸，潘金蓮的淫蕩，與一般讀者顯著不同。這種在審美距離上的反差越大，在價值、道德與理智上造成的"間離效果"就越大。所以我們認爲這種審美距離控制模式具有現代性，它再不是簡單地套用經典敍事模式引導讀者全方位的介入，而是讓讀者既介入又不完全介入。無疑，這當然和《金瓶梅》寫的是醜和惡而不是美與善有關。不過，我們認爲用距離模式來分析《金瓶梅》中作者與讀者之間的複雜關係以及發現其敍事法的審美特色，確實是一個很有實踐價值的參照結構。我們現在國內的《金瓶梅》研究還停留在總體研究水平上，進入這些微觀層面，採用審美距離控制作爲參照系來細緻分析與描述，還有待提高和注意，因此，我們想，審美距離理論也許真的會給我們的《金瓶梅》研究帶來新的生機和有益的啓發。

　　以上所言，實際上涉及到了在《金瓶梅》的研究領域，如何首先拓寬閱讀空間和調整閱讀心態這樣一個極普遍又亟待解決的理論和實踐的問題。從實際出發，創制小說研究的理論範式，無論是外國的，還是中國的，莫不始於閱讀。有識之士已經明確指出：閱讀空間的重建是文藝批評和研究完成蟬蛻和更新的內在動因。“兩難之境”的發現和確認，實際上是對重建閱讀空間的一種覺醒和要求。例如意識到“以文本爲中心”的必要，使英美新批評提出“細讀法”；以“讀者意識和作者意識的相遇”爲前提，意識批評中的喬治·布萊建立並發展了認同批評法；把佛洛德的精神分析學作爲認識文學的基礎，夏爾·莫隆力圖在作品中發現從頑固比喻到個人神話之間的通道；爲了尋求終極的結構模式，茨維坦·托多洛夫可以把一本書當做一個句子來加以分析；試圖打破羅各斯中心主義，雅克·德里達可以拆散本文的結構而實現意義的多元化；爲了在藝術創作中起用久被忽視的讀者，接受美學中的康斯坦學派反復強調作品的召喚結構等等。諸如此類導致文學研究一次又一次完成蟬蛻的努力，無一不起源於一次比一次強烈的重建閱讀空間的願望。批評的問題，研究的問題，歸根結底是一個閱讀的問題。因此要拓展“金學”研究者的思維空間，首先要重建“金學”研究者的閱讀空間。

　　《金瓶梅》閱讀空間的狹小與殘破，早已使讀者和研究者有窒息之感了。且不說過去那種以階級鬥爭爲綱的閱讀方式，使多少“金學”研究者竭力在作品中調查西門慶的財產，給人物劃成分，或者千方百計地追尋作者階級歸屬與政治派別，以爲如此即可綱舉目張，抓住作品和人物本質；也不說經濟決定論使多少研究者四處搜羅資料以構築所謂時代背景，以爲生藥鋪的產量和吞吐量中隱藏著小說的秘密；也不說機械反映論使多少“金學”研究者形成牢不可破的思維定勢，把“通過什麼反映什麼”當成萬古不變的公式，死死地套住任何落在眼中的小說。他們忽視了作家的政治觀點和他的作品可以是互相矛盾的，不懂得聰明的作家往往不在想像的作品中直接表述其政治立場和哲學觀念，也不願承認成功的作品中的人物一定是自由的、不肯輕易接受作者主觀意圖的擺佈。因此，在一些研究者中在遇到矛盾時，不是承認矛盾、分析矛盾，而是挖空心思甚至牽強附會彌合矛盾，其結果，要麼以"局限"之名從輕發落，要麼一廂情願地修改文本的內涵。這種現象在《金瓶梅》研究中不是毫無表現，究其原因，閱讀空間的狹小與殘破，當在考慮之列。

我們有必要再一次說明，面對《金瓶梅》這樣驚世駭俗的奇書，面對這早熟而又逸出常軌的小說精品，必須進行主動的、參與的、創造的閱讀，從而才有可能產生出一種開放的、建設的、創造的研究和批評。

在這裏，我們應作說明的是，拓寬閱讀空間只是吸收了接受美學對文本閱讀再創造的觀念，不同意把作品封閉起來排斥任何外緣的瞭解，但決非贊成無限度誇大批評與閱讀的主體性發揮。我們希望的是切實而又開放的批評眼光，並不主張獵奇式的"玩批評"或"新名詞轟炸"。我們把解讀《金瓶梅》是作為一門嚴肅的學問來看的。現代的解讀小說學應是開放式的文本細讀與有限度的審美接受的結合。解讀《金瓶梅》是征服困難，從而給讀者一把體味與理解《金瓶梅》的鑰匙。

寫到這裏我們又要涉及到"金學"研究的這個熱門話題，即"金學"研究是否真有"溢美傾向"？一個普通常識是，對待任何一部作品都應有一個客觀標準，但這個客觀標準並不排斥中國俗語中所說的：仁者見仁，智者見智。其實在外國的文學研究中也有類似情況，自法國大詩人波德萊爾以降，不少批評家力倡一種"有所偏袒"的批評，不再以全面、公正、成熟相標榜。這"偏袒"自然不是盲目的吹捧或粗暴的殘踏，而只是情有所鍾、意有所會所產生的一種心態。小說作爲人的精神創造物，是一種特殊的物件，若要接近並掌握它，也許局部的、片面的、不成熟的、未完成的閱讀行爲要比任何"深入"或"窮盡"的企圖更爲忠實，這是研究者應有的明智，因爲他始終處於斯塔羅賓斯基所說的那種"不疲倦的運動"之中，他一旦停下來，閱讀行爲即告結束，閱讀空間也隨之瓦解，所謂"深入"、所謂"窮盡"，都可以不論了。因此，我國有的批評家逕直地提出"深刻的片面"，實在是一種深諳文心的真知灼見，而不僅僅是對寬容的一種呼喚。倘若批評家果然於沉潛往復中情有所鍾，或出現溢美傾向，那就盡可以不斷地擴大"深刻的片面"，而不必擔心會受到嘲諷。在小說批評史上，無論是中國的還是外國的我們都極少見過深刻的全面，如能有一、二乃至更多的"深刻的片面"，已經可以讓讀者感到滿意了。當然我們也不是提倡任何的"片面"，只是深深感到，對文學研究來說，"全面"和冷峻的不偏不倚的面孔永遠是一種幻想，更不用說"深刻的全面"了。遺憾的是，這幻想至今還盤踞在某些個別"金學"研究者的頭腦中，並使他寧肯追求膚淺的全面而不去接受"深刻的片面"，這裏我們倒要呼喚寬容了。

批評《金瓶梅》研究的"溢美傾向"還有值得商榷之處的是，提出這一問題的研究者曾有意無意地規定了小說作者應當怎麼寫不應當怎麼寫。這一論述顯然與文藝創作規律不符。杜勃羅留波夫有句名言：我們不應該指責作家爲什麼不那樣寫，我們只能分析他爲什麼要這樣寫。所以對於一個小說家來說，描繪任何一個時期的歷史，都可以使用明亮和陰暗兩種色調，因爲歷史的面貌本來就是由這兩種色調構成的，光明中有黑暗，黑暗中有光明，只是不同時期主次關係不同而已。一段光明的歷史，不會因爲有人抹了幾筆陰影就失去了光明，一段黑暗的歷史，也不會因爲有人投下幾道光亮就會令黑暗遁去，作家的筆觸是有自由的，他觀照的角度也是自由的，今人很難干預。重要的是，在一片斑斕駁雜的色彩中，人們是否看到了一個真實的世界。

　　小說創作的生命是真實，這個道理不言自明，實行起來，並不容易，既要避免刻板式的照搬生活，也不能藉口"主流""本質"而回避生活的陰暗面，給讀者一種廉價而虛偽的安慰。對於古代作家和作品更應如此要求。不錯，《金瓶梅》的色調是陰暗的，結論也近乎悲觀，令人頗感不快。這種不快所包含的感情是憤怒和不平。近乎悲觀的結論居然是正確的，是因為它來源於環境和人物的真實性，而人物的真實在於環境的真實，環境的真實又取決於賴以存在的歷史背景的真實。進一步說，對於一個研究者來說，面對一部小說，首先要尊重、承認它的作者審視生活的角度和審美判斷的獨立性，我們無權也不可能干預一位古代小說家對他生活的時代採取的是歌頌還是暴露的態度。我們說述，歌頌其生活的時代，其作品未必偉大，暴露其生活的時代，其作品未必渺小。可貴的是，笑笑生深入到人類的罪惡中去，到那盛開著"惡之花"的地方去進行探險。那地方不是別處，正是人的靈魂深處。他遠離了美與善，而對罪惡發生興趣，他以有力而冷靜的筆觸描繪了一具身首異處的"女屍"，創造出一種充滿變態心理的怵目驚心的氛圍。作家在罪惡之國漫遊，得到的是絕望、死亡，其中也包括他對沉淪的厭惡。總之，蘭陵笑笑生的世界是一個陰暗的世界，一個充滿著靈魂搏鬥的世界，他的惡之花園是一個慘澹的花園，一個豺狼虎豹出沒其間的花園。小說家面對理想中的美卻無力達到，那是因為他身在地獄，心向天堂，悲憤憂鬱之中，有理想在呼喚。然而在這殘酷的社會裏，詩意是沒有立足之地的。這一切才是《金瓶梅》的獨特的小說美學色素，它無法被人代替，它也無法與人混淆。這裏用得著布呂納吉埃的一句名言了："不是巴爾扎克選擇他的主題，而是他的主題抓住了他，強加於他。"

　　評論家們曾提出過，應當把傑出的小說看做是一個有許多視窗的房間。《金瓶梅》就是一個有許多視窗的房間，讀者從不同視窗望去，看到的是不同的天地，有不同的人物在其中活動。這些小天地之間有道路相通，而這道路是由金錢和肉體鋪就的，於是讀者面前出現了一個完整的世界。

從一個視窗望去，我們看到了一個破落戶出身的西門慶發跡變泰的歷史，看到了一個市井惡棍怎樣從暴發到縱欲身亡的全過程。

從這個視窗，我們看到西門家族的日常生活，妻妾的爭風吃醋，幫閒的吃喝玩樂，看到了一幅市井社會的風俗畫。

換一個視窗，我們看到了賣官鬻爵、貪贓枉法的當朝太師蔡京等市儈化了的官僚群的種種醜態。

再換一個視窗，我們看到了……不，在所有的窗戶外面，我們幾乎都看到了潘金蓮的身影。她是《金瓶梅》中的特殊人物；一方面，她完全充當了作者的眼睛，邁動一雙小腳奔波於幾個小天地之間，用她的觀察、分析、體驗，將其聯結成一個真實的世界。她又是一個發展中的人物，開頭她被西門慶佔有，而後西門慶的生命終點又是她製造的。因此，潘金蓮這個形象在一定意義上又比西門慶更顯得突出。

總之，《金瓶梅》的許多視窗是朝著這些"醜惡"敞開著，讀者置身其中，各種污穢、卑鄙、殘忍、悲劇、慘劇、鬧劇，無不歷歷在目，盡收眼底。

《金瓶梅》也許是最讓那種善貼標籤的研究者頭疼的一部小說了。在我國，批判現實主義、現實主義、自然主義等等都曾當做標籤使用過，然而，這除了讓笑笑生變成周遊列國的旅行家的被貼得花花綠綠的手提箱之外，並不能使我們全面、深刻地把握住他筆下的那個世界。面對莎士比亞，研究者有"說不盡"之歎，難道《金瓶梅》就是說得盡的嗎?當你說"現實主義者笑笑生"的時候，立刻就會有人出來說"自然主義者笑笑生"；當你說"笑笑生是位觀察者"的時候，立刻就會有人出來說"笑笑生是位洞觀者"。

觀察者乎，洞觀者乎，二者並非不能相容，分歧的焦點是何者爲重點，何者爲輕；是寫實爲重創造爲輕，還是創造爲重寫實爲輕？笑笑生通過他的小說告之我們的首先是社會的現實還是人生的奧秘？首先是鏡中的影像還是神秘的象徵？換句話說，我們面對這部奇異的小說，首先應作歷史的理解還是哲學的領悟？

在這裏，我們認爲讀一讀波德萊爾的《論泰奧菲爾·戈蒂耶》這篇文章是非常有益的。他說："我多次感到驚訝，偉大光榮的巴爾扎克竟被看做是一位觀察者；我一直覺得他最主要的優點是：他是一位洞觀者，一位充滿激情的洞觀者。他的所有人物都秉有那種激勵著他本人的生命活力。他的所有故事都深深地染上了夢幻的色彩。與真實世界的喜劇向我們顯示的相比，他的喜劇中的所有演員，從處在高峰的貴族到處在底層的平民，在生活中都更頑強，在鬥爭中都更積極和更狡猾，在苦難中都更耐心，在享樂中都更貪婪，在犧牲方面都更徹底。總之，在巴爾扎克的作品中，每個人，甚至看門人，都是一個天才。所有的靈魂都是充滿了意志的武器。這正是巴爾扎克本人。"我們無意把巴爾扎克與笑笑生作膚淺的類比，我們只是感到波德萊爾的這番言論對我們研究一位元小說大師的作品是頗有啓示意義的。

波德萊爾把巴爾扎克的人物比作槍膛裏壓滿了意志的武器，極生動地刻畫出他們的震懾人心的性格力量。波德萊爾所列舉的五個方面：生活、鬥爭、苦難、享樂和犧牲，看似不經意，實際上絕非信手拈來，而是對巴爾扎克的人物的命運的高度概括，那五個"更"字既顯示出對現實生活的超越，又透露出其中所交織的千絲萬縷的聯繫。這些人物的活動是建立在細節真實的環境中的，而細節之真實甚至準確，當然是觀察的結果，但是他們之成爲生氣灌注的人，則非僅僅得力於觀察。把波德萊爾分析巴爾扎克的言論消化溶解，是有助於我們更好地理解笑笑生和他的《金瓶梅》的。試看《金瓶梅》中的人物，他們已經不僅僅是現實生活中的人了，他們在某種意義上也已超越了平凡的現實生活，在人生舞臺上，他們個個都是出色的"天才"演員。他們都在具體的情欲中煎熬,人人又都變成了"怪物",正因爲如此,他們一方面能使人感到驚奇甚至害怕,一方面又能讓人們信以爲真,承認其強大的"生命活力"。這些決非僅僅得力於笑笑生的一般觀察,而是洞觀者笑笑生的創造物。

波德萊爾把巴爾扎克稱之爲"夢幻的偉大追求者",這顯然不適用於蘭陵笑笑生。然而,他們二人相似的卻是,他們都洞悉每一個人物,在透視每一件事情時,在他們的"精神的眼睛"前面,世界的每一個凸起變得更加強烈,社會的每一種怪相變得更加驚人,也就是說,在他們的"精神的眼睛"的觀照下,世界既是一個被放大了千百倍的世界,又是一個被剝去了種種表像的全然裸露的世界。本來是一個肉眼所能觀察到的實在的世界,現在變成了一個只有精神之眼才能看見的變態了的世界。

波德萊爾論巴爾扎克的一些言論在一定意義上說,它給我們開闢了把握蘭陵笑笑生的傑作《金瓶梅》的第二戰場。假如我們再證之以巴爾扎克本人的言論,可能更會有新的發現。巴爾扎克在《驢皮記》初版序言中寫道:"在詩人或的確是哲學家的作家那裏,常常發生一種不可解釋的、非常的、科學亦難以闡明的精神現象。這是一種第二視力,它使他們在各種可能出現的境況中猜出真相,或者說,這是一種我說不清楚的力量,它把他們帶到他們應該去、願意去的地方。他們通過聯想創造真實,看見需要描寫的物件,或者是物件走向他們,或者是他們走向對象。"巴爾扎克在這裏提出的"第二視力"是一個很深刻的藝術見解,他所說的"第二視力"正是洞觀者所獨具的那種洞察力,那種透過現象直達本質的能力。巴爾扎克本人就具有這種"第二視力",蘭陵笑笑生也不乏這種"第二視力"。

毫無疑問,波德萊爾和巴爾扎克一樣,在他們的言論中帶進了不少神秘主義的成分,但我們畢竟不能把這一切視爲謬說。當我們去掉"主義"而只保留"神秘"的時刻，我們會更深刻地領會"洞觀者"或"第二視力"的含義，甚至會感到某種親切。劉勰《文心雕龍》說："寂然凝慮，思接千載，悄然動容，視通萬里。"陸機《文賦》說："觀古今於須臾，撫四海於一瞬"，不就是說"洞觀者"的"第二視力"嗎?對於我們這些習慣於簡單貼標籤的人來說，借助於這種"第二視力"是很有必要的。歌德在和他的秘書聊天時也說："經驗豐富的人讀書使用兩隻眼睛，一隻眼睛看到紙面上的話，另一隻眼睛看到紙的背後。"是的，"第二視力"也好，用兩隻眼睛看書也好，它都可以幫助我們突破已有的研究格局，把《金瓶梅》研究從狹窄的視野中解放出來，在不同的層次上對它進行審美的觀照和哲學的領悟。

《金瓶梅》呼喚對它審美!

## 二、回歸文本： 21 世紀《金瓶梅》研究走勢臆測

時下文化人似乎都有一點世紀之交的"情結"和對 21 世紀的激情，對此季羨林先生于幾年前即撰文解嘲式地說："所謂'世紀'是人爲地創造出來的，如果沒有一個耶穌，也就不會有什麼世紀，大自然並沒有這樣的劃分。"[3] 真的，如果國人仍按干支紀年，是不是就減弱了這份激情，或鬆弛了這份情結，就真不好說了。

解嘲也好，消解也罷，一旦面對 21 世紀，人們似乎就有了幾分嚴肅，有了幾分使命感。事實是，20 世紀已經過去，我們卻從中發現在人文學科特別是小說文化領域一批頗有水平、頗有意味的研究成果。文化環境的日漸寬鬆，學術氣氛的日漸平和，使這一段時間裏的學術研究呈現出花開數朵，各表一枝的多元局面。具體到《金瓶梅》，從微觀研究到中觀與宏觀的研究，從重頭的專著到"金學"

---

[3] 季羨林：《跨世紀中國人該讀什麼書》，《中華讀書報》1995 年 5 月 17 日。

的構想與實施,都有令人耳目一新之感。是的,最爲引人注目的是,雖然 20 世紀 80 年代到 90 年代的《金瓶梅》研究不乏共同物件的選擇與總體趨勢,然而,這個時期的《金瓶梅》研究比以往的研究更帶有研究者鮮明的主體精神和個性色彩,從而使《金瓶梅》的研究成果獲得了某種獨特的學術風貌。而中國小說學的進一步發展與成熟,正需要這種鮮明的個性色彩。這種局面的出現自然值得我們高興,並期盼它能得到更爲深入的發展。而"使命感"在新世紀到來之時,就越來越使這一研究領域的學人感到任重而道遠。而 21 世紀畢竟是一塊還沒抹出來的匾,匾上的字是什麼,誰也說不準。因爲這不是僅憑激情可以預測出來的。而《金瓶梅》研究的走勢,甚至用理性的思考,也是很難準確道出個究竟,世界文化走向的複雜性和某些不可預測性,完全適用于《金瓶梅》的研究。在這種尷尬的局面下,列出這個題目,其本身就把自己置於極爲被動的地位上,因此臆測也好,臆說也好,都是出於一種積極的期待而已,除此之外,別無他意。

在文學領域,一個不爭的事實是,無論古今,作家得以表明自己對社會、人生、心靈和文學的理解的主要手段就表現在文本之中,同時也是他們可以從社會、人生、心靈和文學中能夠得到最高報價的手段,所以一個寫作者真正需要的,除了自身的人格與才能之外,那就是他們的文本本位的信念。因此,對於任何一個真誠的研究者來說,尊重文本都是第一要義。換句話說,要想探求未知的知識,第一步必須建立在細讀文本的基礎上,不然任何"規律性"的現象,都會缺乏實在性。具體到對《金瓶梅》的研究,我們是在進行了理性的思考以後,選擇了回歸文本的策略。這是因爲,歸根到底,只有從作家創造的藝術世界來認識作家,從作家對人類情感世界帶來的藝術啓示和貢獻,去評定作家的藝術地位。比如笑笑生之所以偉大,準確地說,他的獨特貢獻,就在於他的創作方式異於他同時代和以前時代的作家,因爲他找到了一個典型的世俗社會作爲他表現的物件，並且創造了西門慶這個角色：粗俗、狂野、血腥和血性。他讓他筆下的人物呈現出原生態，所謂毛茸茸的原汁原味。這是一個嶄新的前所未有的敍事策略。而這一切卻被當時大多數人所容忍所認同，以至欣賞。而且由於這部小說的誕生，竟然極爲迅猛地把原有的小說秩序打亂了。從此很多作家都不同程度地卷到這一場小說變革的思潮中來，並和當時的主流意識形態遠遠隔離開來，毋庸置疑，這一切都是小說文本直接給我們提供出來的。

這裏，我們絕對無意排斥佔有史料和考據功能。過去在這個問題上，我們的一些言論曾招到某些誤會，這次借機會再加必要的說明。

文史之學是實學，不能離事言理。因此，充分佔有材料，乃是從事研究的必要手段。一些文史家長于以檢驗師的敏銳目光與鑒別能力，審視著歷史上和古籍中的一切疑難之點，並以畢生之精力對此做精細入微的考證，汰僞存真的清理，其"沉潛"之極至頗有乾嘉學派大師們的餘韻。但是我們也發現，個別研究者囿于識見，只見樹木，不見森林，用力雖勤，其弊在瑣屑蒼白。無關宏旨的一事一考，甚至一字之辨，儘管可以竭研究者之精思，但重大的文學現象往往被有意無意地置於腦後，比如曹雪芹祖籍的考證，比如我們《金瓶梅》研究中的作者的考證，就發現，它們很少或幾乎沒有和小說文本掛上勾。這說明，只憑對作者的一星半點的瞭解，類似查驗戶籍表冊，那是無以提供對這些名著和經典文本作出全面充分的評價的。我們欣賞德國優秀詩人和理論家海涅的一段精彩文字，現摘引如下，以饗讀者：

　　"……藝術作品愈是偉大，我們便愈是汲汲於認識給這部作品提供最初動機的外部事件。我們樂意查究關於詩人眞實的生活關系的資料。這種好奇心尤其愚蠢，因爲由上述可知，外部事件的重大性和它所產生的創作的重大性是毫不相干的。那些事件可能非常渺小而平淡，而且通常也正如詩人的

外部生活非常渺小而平淡一樣。我是說平淡而渺小，因爲我
不願採用更爲喪氣的字眼。詩人們是在他們作品的光輝中向
世界現象露面，特別是從遠處觀望他們的時候，人們會給眩
得眼花繚亂。啊，別讓咱們湊近觀察他們的舉止吧……"[4]
海涅下面還有較爲刻薄的話，我不想抄引了，免得無意間又傷害了
人。如果從"求新聲於異邦"的角度來看海涅這番話，其深刻含意
是能夠認同的。

如果允許我們進一步直言不諱的話，我們認爲整天埋頭在史料
堆中鉤稽不著邊際的史實，對文學研究者來說，並非幸事。因爲它
太容易湮滅和斫傷自己的性靈，使文筆不再富於敏感性和光澤。也
許它僅有了學術性而全然失去了文學研究必須有的靈氣、悟性和藝
術性。試想，如果真要到了不動情地審視著發黃發黴的舊紙堆，那
就成了今日多病的學術的病症之一了。或者應了一位學者的明智之
言，"學問家凸現，思想家淡出"，然而學者的使命畢竟是在追求
有思想的學術和有學術的思想這一層次上的。

學術研究是個體生命活動，生命意志和文化精神是難以割裂
的。《金瓶梅》研究中的"無我"是講究客觀，"有我"則是講究
積極投入，而我們的理想境界則在物我相融。過去，《金瓶梅》研
究中的考據與理論研究往往相互隔閡，甚至相互排斥，結果二者均
得不到很好的發展。我們的任務是把二者都納入到歷史與方法的體
系之中並加以科學的審視，只有這樣才能體現考據、理論與文本解
讀的互補相生、互滲相成的新的學術個性。爲此，《金瓶梅》研究，
庶幾在新世紀中可以得到健康發展。

選擇《金瓶梅》文本的回歸策略，乃是小說本體的要求。我們
從不滿足"文學是人學"的命題或界定，而更看重文學實質上是人
的靈魂學、性格學，是人的精神活動的主體學。是的，心靈使人告

---

[4] 海涅：《莎士比亞的少女和婦人》，見《莎士比亞評論彙編》(上)第 328 頁，中國
社會科學出版社，1979 年版。

別了茹毛飲血的生存方式，心靈使人懂得了創造、美、理想和價值觀，也是心靈才使人學會區分愛與恨、崇高與卑瑣、思考與盲從。而一切偉大的作家最終關懷的恰恰也是人類的心靈自由。他們的自救往往也是回歸心靈，走向清潔的、盡善盡美的心靈。所以對於一個真正的作家來說，他都是用心來寫作的。《金瓶梅》像一切偉大小說文本一樣是“我心”的敍事。僅就這一點，人們即很容易看到，中國的作家和外國作家在文學觀念上確有同中之異。還是在莎士比亞時代，他們幾乎多認為“文學是一面鏡子”，而今天有的現代派作家就又公然說“小說是在撒謊”。[5] 而我們的小說家一方面雖不說自己的作品是“鏡子”，但總是信誓旦旦地言說他的作品都是“實錄”，“不敢稍加穿鑿，至失其真”，而另一方面，又呼喚“誰解其中味”。時至今日，我們幾乎都把文本看作是作家心靈獨白的外化，是作家心路歷程的印痕。在這一點上，長篇小說更具有心靈史的意味。不管作家意識還是沒意識到，它的使命特點，只能是召回生活史和心靈史的內容。而一旦回憶生活、回憶心靈歷程，長篇小說就有了反思的特色。

我們不妨把眼光向《金瓶梅》稍前和以後的幾部經典進行一番最簡括的掃描。《三國》《水滸》一寫割地稱雄，一寫山林草莽，都把英雄豪氣作了深刻而有社會意味的描寫。其美學風格，如深山大澤吹來的一股雄風，使人頓生凜然蕩胸之感。然而它們同樣是歷史反思之作。《三國》是通過展示政治的、軍事的、外交的鬥爭，並熔鑄了歷代統治集團的統治經驗，思考以何種國家意識形態治國的問題，關注政治文化思維的反思是明顯的。《水滸》突出體現了民間心理中的俠的精神以及對俠的崇拜。然而從深隱著的民間文化心理來觀照，讓我們想起了那種叫社會人格、社會群體心理反應和民族心理結構這類課題。因此“逼上梁山”“亂由上作”的民眾抗暴

---

鬥爭的思維模式是《水滸》進行反思的重心。至於《儒林外史》則是通過對舉業至上主義的批判所進行的百年文化反思。《紅樓夢》寫的雖是家庭瑣屑，兒女癡情，然而它的搖撼人心之外，其力度之大，卻又絕非拔山蓋世之雄所能及者；它的反思常常把我們帶入一種深沉的人生思考之中。說到《金瓶梅》則完全是另一道風景線。笑笑生在生活的正面和反面、陽光和陰影之間驕傲地宣稱：我選擇反面與陰影！這是他心靈自由的直接產物和表徵。所以他才有勇氣面對權勢、金錢與情欲諸多問題並進行一次深刻的人生反思。

與許多名著不同的是，《金瓶梅》在反思人生的基礎上，還巧妙的採用了應屬今日小說理論中的所謂反諷模式：自嘲和自虐。按理論家的說法，反諷是讚美的反撥，是對異在於己的歷史人生的清醒的嘲弄、諷刺和幽默。它是一種否定，一種近乎殘酷的否定。《金瓶梅》的作者之所以偉大，就在於他沒有輕率地把反諷停留在表層上，即以勝利者、說教者的姿態，對對象進行居高臨下的嘲弄。而是推進一層，用我們當下的俗話，就是把自己也"擺進去"。小說中的對物件的嘲弄開始被自我嘲弄所取代：原來作為反諷主體的"我"，這時走向了對象的位置，他不再是裁決者而是失意者。諷刺者在嘲弄了現實以後驀然回道："我"同這現實一樣是嘲弄物件，真正需要和可以嘲弄的，不僅是"你們"，恰恰是"我們"。酒、色、財、氣在"我"的身上一樣揮之不去！由此看出，笑笑生的感知是有質量的，而他的反諷更是深刻的，是入木三分的。這一切使《金瓶梅》的反思性才有了更為巨大的歷史感和時代性。我們以為能得笑笑生《金瓶梅》真傳者只有吳敬梓和他的《儒林外史》，他的反諷力度更是無與倫比的，這一點只有魯迅看得最為分明。

無論是反思還是反諷，其實都是心靈化的。這一點，今天的不少文學評論家也給予了充分的關注，開始把批評重心置於"發皇心曲"之上。他們坦言：文學評論越來越傾向于心靈的探尋了。在昇華作品的同時昇華自己，在批判作品的同時批判自己。

其實，心靈史的被看重，我們可以一直追溯到莊周和屈原，他們的作品同屬心靈史詩，而宋之遺民鄭思肖索性把自己的著作稱之為"心史"。這證明了一點，文本都是作家心靈的凝聚物。而我自己尤其偏愛與凝聚為文本的作家心靈進行對話與潛對話。因為這種對話，其實也是對自我魂魄的傳達——對文學、對人生、對心靈、對歷史的思考。

一個不算短的日子，我們不斷斟酌一個問題：文化史被大師們曾稱作心理史。所以文化無疑散落在大量典章制度中、歷史著作中；但是，它是不是更深刻地沉澱在古代作家的活動環境中，沉澱在他們的身上，尤其是沉澱在他們的心靈中?因此，要尋找文化現場，我認為首先應到作家的心靈文本中去勘察。令我們最感痛心的和具有永恆遺憾意味的是，歷史就像流沙，很多好東西都被淹沒了，心靈的文化現場也被烏雲遮蔽得太久了!

對《金瓶梅》研究，選擇回歸文本的策略，是在一個新的層面上對經典的擁抱和真正走進名著。在關於名著與經典的多重含義下，我特別看重"劃時代"這一點。從外顯層次看，"劃時代"是指在文學史上起過重大作用的作品，這些作品標誌了中國文學發展的一個特定時期，具有"劃時代"的意義。但從深隱層次來觀照，名著和經典在某種意義上都具有藝術探險的意味。從屈騷開始，經漢之大賦、唐之近體詩、直到詞曲和章回小說等等，哪一個藝術現象不應看作有史以來文學家在精神領域進行最廣泛、最自覺、最大膽的實驗?而實驗又是以大量廢品或失敗為代價的，但經過時間的磨洗，必然有成功的精品存留下來，成為人類藝術發展長河在這個時代的標誌或里程碑而載入史冊。所以像《金瓶梅》這樣真正走進了文學史的偉大作家的精神產品，就具有了這樣的品格：由於其不可複製性和不可替代性而具有永恆的魅力。因此文學從來不以"古""今"論高低，而以價值主沉浮。正是在這個意義上，我們才說《金瓶梅》這部小說文本是說不盡的。歌德在談到莎士比亞的不朽的時候說："人們已經說了那麼多的話,以致看來好像再沒有什麼說的了,可是精神有一個特徵,就是永遠對精神起著推動作用。"[6] 事實是,像明之四大奇書,也將對我們的精神和思維空間不斷起著拓展的作用。進一步說,一切可以稱之為偉大的作家都具有創造思想和介入現實的雙重使命感,這充分體現於他的作品的字裏行間。他們每一部可以稱之為名著的又無不是他們嚴肅思考的內心筆記。比如《金瓶梅》儘管是笑笑生個體生命形態的摹本,然而對於我們來說,它的文化蘊涵確實隨時間的推移,而富有更廣大的精神空間,而後世的每一個解讀者對它都不可能做出最終的判定。解讀名著本身就具有動態的特徵,這是由於知識本身就是流動的。它不可能是小學中學乃至大學課本上那幾行已經變得發黑的字體和乾巴巴的結論。這裏我們不妨借用古希臘先哲赫拉克利特的一句名言:"靈魂的邊界你是找不出來的,就是你走盡了每一條大路也找不出;靈魂的根源是那麼深。"雖然我們還不能完全找出《金瓶梅》及其作者的全部靈魂,但我們仍然在鍥而不捨地找,變換著方式去找,我們畢竟能逐步接近它的深邃的靈魂邊界。

　　解讀名著是提升自己的靈魂的一劑良藥。要解讀《金瓶梅》就需要一個開放而智慧的頭腦,同時還需要一顆豐富而細膩的心靈。進一步說,它還需要營造一種自由精神氣氛、一種人文情懷。具體到《金瓶梅》,圍繞書中的性,已經說了幾百年。但是,當我們把這個問題置於人性和人文情懷中去,對它的解釋就會是另一種面貌了。人們認為最羞恥、去極力隱諱的東西,其實恰恰是最不該以為恥、去隱諱的東西。大家以為是私情的東西,其實也正是人所共知的尋常事。真正的私情是每個具體人的感情,那是最個性化的、最秘而不宜的東西。事實是,歷史行程走到今天,人們對性已失去了它的神秘性、隱諱性。人們在閒談中帶些性的內容都已變成司空見

---

[6] 歌德:《說不盡的莎士比亞》,見《莎士比亞評論彙編》(上)第 297 頁,中國社會科學出版社,1979 年版 。

慣的事，但誰又會將感情深處的東西輕易流露呢?為什麼對性，就不能以平常心對待呢?性不需要任何理由，它只是存在著。在我們以往的《金瓶梅》研究中，對性的態度與行為往往成為一種道德評判的標準，其實，這對於小說的本質而言是徒勞的。小說最應該表現也難以表現的是人的複雜的感情世界和遊移不定的心態。人的道德自律在於要正視純粹、自然和真誠。評論界已經明智地指出：勞倫斯將性的負面變為正值，公然提出性就是美，並把筆下的主人公的性關係，以浪漫的詩意來表現。而像已故的作家王小波在《黃金時代》對以往的道貌岸然的反諷中，將性價值全然中立化，他讓人們在淨化中理解兩性關係的意義，於平淡中體味人的溫情，人性之美自然溢出。我們當然知道，笑笑生不是勞倫斯、王小波;《金瓶梅》也不是《查泰萊夫人的情人》和《黃金時代》。我只是希望我們從中能得到這樣的基本啟示：在未來的生活和文學作品中，將性的價值中立化，在淨化中理解兩性關係的意義，以及以平常心對待性，這也許會變得可能。21 世紀《金瓶梅》研究中的性描寫問題會不會被人看得淡些呢?

　　不可否認，面對大師的經典和名家名著，那是要求有與之水平相匹配的思想境界的。在研究或闡釋作家的思想精神和穩秘心靈時，你必須充當與他水平相當的"對手"，這樣庶幾才有可能理解他的思路和招數。有人把解讀名著比喻為下棋。那麼我們得承認自己永遠不會是稱職的對手，因為棋力棋藝相差太遠，常有捉襟見肘的困窘，這是不容否定的事實。

　　我們深知，《金瓶梅》所體現的美學價值意義重大，不作整體思考不行。而一旦經過整體思考，我們就會發現笑笑生給我們最大的啟示是如何思考文化、思考人生。歌德說過一段很耐人尋味的話：人靠智慧把許多事情分出很多界限，最後又用愛把它們全部溝通。所以對《金瓶梅》的生命力必須以整體態度加以思考。我們正是想努力從宏觀思維與微觀推敲相結合上入手研究《金瓶梅》文本的。

至於要想找到《金瓶梅》文本的生命動力,多維理論思考和方法論是必須的。我們信服德國物理學大師海森伯在說明測不准定律時的那段名言:世界不是一種哲學可以完全解釋的。在描述一種現象時,需要一種理論,在測定另一種現象時,則需要另一種理論和方法,沒有放之四海而皆準的真理。如果有了這種認識和知識準備,也許有可能在 21 世紀,對難以解讀的《金瓶梅》會做出突破性的學術發現,從而使我們有可能切身感受到《金瓶梅》等優秀的古典小說那生生不息的生命運動。

## 3.賦予《金瓶梅》以新的藝術生命

近年來,隨著改革開放的進一步深入發展,文化研究、藝術研究的許多禁區都被打破了,在這種寬鬆而又親切的氛圍中,《金瓶梅》再度登堂入室,充斥街頭,並且似乎被"炒"得熱起來,市場上出現了各種版本的《金瓶梅》。甚至還有《金瓶梅正傳》、《金瓶梅外傳》、《西門慶一家》等改頭換面的書刊,它們幾乎歪曲了原著的藝術精神。

一位年輕朋友最近寫的《細說〈金瓶梅〉》一文曾對當前的"金瓶梅熱"有過極深刻的分析。她認為:"不合理的禁錮,以及病態的張揚,均是扭曲。在這種雙重扭曲下,《金瓶梅》漸漸喪失了其固有的性格,無可奈何地被蒙上了一層厚重的面紗。"是的,面對《金瓶梅》這部曠世奇書,如何打破對它的神秘感,回歸到一個正常的閱讀心態,這不能說不是每一個文藝工作者應當關注的問題。令人感動的是,天津市曲藝團編導們以極大的藝術勇氣、辛勤勞動,對《金瓶梅》的精彩片段,給予了創造性的改編,使《金瓶梅》具有了新的藝術生命。

從說唱藝術發展史的角度來審視天津市曲藝團創編的《金瓶

梅》說唱系列，不能不承認，它的作者對於說唱藝術如何反映時代和人物確實進行了大膽的、有益的探索，它打破了或某種程度上擺脫了舊曲藝觀念和舊的創作模式的羈絆，這是值得我們重視的。因爲這種新的探索的本身既是說唱藝術歷史賦予的使命，也是現實本身的課題。比如王濟先生執筆的開篇與煞尾就對《金瓶梅》非常藝術地概括了它的社會價值、審美價值和在文壇說部的地位：

> 第一奇書不平凡，
> 《金瓶梅》盛名天下傳。
> 文人巨著它爲首，
> 社會寫實它最先。
> 人間萬象毫髮見，
> 世態炎涼現筆端。
> 好一副大明王朝罪惡畫卷，
> 又一部富豪家史興衰變遷。
> 芸芸眾生相，紛紛利祿篇。
> 滔滔情怨海，森森生死關。
> 只歎回首晚，莫怪下場慘。
> 笑笑生，無情利刃刺黑暗。
> 明鏡鑒古今，識者心膽寒。

　　短短十二句，相當準確地把這部小說史上里程碑式的作品意義概括了出來。特別是王先生深刻理解笑笑生創作構思的基點在於暴露，無情的暴露。因此領會各個段子時，此一點既有了提綱挈領的作用，它必須使聽眾逐步領悟《金瓶梅》是一部憤書，即一部憤世嫉俗之書，是真實地暴露了明代後期中上層社會的黑暗、腐朽和它的不可救藥的譴責小說。

　　"計取潘金蓮"這一段子主要寫西門慶與潘金蓮經過一段偷情後結爲夫妻。但西門慶與潘金蓮的這種結合，自有其難以公之於眾的隱私。對於西門慶來說，他是先姦後娶；更有甚者，是他爲了能把潘金蓮搞到手，採取了一系列陰險毒辣的手段。正是這種如鬼蜮般只在黑暗中行事一樣的偷娶，所以更有發人深省之處。張竹坡在《批評第一奇書〈金瓶梅〉讀法》中說："讀〈金瓶梅〉，當看其結穴發脈，關鎖照應處。"作者正是把握了這一點，所以從全本情節結構與人物發展史來看，這裏的"計娶"，確有著"結穴發脈，關鎖照應"之妙。

"惠蓮之死"(京韻大鼓)則改編得感入至深。在宋惠蓮短暫的一生中，卻經歷了世間的酸辣苦甜，她的思想性格猶如溪流之水，該轉彎的地方，自然順勢轉彎，該激起流波的地方，浪花隨之濺起。最後以自縊表現出她的不願覆轍重蹈，表現出他那靈魂中仍蘊含著一個人的最起碼的尊嚴，一個女性的氣節。這一點改編者恰到好處地表現了這個被迫當奴才到不甘願做奴才，要做一個不願任人擺佈的女人的命運軌跡。

潘金蓮是一個被污濁現實扭曲了人性的女人。當她的私欲得不到最大限度的滿足時，就用一種殘忍的方式去損害和她有著相似的命運的女人。《金瓶梅》第五十九回所寫的官哥兒之死，就集中體現了潘金蓮的變態報復心理。單弦段子"怒摔雪獅子"揭示了潘金蓮兇狠、殘忍的個性，而且以避實就虛的藝術構思，生動而深刻地展現了西門慶妻妾之間錯綜複雜的矛盾。

用細緻的寫實手法，真實地再現世俗人物的死亡過程，也可以算是《金瓶梅》的一個創造。與李瓶兒空前熱鬧的喪事場面形成了強烈對照的是西門慶之死。這個人生決鬥場上的僥倖者，自以為錢可役使萬物，一朝暴富，便恣意尋淫樂。誰知樂極生悲，在瘋狂的淫縱之中很快結束了其罪惡的一生。改編者不僅毫無掩飾地暴露其無恥的淫行，而且通過西門慶臨死時的場面描寫，無情地鞭撻了其一生之罪惡。這一點顯示了改編者把握原書主旨的準確。

其他各段都寫得栩栩如生，極現改編者的功力。在此，因篇幅限制，不能一一分析了。

在我國文藝史上，一個帶有規律性的現象就是小說、講唱文學和戲曲藝術有著不可分割的血緣關係，其中紐帶之一是在創作題材上往往同出一源或是互相"借用"。傑出的作家還能在這"借用"的基礎上，進行創造性的改編，翻演爲新篇。宋元以來瓦舍勾欄遍佈京師和一些大城市，更給小說，講唱文學和戲曲藝術在題材上的相互借鑒，提供了廣闊的園地，開鑿了多條渠道。由此，同一題材在說書場中和戲曲舞臺上以各自的藝術模式加以表演，同時，又在新的基礎上，相互吸收對方在處理同一題材時的經驗，從而提高了自己的思想藝術水平，這樣循環往復，綿延不斷，世代不息，天天促進了和豐富了藝術創作經驗。此種情況，構成了我們民族藝術的一種傳統。

天津市曲藝團正是繼承了我國民族藝術這一優秀傳統，非常成功地對《金瓶梅》這部有爭議而又確定無疑的名著進行了創造性的改編，其中特別是對情節的典型化和主題提煉的藝術經驗，是值得我們認真總結，並加以推廣的。

## 四、世界文學視野中的《金瓶梅》

晚明通俗文化巨擘馮夢龍稱《三國演義》、《水滸傳》、《西遊記》、《金瓶梅》爲"四大奇書"(見李漁《兩衡堂刊本三國演義序》)。馮氏特別標出這四部書，不僅就其藝術成就的評價，而且就其對中國小說藝術發展的作用來說，也是很有見地的。

然而，由於《金瓶梅》中包含有恣肆鋪陳的性行爲描寫，無疑地會觸犯中國傳統文化中最敏感的神經，"誨淫"的罪名是逃不了的，而禁毀之厄運也是不難想像的。其實，《金瓶梅》在我國小說史上是一部里程碑式的作品，它的誕生標誌著我國古代長篇小說藝術發展到一個新的階段。

作爲中國小說史上最傑出的市民小說家之一的蘭陵笑笑生，他所創造的"金瓶梅世界",經由對市民社會(而且是最富於中國特點、最富於地方特殊性的市民社會)的生動描繪,展現了一個幾乎包羅市民階層生活各個重要方面的藝術天地,顯示出他對這一階層的百科全書式的知識。從而使經濟的、政治的、宗教的、社會的、歷史的、心理的、生理的、婚姻的、民俗的、藝術的知識等等都在"金瓶梅世界"中得到鮮明的顯現。應當承認,在中國小說史上,特別是明代說部中,笑笑生提供的百科全書式的知識的豐富性和生動性方面,幾乎在文壇上還找不到另一位作家與之匹敵。

正像一位《金瓶梅》研究專家所言,由於不同的民族傳統和價值觀,《金瓶梅》"在國內似乎不及它在國外受重視"。於是,一個多世紀以來,《金瓶梅》在國外反而成了翻譯、改編、縮寫、研究的經久不衰的熱門。據我們所知,《金瓶梅》在外文譯本就有英、日、法、德、意、拉丁、瑞典、俄、芬蘭、荷蘭、匈、捷、斯拉夫、朝、越、蒙等文種。而且一個文種中還有多個譯本流行。

應當說,日本翻譯《金瓶梅》的時間最早,譯本也最多。早在江戶末期,作家曲亨馬琴(1767——1848)就將《金瓶梅》加以改編,題名《草雙紙新編金瓶梅》。按"草雙紙"乃是江戶時代插圖通俗小說的通稱。這八十卷的改編本就於 1831——1847 年(相當於道光九——二十四年)陸續刊出。後來又有岡南閑喬的《金瓶梅譯文》百回本面世。它經過多次改定,成為最好的日譯本之一。五十年代以後還有多種日譯本出版。

《金瓶梅》傳入西方,最早將其片段文字譯出的是法國漢學家巴贊(L·Bazin)。巴贊的譯文題為《武松與金蓮的故事》,其故事實為小說第一回的內容。這個譯本收入了 1853 年巴黎出版的《中華帝國歷史、地理與文學綜論》一書中。而德國東方語學教授奧爾格·加布倫茨則是根據滿文譯本翻譯了《金瓶梅》的片段故事為德文,後發表於巴黎的《東方與美洲評論》1879 年 10-12 月號上。

二十世紀以後,根據張竹坡第一奇書本翻譯的法文節譯本,有蘇利埃‧德莫明的《金瓶梅》，它們於 1921 年和 1927 年分別在巴黎和紐約出版。而德文也是據張評第一奇書的百回節譯本，它的第一譯者是奧托‧基巴特及阿爾圖‧基巴特，書名徑直題為《金瓶梅》。至於著名漢學弗朗茨‧庫恩的德文節譯本則於 1930 年由萊比錫島社出版，書名題作《金瓶梅：西門慶與其六妻妾奇情史》。

　　西方第一個百回合譯本《金瓶梅》是克萊門特‧埃傑頓翻譯的英文全譯本，1999 年於倫敦出版，書名題作《金蓮》。俄文譯本是由莫斯科大學東方語言系的馬努辛翻譯的，經過刪節，於 1977 年出版。由於馬努辛的逝世，此譯本則由漢學家李福清教授代為作序，對全書的譯文還做了注解。

　　關於《金瓶梅》在國外流行的情況，北京圖書館研究員、著名比較文學專家王麗娜女士有多篇文章進行介紹。其中《〈金瓶梅〉在國外續述》(見《金瓶梅研究集》，齊魯書社版)和《〈金瓶梅〉國外研究論著輯錄》(《河北大學學報》1986 年第 3 期)，徵引資料極為翔實，值得我們認真參考。

　　由於國外學人逐步瞭解了《金瓶梅》的社會、藝術價值，所以從本世紀初，就有大量漢學家對這部小說的版本、作者、故事本源、語言等進行研究。在日本學者中研究《金瓶梅》最有成績的是長澤規矩也、鳥居外靖、小野忍、千田久一、奧野信太郎、澤田瑞穗、寺村正男、中野美代子等人。

　　關於西方研究《金瓶梅》的情況，我國著名學者徐朔方先生編選了《金瓶梅西方論文集》(上海古籍出版社版)一書。他經過極其謹慎的選擇，把西方最具代表性的研究者的最佳論文收入進去，共十二篇。徐先生在該書前言中對美國韓南教授的《金瓶梅探源》給予了高度評價，認為這是一篇功力深厚、博洽、明辯的考據文章。對他引用和發現的小說、話本、清曲、戲曲資料之豐闊也給予了充分的肯定。至於美國學者夏志清的《〈金瓶梅〉新論》是作者為西方英語讀者而寫的。此文無意於考證，更多地是介紹其內容、評價其地位的闡釋性文字。然而通觀其文的要旨，筆者認爲他對《金瓶梅》的價值估計不足。他說《金瓶梅》是至今爲止他所討論的小說中“最令人失望的一部”。儘管徐先生說他的文章有美中不足之處，但還是肯定了這篇文章對“過高地評價《金瓶梅》藝術成就的流行傾向可能起淸醒劑的作用”。但夏志淸在介紹《金瓶梅》時恰恰忽視了中國古代小說的不同類型，結果錯誤地用一般批評小說的標準或用學者型的小說去衡之以市民小說《金瓶梅》，這就必然導致《金瓶梅》評價上的錯誤和失誤。另外法國學者雷威安和美國學者芮郊衛、浦安迪的許多有關《金瓶梅》的文章，在資料上多有發現，而硏究方法也有可借鑒之處。

　　值得我們注意的是，很多國家的大百科全書幾乎都設專條介紹《金瓶梅》這部小說。法國大百科全書說：“《金瓶梅》爲中國十六世紀的長篇通俗小說，它塑造人物很成功，在描寫婦女的特點方面可謂獨樹一幟。……它在中國通俗小說的發展史上是一個偉大的創新。”美國大百科全書則稱：“《金瓶梅》是中國的一部偉大的現實主義小說。”這一切說明，《金瓶梅》這部不朽名著不僅是中國人民的精神財富，也是世界人民的精神財富！

# 後　　記

　　這本小書是我們第一次學術合作的成果，儘管兩個人至今還未曾晤過面。進行這次合作的基礎是：我們都認識到《金瓶梅》這部偉構的價值，特別是它在中國小說發展史上的地位；我們都曾寫過一些研讀《金瓶梅》心得的論著；但是我們又都坦誠地承認在解讀《金瓶梅》時，自身文化視界存在著不小的局限。因此說到合作，就有了互補的意味。比如，個人學術思維方式的不同；一個人可能偏重於宏觀抑或中觀的錄求意義和通達；另一個人可能更偏重於微觀的細讀與推敲。我們想，這種互補是不是可能就有了對這部小說較爲全面的理解呢？如果這本小書的某些思考能得到讀者的點滴認同，我們也許還會有第二次，第三次合作。

　　這本小書共十四章，具體分工如下：第一、二、三、四、五、十四等六章由甯宗一撰寫；第六、七、八、九、十、十一、十二、十三等八章由曹煒撰寫；全書的結構佈局、章節安排、章節名稱設計以及統稿均由曹煒負責完成。

　　在這裏要著重說明的是，給予我們這次合作機會的是南開大學中文系李劍國教授和蘇州大學中文系欒梅健教授的熱情推薦，而臺灣文史哲出版社的彭正雄先生對我們的信任又是落實我們這次合作的關鍵人物。如果不是他們的牽線搭橋，很難想像我們會有這次愉快的學術合作。因此，理所當然，我們要向他們致以懇摯的謝意！

　　另外，我們殷切希望這個小冊子在參與讀者的閱讀活動時，僅僅是一個小小的參照系，我們更希望與讀者密切合作，對《金瓶梅》這部容易誤讀的小說的深層文化蘊涵給予較爲準確的把握，在會心的交流中獲得愉悅。

曹煒　寧宗一 謹誌

2000 /3/ 20